열정과 망상

 C 카이로스총서 57

열정과 망상 Passion and Paranoia

지은이 샤를로테 블로크
옮긴이 김미덕

펴낸이 조정환
책임운영 신은주
편집 김정연
디자인 조문영
홍보 김하은
프리뷰 권혜린 · 김예나 · 문주현 · 표광소

펴낸곳 도서출판 갈무리 등록일 1994. 3. 3. 등록번호 제17-0161호
초판인쇄 2019년 6월 18일 초판 발행 2019년 6월 21일
종이 화인페이퍼 인쇄 예원프린팅 라미네이팅 금성산업 제본 경문제책

주소 서울 마포구 동교로18길 9-13 [서교동 464-56] 2층
전화 02-325-1485 팩스 02-325-1407
website http://galmuri.co.kr e-mail galmuri94@gmail.com

ISBN 978-89-6195-210-1 03300
도서분류 1. 사회학 2. 인문학 3. 정치학

값 19,000원

이 도서의 국립중앙도서관 출판예정도서목록(CIP)은 서지정보유통지원시스템 홈페이지(http://seoji.
nl.go.kr)와 국가자료공동목록시스템(http://www.nl.go.kr/kolisnet)에서 이용하실 수 있습니다.(CIP제어번
호 : CIP2019023771)

열정과 망상

Passion and Paranoia

Emotions and
the Culture of
Emotion in Academia

학계의 감정문화

샤를로테 블로크 지음
김미덕 옮김

갈무리

일러두기

1. 이 책은 Charlotte Bloch의 *Passion and Paranoia: Emotions and the Culture of Emotion in Academia* (Routledge, 2012)을 완역한 것이다.
2. 3장 각주 3번에 저자가 인터뷰 인용 시 사용한 문장부호 표기법에 대한 설명이 있다. 저자는 대괄호를 장소, 실명 등의 경우에 쓴다고 했다. 그런데 한국어판에서는 옮긴이가 문장을 매끄럽게 만들거나 보충 설명이 필요한 경우에 대괄호 [ ]를 사용했고, 원서의 대괄호는 모두 소괄호 ( )로 통일했다. 그리고 문맥, 내용의 흐름상 저자의 소괄호가 굳이 필요 없다고 판단한 부분은 생략하기도 했다.
3. 단행본과 정기간행물에는 겹낫표(『 』)를, 논문에는 홑낫표(「 」)를 사용하였다.
4. 영어판에서 이탤릭체로 강조된 것은 고딕체로 표기하였다. 단, 영어판에서 영어가 아니라서 이탤릭으로 강조한 것은 한국어판에서 강조하지 않았다.
5. 지은이 주석과 옮긴이 주석은 같은 일련번호를 가지며, 옮긴이 주석에는 [옮긴이]라고 표시했다.

열정부

망상 _____

이 책은 덴마크본 『열정과 망상』(2007)의 영문 번역
(2016)을 한국어로 중역重譯한 것이다.

이 책은 구조, 감정, 감정 문화의 상호작용에 초점을 둔
'감정 사회학' 분과에 바탕을 두었다. 학계 생활의 사회-감
정적 세계는 상이한 국가적·역사적 뿌리 때문에 다를 수
밖에 없다. 그러나 전 세계의 학계는 국제적으로 통용되고
국가의 경계를 넘어서는, 대학 기반의 근대 연구 기관의 구
조와 문화적 개념을 공유한다. 나는 한국 학계의 감정 문
화를 잘 모른다. 그러나 그 공유된 구조와 가치가 유사한
사회-감정적 과정을 낳을 것이라고 생각한다. [전반적인] 학
계의 감정 문화와 한국의 감정 문화 양상을 보다 체계적으
로 비교·탐구하는 것도 흥미진진한 일이 될 것이다.

이 책에서 감정은 학계를 이해하도록 안내하는 한 시각
이다. 우리는 그 시각을 통해 학계 내부의 삶에 대한 풍부
하고, 때로는 예기치 못한 사실을 알 수 있다. 감정이라는

분석 틀로, 그동안 소홀히 다뤄졌지만 두말할 것 없이 중요한, 대학 생활의 여러 측면을 들여다볼 수 있다. 학계 구조와 문화에 내재된 여러 모순과 문제점도 볼 수 있다. 학계는 강하고 권한 있는 제도이다. 나는 독자들이 사회적 제도인 학계에 대한 이후 토론에서 이 책의 통찰을 활용할 수 있기를 바란다.

이 책을 영어판에서 한국어로 훌륭하게 작업한 김미덕에게 고마움을 전한다.

2018년 9월 18일
샤를로테 블로크

이 책은 학계에 존재하는 사회적-감정 세계를 다룬다. 2007년에 덴마크어판을 출판하고 이를 영문으로 번역·수정했다. 두 판본의 핵심 내용은 거의 동일하다. 책의 기본 주장은 변함없지만 영어판에는 내용을 조금 더 추가하고 정교하게 다듬었다. 1장은 대학 시스템의 국제적인 흐름에 대한 사유로까지 그 내용을 확장하고, 10장에서 대학 생활의 현대화가 연구의 질에 미치는 잠재적 영향에 대한 이론을 덧붙였다. 그리고 구내식당에서의 사회적-감정 과정에 대한 새로운 장이 추가되었다. 이 장은 본래 『사회적 삶의 감정적 근간』*Det Sociale Livets Emotionella Grunder*이라는 제목의 스웨덴 선집에 실린 부분을 수정한 것이다. 스칸디나비아 참고문헌에 영문의 참고문헌을 보충했다. 영문이 아니거나 영문으로 번역되지 않은 자료로부터의 인용문들은 함께 작업한 번역가들과 내가 번역했다.

이 책에서 밝힌 연구결과는 여러 곳에서 발표했다. 북

유럽과 유럽 대학들, 유럽 사회학협회하의 감정 사회학 연구 네트워크The Research Network for Sociology of Emotions와 다른 연구 학회들에서 발표를 했다. 유용하고 흥미로운 논평을 준 많은 연구자 동료와 지인들에게 빚을 졌다. 이 책 작업의 인터뷰 단계에서 큰 도움을 준 앤 리스 달스가Anne Lise Dalsgård와 캐터린 해즈Catherine Hasse에게도 빚을 졌다.

이 책을 완성할 수 있도록 연구 프로젝트에 경제적 지원을 제공한 덴마크 연구협회Danish Research Councils에 고마운 마음을 전한다. 그리고 영문 번역에 경제적 도움을 준 코펜하겐 대학과 사회학과에 특별한 감사를 드린다.

마지막으로 언급하지만 귀중한 기여를 한 캐터린 오도허티 옌슨Katherine O'Doherty Jensen에게도 큰 빚을 졌다. 그녀는 영문 번역 초고를 책의 내용과 형태 측면에서 날카로운 시각으로 읽어주었을 뿐만 아니라, 마지막 원고에서 특정 부분을 정교하게 다듬고 미묘함이 있는 부분들을 엄격하게 정리할 수 있도록 도와 주었다.

끝으로 이 프로젝트를 포함한 내 모든 작업의 매 단계에서 끊임없이 독려해 준 남편 앤 울리크 세거Jan Ulrik Secher에게 감사한 마음을 전한다.

1장

서론

어떤 사람의 얼굴이 발그레해진 것만 봐도 우리는 그 사람 일이 정말 잘 되고 있다는 것을 알 수 있어요. 지금 뭔가 일이 있고 진정한 열정으로 하고 있다는 뜻이죠. 사랑에 빠졌을 때의 감정하고 연구가 정말 잘될 때 느끼는 감정하고 비슷해요. 그냥 사랑에 빠졌을 때처럼 약간 겁을 먹은 듯한 느낌이 들죠. (여성, 조교수)

그 양반이 임용 평가위원회의 [탈락] 결과 때문에 기분이 상하고 화가 났어요. 엄청 분개하고 어쩔 줄 몰라 하더라고요. … 결국 그가 나한테 두 번 다시 아무 말도 안 하겠다고 선언을 했어요. 몇 년 전 일인데 그때 이후로 나를 볼 때면 곧장 쭉 지나쳐버려요. 서로 한 번도 인사를 나눈 적이 없어요. (남성, 부교수)

이 두 인용문은 내가 수행한 학계Academia 1의 감정 연구에서 발췌한 것이다. 첫 번째는 연구를 하면서 느낄 수 있는 특별한 열정과 흥분에 대한 기술이다. 두 번째는 동료가

---

1. 학계라는 용어는 대학, 대학 센터, 단과대학 같은 고등 교육 기관의 연구 기반 제도를 가리키는 것이다.

서로의 일을 심사·비판·평가할 때 일어날 수 있는 화, 실망, 화해할 수 없는 증오와 같은 강렬한 느낌에 대한 묘사이다.

대학들의 규정에 의하면 대학은 최고의 과학적 수준의 지식을 생산하고 전파해야 한다. 대학은 그 목적을 위한 특별한 조직 구조·문화·경력의 경로가 있다. 그 구조·문화·경력 사다리는 뛰어난 연구 생산뿐만 아니라 최고의 후보자 선택을 보장하는 조직의 도구로 간주된다. 선택 과정은 깔때기 모형이라 할 수 있다. 꼭대기에 박사과정 학생들이 몰리지만 전 과정의 매 단계에서 경쟁이 심해지기 때문에 깔때기는 재빠르게 좁아진다. 이 과정은 끝이 없고 많은 이가 거절당하며 오직 극소수만이 그 이상의 학문 경력으로 나아간다.

대학은 반드시 뛰어난 연구를 생산해야 하는 조직이다. 그러나 그 조직 구조에는 평범한 인간이 가득 차 있어서 동료 관계, 연구 행위, 연구 환경, 개인의 자존감에 영향을 끼치는 다양한 감정이 작동한다. 위 인용문이 암시한 것처럼, 활동activities으로서의 연구는 연구에 도취되면 기쁨과 몰두의 감각을 불러일으키지만 서로의 작업에 대한 동료평가는 화·실망·씁쓸함·유대의 단절을 불러일으키고 동료 간 경쟁은 시기·불신·적의를 낳는다. 지금부터 살펴볼 것인데, 이러한 감정은 개인의 성격에서 비롯되기보다 특별한 사회 구조와 사회적 관계의 특성 때문에 발생한다.

대학 세계는 일반적으로 합리성, 방법론적 원칙, 객관성, 논리적 주장을 연상시킨다. 이러한 대학 조직의 자기 이해라는 관점에서 보면, 감정은 [학계에서] 생경하고 무관하며 파괴적인 것으로 보인다. 그러나 이 말은 학계에 감정 문화가 부재하다는 뜻이 아니다. 감정이 학계에 생경하고 그것과 무관하다고 보는 시각은 사실, 학계 문화에는 감정이 부재하다는, 감정을 둘러싼 대학 문화의 한 특정 표현일 뿐이다.

조직 연구 분야에서 지난 수십 년간, 조직 내부에서의 감정의 중요성을 다룬 연구가 증가하고 있다(Fineman 1993, 2000, Albrow 1997, Flam 2002, Nyend and Wennes 2005). 조직은 이성적인 동시에 감정적인 구조이다. 앨브로우(Albrow 1992 : 326)의 표현으로 감성affectivity은 조직 수행의 핵심 영역이다. 이러한 인식은, 조직을 규제하는 감정과 문화 규범이 예나 지금이나 사회학 분야에서 기술되지 않은 것처럼, 아직 학계에 자리 잡히지 않았다(Barnes 1972, Bourdieu 1988, Nowotny and Taschwer 1996, Becher and Trowler 2001).

앞에 언급한 인용문은 감정의 범위와 강도를 기술하였고, 대학 생활은 그러한 강렬한 감정들을 품고 있다. 감정이 우리를 움직이지만 우리가 감정을 기존 문화 규범에 맞추려고 애쓰기도 한다. 우리가 감정을 말하지 않거나 아예 드러내지 않으려고 하지만 감정은 그곳에 있고 영향을 끼친다. 어떤 집단은 침묵 문화의 틀 안에서 다른 집단보다 감정 관리를 더 잘한다. 어떤 이들은 침잠沈潛으로 감정을 숨기는 한편 어떤 이들은 경력을 쌓기 위해 감정을 전략적으로 이용한다. 따라서 감정과 감정 관리 방식은 학계 생활의 중요한 영역이며, 좋든 싫든 사회적 관계의 특징과 학계 경력 과정에서 구성원의 포섭과 배제에서 역할을 한다.[2]

나는 학계 생활에서 어떤 감정이 중요하고 그러한 감정이 조직으로서의 학계에 대해 무엇을 알려 주는지 면밀

---

[2] 일반적으로 '느낌'이라는 용어는 '감정'보다 조금 덜 부드럽거나 더 부드러운 신체 감각을 암시한다. 이런 의미에서 느낌은 감정의 좀 더 부드러운 형태이다. 이 책에서는 두 용어를 모두 사용한다(Hochschild 1983 : 244를 참조).

히 살피기 위해 화·자부심·기쁨·수치심·웃음과 같은 구체적인 사회적 감정에 초점을 두고 박사과정생·조교수·부교수·정교수를 인터뷰했다. 각각의 집단은 다른 감정 문화의 측면들을 보여 준다. 그리고 나는 인터뷰 서사 그 이상을 살펴보려고 한다. 나는 감정이 맥락 안에서 일어나므로, 사회 구조와 감정의 상호작용, 그리고 감정과 문화의 상호작용을 설명하기 위해 감정 사회학 이론들을 활용할 것이다. 이 이론들은 서구 문화에 만연한 경향 즉 감정을 개인 내면에서만 일어나는 현상으로 이해하는 것을 넘어서기 때문에 중요하다. 2장은 내 분석을 뒷받침하는 이론 틀을 설명한다. 이 틀은 분석의 두 영역에 기반을 두는데, 학계라는 사회 조직을 가리키는 구조적 영역과 학계의 생활 규범·가치·담론을 가리키는 문화적 영역이다. 학계 집단들의 서사를 이 이론 틀에 기대어 해석하고 분석한다. 나아가 이 서사의 입장을 더 깊이 살펴보려고 곳곳에서 특정 이론들을 활용한다. 2장은 고도로 이론적인 장이라고 말할 수 있는데, 조금 더 경험적 연구 성향을 가진 독자는 이 장을 생략해도 좋다.

이 책에서 살핀 집단들은 학계 위계에서 각기 상이한

지위에 있으며 그에 따라 다른 감정적 삶의 양태를 보인다. 3장은 박사과정생의 목소리를 담는다. 그들은 신입이므로 학계의 감정 문화에 임하는 방법을 배워야 한다. 그들은 위계적인 권력 구조의 맨 아래 단계라는 사실에서 나오는 감정뿐만 아니라 연구라는 활동에서 느끼는 감정도 설명한다. 박사과정생들은 학계 문화에 적응하는 사회화 과정을 '극심한 감정적 고충'을 겪는 것으로 기술한다. 3장에는 그들이 수행하는 여러 유형의 감정 작업emotion work도 설명되어 있다.

4장에서는 학계 안으로 한 발짝 더 들어가 조교수의 목소리를 듣는다. 이 장은 감정, 감정에 대한 학계 규범, 그리고 인정과 경력 쌓기 싸움에서 '딱 맞는' 가시성可視性을 위한 투쟁의 상호작용을 다룬다. 이 노력에서 이뤄지는 게임들을 '친하기 정치'the politics of friendliness, '속이기 게임'the deceiving game, '복화술'ventriloquism이라는 개념으로 설명한다. 속이기 게임은 동료들이 자신의 연구를 비판적으로 평가하는 것에 대한 두려움을 감추는, 이면의 허울을 가리킨다. '복화술'은 학계에서 인정받으려는 열망과 자부심 전시 금지가 맞붙는 특별한 방식을 설명한다.

5장은 피에르 부르디외Pierre Bourdieu가 학계 실천의 중추 신경이라고 본 '동료평가'peer review와 관련된 감정을 살핀다. 이 장에서는 주로 부교수와 정교수의 목소리를 듣는다. 그들의 언술을 통해 '평가자 분노'라는 개념을 소개한다. 나아가 대학의 실력주의 구조 때문에 생기는 불신, 시기,[남의 고통에서 기쁨을 느끼는 악의적 기쁨인] 샤덴프로이데schadenfreude 감정뿐만 아니라 동료평가가 모욕적이라고 판단할 때 생기는 부정적 감정도 기술할 것이다. 이런 감정들은 익숙한 것이지만 학계 감정 문화에서는 금지된 것이어서, 그런 감정을 동료의 시선으로부터 감추려는 노력들이 행해진다.

학계는 기쁨·재미·유머·웃음을 포함한 모든 종류의 감정이 있는 장이다. 6장에서는 비이성적인 지도교수의 짜증, 연구의 좌절, 경쟁 관계의 부담에서 나오는 초조함이 어떻게 웃음과 유머로 상쇄되는가를 살필 것이다. 이 점에 대해서는 서열의 아래에서 위까지 전 층의 이야기를 듣는다. 박사과정생은 권위와 권위자를 집단적으로 놀리는 '맨 밑 단계' 유머ground floor humor를 한다. 부교수와 조교수 레벨에서는 관련된 이들을 장난스럽게 놀리는, 경쟁적인 방식인 '농담하는 사이'joking relationships가 나온다.

학계에서도 연결과 분리의 사회적 과정이 일어나고 이런 관계가 구내식당에서 나타난다. 식사를 사회적 형태로 이해하는 게오르그 짐멜Georg Simmel의 이론에 기대어 점심 식사 환경이 어떻게 동료애와 연대감을 낳는지 볼 것이다. 그러나 대화 주제를 결정하는 것이 교수의 권리라는 예를 들면서 공식적·비공식적 위계가 식당 대화에도 침투해 있다는 점도 보일 것이다. 7장은 다른 위계에 있는 학계 집단들이 연결과 분리 과정을 겪는 원인을 살핀다. 이 장에서는 그 과정들이 유머, 복화술, 선물 교환 형태로 얽히게 되는 방식을 기술할 것이다.

나머지 두 장은, 앞에서 설명한 감정과 관계에 대한 메타-이론을 설명한다. 이 부분에서 미국 사회학자 토마스 쉐프Thomas Scheff의 작업인 무의식적 감정 동학과 사회적 유대 이론이 활용된다. 8장에서는 이러한 감정 동학을 추적하고 연구자 간 사회적 관계의 특징 및 소통의 중요성을 다룬다. 나는 학계 구조가 유대를 손상시키고, 소통의 질과 성격에 지속적인 영향을 끼친다고 주장한다. 사회적 관계에 대한 조교수·부교수·정교수 스스로의 평가도 기술된다.

9장에서는 미국 사회학자 캔디스 클락Candace Clark의 감정의 미시정치 이론을 설명한다. 클락은 자기-느낌과 사회적 지위의 관계와 자신과 타인의 감정을 다룰 때 우리가 행하는 미시정치 방식에 초점을 둔다. 미시위계에서 더 나은 입지를 차지하려는 정치와, 협동 관계에서 동등한 지위를 만들려는 정치는 다르다. 클락에 따르면 학계의 감정 문화는 위계적인 관계를 형성하는 감정의 미시정치를 합리화한다. 남녀의 상이한 감정 관리 방식을 설명하기 위해, 그리고 젠더화된 감정 규범이 어떻게 남성에게는 위계적 감정의 미시정치로 접근토록 허용하는 반면, 여성에게는 사회적·학술적 측면에서 그들의 상대적인 비가시성에 기여하는 미시정치에 머물게 하는지 보이기 위해, 클락의 이론을 활용할 것이다.

마지막 장에서는 지금까지의 내용을 요약하고 이 연구의 함의를 간략히 정리한다. 우리는 감정을 통해 학계 생활의 무엇을 볼 수 있을까? 학계 구조는 특별한 감정들을 낳는데 그것들은 연구의 질에 어떤 영향을 끼치는가? 교육과 연구에 대한 주류 정치적 흐름은 학계의 감정적 삶과 연구 감정에 어떤 영향을 끼치는가?

학계 내부 생활의 사회적-감정 세계에 대한 이 책은 덴마크 대학들과 고등 교육 연구 중심 기관들에서 나온 자료에 기반한 것임을 언급해야겠다. 서구 대학 시스템은 국가와 역사의 기원이 다르지만 계몽의 유산에서 기인한 공동의 문화적 역사, 즉 제도로서의 대학의 자율성, 연구의 자유, 게재된 연구논문 수준의 측정수단인 동료평가와 같은 개념들에서 표현된, 많은 공통의 특징이 있다. 이러한 가치는 국가 경계와 차이를 가로질러 나타난다. 당연히 이 특징들은 지난 수십 년간 여러 서구 지역에서 연구 정책에 대한 새로운 교육 지침과 시도가 논의될 때마다 방어되는 가치들이다. 이 책은 국제적으로 통용되며 국가 경계를 넘어서는, 근대적 연구 중심 대학의 구조와 문화 개념을 출발 지점으로 삼는다. 다만 내 연구의 초점은 체계와 구조 자체라기보다 그 구조가 불러일으키고 결국 그 과정들을 지속시키는 사회적-감정 과정에 있다.

2장

이론과
실증 자료

이 장에서는 내 분석의 과학적 근거를 설명한다. 나는 감정에 대해 말하고 있는데, 과연 감정이 정확하게 무엇이고 어떻게 조직과 학계 문화에 스며들어 있을까? 나는 이 분야를 어떻게 공부해왔고 실증 자료는 무엇인가? 먼저 감정에 대한 몇몇 이론을 소개하고, 내 연구의 분석 모델과 실증 자료를 제시한 후 연구 환경에 대한 일반적인 서술로 마무리할 것이다.

이론 틀

감정 연구는 생물학적 접근biological approach, 상호적 접근interactional approach, 담론–구성주의적 접근discursive-constructivist approach 세 가지가 두드러진다. 생물학적 접근은 감정을 특정 자극 때문에 생기는 보편적인 생물학적 충동으로 보는데, 이 접근에는 행동 차원뿐만 아니라 고유한 표현 양식도 있다.[1] 담론–구성주의적 접근은 감정을 담론 문

---

1. 이 전통은 윌리엄 제임스(William James 1884) 이론에 뿌리를 두며 여기서 느낌은 특정 자극에서 기인한 생물학적 변화에 대한 우리의 인식을 가리킨다.

화적 구성물로 이해한다. 이 접근은 감정에 생물학적 요소가 있다고 보지만 다른 무엇보다도 문화적이고 도덕적인 해석에 근거한다고 본다.[2] 양극단의 중간에 상호적 접근이 있다. 이 접근은 감정의 생물학적 근간을 인정하지만 감정을 일으키는 - 규범에 의해 수행되는 - 문화의 영향력에 주로 초점을 둔다.[3]

감정을 다룬 사회학 이론들은 생물학적 접근과 상호적 이론에 기댄다. 어떤 이론은 사회적/구조적 조건과 감정의 관계를 다룬다. 여기에서 감정은, 행동을 이끄는 정향dispositions이며 생물학적 접근에 기반한다. 또 어떤 이론은 느낌 규칙feeling rules에 의한 문화적 감정 규제와 개인의 감정 작업에 초점을 맞춘다. 이 경우는 감정에 대한 상호적 접근이 출발점이며 자아에 대한 정보로서의 감정의 중요성을 강조

---

2. 주로 인류학과 심리학에서 감정에 대한 담론-구성주의적 접근이 발전했다. 캐서린 루츠(Catherine Lutz 1988), 릴라 아부-루그호드(Lila Abu-Lughod 1991), 롬 하르(Rome Harre 1986)가 이 접근의 중요한 대표자이다. 이 전통에 대한 더 자세한 내용은 블로크(Bloch 2001 : 40)를 참조.
3. '상호적'이라는 개념은 감정 형성에서 생물학적 요인과 사회문화적 요인이 밀접하게 얽혀 있다는 것이다. 따라서 이 개념은 상징적 상호주의와 동음이의어가 아니지만 후자 전통의 요소를 포함할 수 있다. 이 정의는 윌리엄스(Williams)에 기반한다(1998 : 135).

한다.

조직에는 구조와 문화가 모두 있다. 따라서 나는 학계에서의 감정, 구조, 문화의 상호작용을 밝히기 위해 구조적 이론과 문화적 이론 모두를 택한다. 당연히 감정에 대한 나의 접근은 분석의 두 영역에 기반하고 있다. 사회적 관계와 감정의 상호작용에 초점을 둔 구조적 영역과 감정 문화와 개인의 감정 관리의 상호작용에 초점을 둔 문화적 영역이다.

구조적 영역

조직에는 구조가 있고 그 구조는 사회적 관계에서 권력과 지위 구별의 바탕이 된다. 감정을 다루는 사회학 이론은 한편에서는 권력과 지위의 관계를 다루고, 다른 한편에서 감정을 다루긴 하지만 학계의 사회적 구조에 대해서는 특별한 관심을 갖지 않는다. 이 때문에 나는 프랑스 사회학자 피에르 부르디외의 학계와 과학적 장scientific field 분석을 활용하려고 한다. 부르디외가 감정을 연구하지는 않았지만 학계 구조에 대한 통찰을 제공하기 때문이다. 그의 이론을 감정 사회학 이론과 결합하면 학계 구조와 내부 생활의 감정 특징 간의 구체적인 관계를 밝힐 수 있다.

부르디외(1975)는 학계의 특징으로 두 구조, 고유한 구조specific structure와 실력주의 속성meritocratic traits을 띤 위계적 권력 구조를 강조한다. 고유한 구조란 다른 사회적 장들과 비교했을 때 학계에만 고유한 것으로써, 다름 아닌 생산자의 고객(연구자)이 주로 경쟁하는 동료, 다시 말해 다른 연구자라는 것이 이 구조의 특징이다. 원칙적으로 경쟁자이기도 한 다른 연구자들이 학계에서 업적merit의 근간인 학문적 인정을 부여한다. 이 구조는 특정 연구 분야의 전문가가 서로의 작업 가치를 평가하는 '동료평가'에서 분명해진다. 바로 이 특별한 구조에서 동료(경쟁자)가 생산하는 비판적 심사 작업이 보장된다. 동료평가는 학계의 중추이다. 이것은 원칙적으로 업적을 이루는 중요 요소이며 학계의 또 다른 구조인 위계적 권력 구조로 접근토록 한다. 이 구조는 상이한 양의 학력 자본과 과학적 자본으로 정의되는, 지위의 사회적 장으로 이해된다.[4] 이 장 안에는 개인 자

---

4. 학력 자본이나 권력은 관리 체계, 교육 정책위원회, 위원회 등에서 중요한 자리를 차지하는 것으로 물질화되고 과학적 자본은 연구 관리, 학회 회원, 연구위원회, 논문 게재, 자신의 작업이 타 언어로 번역되기, 인용 색인에서의 인용 등으로 물질화된다. 이런 자본 형태는 다른 유형의 권력 위계의 근간이다(Bourdieu 1988).

본과 따라서 학계 활동에서 영향력을 행사할 수 있는 권한을 늘리는, 실력을 인정받기 위한 끊임없는 경쟁이 있다. 경쟁은 일련의 순위를 매기는 장들, 예컨대 출판물의 수, 인용 색인에서의 인용 횟수, 학술저널과 출판사의 상대적 저명도, 연구비 수주 규모, 지도하는 박사과정생의 수 등의 영역에서 일어난다. 위계 꼭대기에서 경쟁은 과학적 연구 패러다임에 대한 정의, 연구비 수주 금액 규모, 박사과정생의 숫자에서 일어난다. 위계의 맨 아래에서는 주목받기, 프로젝트 펀드, 학과 핵심 연구 영역과 프로젝트와의 연관성 등을 둘러싼 경쟁이 있다. 자리를 얻는 데서 그것을 둘러싼 투쟁과 경쟁이 사회적 배경이나 젠더 등의 요소보다는 실적merit을 기준으로 이뤄진다는 면에서, 학계는 실력주의 원칙에 기초하며 이것이 지속적인 공통의 가치로 인식되고 있다.

학계는 이와 같은 실력주의 원칙으로 포섭과 배제 행위를 정당화한다. 그러나 부르디외는 이러한 행위가 사실 다른 기준들에 의한 것이라고 지적한 바 있다. 나아가 연구를 수행하고 평가하는 패러다임 자체가 학계의 핵심 전투장이기도 하다.[5]

요약하면 부르디외는 학계의 두 사회 구조, 동료가 서로의 평가자이자 경쟁자라는 고유한 구조와 실력주의 원칙과 전제로 정당화되는 위계적인 권력 구조를 지적한다.

그 두 특징은 이론적으로 학계의 구조적 동학의 역할을 강화시키는 탄탄한 틀인 셈이다. 지금 다루고 있는 그 구조적 관계가 참여자 간 구체적인 상호작용으로 환원되거나 혹은 그것으로부터 직접 추론되는 것은 아니다. 그러나 이 말이 참여자 간 상호작용에 구조가 중요하지 않다고 말하는 것은 아니다. 반대로 부르디외(Bourdieu 1975 : 19)에 따르면, 사회 구조는 관계와 구체적인 상호작용이 일어나는 틀을 형성한다는 점에서 무척 중요하다.

미국 사회학자 랜달 콜린스Randahl Collins(1990, 2004)와 시어도어 켐퍼Theodor Kemper(1978a, 1978b, 1982, 2002)는 권력과 신분 관계의 상호작용을, 경험으로 얻는 색다른 감정이라고 보는 이론을 개발했다. 감정은 "사회적 관계들의 실제의, 예측되며, 상상되거나 회상되는 결과" 때문에 일어나고(Kemper 1978a : 32), 행동을 하려는 정향이며 구조

---

5. 학계에서 핵심 투쟁은 과학이 무엇인가라는 개념정의를 차지하는 것이다
(Bourdieu 1975 : 19).

와 행위자를 연결한다(Barbalet 2002 : 4).[6] 캔디스 클락은 감정의 미시정치를 통해 우리가 사회적 미시위계를 만드는 방법에 대한 이론을, 토마스 쉐프는 순종·무례·감정·유대관계에 대한 이론을 설명한다. 나는 학계의 두 구조와 감정의 역동적 관계를 살피기 위해 그 두 이론을 이후 장들에서 활용할 것이다.

문화적 영역

역사적으로 조직은 열정·느낌·감수성을 [특정 방향으로] 정해놓고 안정화하는 방식으로 존재하며, 만약 안정화가 이뤄지지 않으면 비-체계적인 형태로 존재한다(Flam 1990a, 1990b, 2002).[7] 열정이 합리적 조직에 의해 다스려

---

6. 구조주의 전통에서 중요한 이론가들인 켐퍼와 콜린스 모두 구체적인 상호작용 레벨에서 이론적 표준형을 점검하고, 그 상호작용을 사회 구조를 형성하는 받침대로 보았다. 그렇게 그들은 미시적-상호작용의 합계와 구조가 같다고 보았다(Kemper and Collins 1990). 따라서 감정을 연구한 구조주의 사회학 이론이 제시한 미시-상호작용 접근과 부르디외의 상호작용에 대한 구조적 접근에는 분명한 이론적 모순이 있다. 나는 이 두 분석을 상호보완적으로 다룬다. 미시-상호작용 접근은 다소 한계가 있지만 사회적 상호작용에서 감정·권력·지위 관계의 연관성에 초점을 두었다는 장점이 있다. 부르디외의 장점은 그의 구조적 시각이며 장과 행동 정향의 상호작용 분석에는 한계가 있다.
7. 플램(Flam)은 막스 베버(Max Weber [1930]1995)의 작업에 기반을 둔다.

진다. 조직이 형성되면 규칙과 절차로 느낌들에 대한 규범을 만든다. 이렇게 구성된 감정은 조직의 전체 과정을 흐르는 원래 감정들과 틀림없이 다르지만 연관이 없지는 않다. 헬레나 플램Helena Flam은 이를 위해 어떤 조직의 특정 목표, 가치, 자기 이미지를 대표한다는 의미인, 대표 감정representative emotion이라는 개념을 소개했다.

근대 학계는 지식을 향한 계몽의 갈망과 그 당시의 종교적 세계관의 제약적인 도그마 간의 긴장이라는 역사 속에서 뿌리내린 조직이다. 이것은 학계가 한편에서 체계적인 방법·전문성·객관성을 바탕으로 한 과학 영역과, 다른 한편에서 열정·신념·느낌에 기반을 둔 전통적인 종교적 의식을 바탕으로 한 종교 영역으로 구분되어 있다는 것을 의미한다.[8] 이러한 역사적 뿌리가 감정 문화, '느낌의 부재'라는 대표 감정의 근간을 제공한다고 볼 수 있다. 대표 감정은 [언급했듯이 말 그대로 한] 조직의 목표, 가치, 자기 이미지를 대표하는 감정이다. 미국 사회학자 앨리 러셀 혹실드

---

8. 역사적으로 과학은 객관성과 측정 가능성에 기반한다. 과학 철학자 로레인 대스톤(Lorraine Daston 1995)은 그 생각과 충족조건들이 소위 말하는 감정이 가득한 가치(도덕 경제)에 기반한 것이라고 주장한다. 예를 들어 절차로서의 정량화는 과학자들끼리의 무제한 소통의 포상이라는 것이다.

Arlie Hochschild는 문화적 개념과 가치가 어떻게 감정을 만드는지 살폈다. 그녀는 문화적 규범을 느낌 규칙과 표현 규칙expression rule으로 구분한다. 느낌 규칙은 주어진 맥락에서 그 문화가 타당한 것이라고 지시한 감정을 뜻하고, 표현 규칙은 관련 감정을 어떻게 어느 정도로 표현할까에 대한 규범을 뜻한다. 우리는 상황이 지시하는 대로 느낄 수 있지만, 우리가 느낀 것과 느껴야 하는 것 사이에 불일치가 있을 수도 있다. 따라서 감정 작업 수행이 필수적인데, 이것은 기존의 표준 느낌 규칙에 적응하기 위해 감정을 공정工程하는 과정을 거친다.[9]

연구 조직을 다룬 기존 연구는 규범적 규제와 감정을 거의 다루지 않는다. 나는 이 문제에 대한 박사과정생·조교수·부교수의 언술들을 분석하면서, 감정을 다루고 표현할 때의 느낌 규칙과 규범을 조명하기 위한 분석 도구로 플램과 혹실드가 제시한 개념들을 활용할 것이다.

---

9. 혹실드는 감정 작업과 감정 노동을 구분한다. 후자는 임금 노동 상황에서 타인을 향한 특별한 감정을 만들기 위해 자신의 감정을 공정하는 것을 뜻한다. 이 개념들에 대한 구체적인 설명은 혹실드(1983)를 참조.

느낌의 공정

앞에서 서술했듯이 구조주의 이론과 문화 이론은 감정을 다른 방식으로 이해한다. 구조주의 이론은 감정에 대한 생물학적 이해를 견지하며, 문화 이론은 문화적 규범에 대한 감정 적응에 초점을 둔다.[10] 나는 학계 내 감정을 살피는 분석 도구로써 구조주의 이론과 문화 이론 모두를 택한다. 그러나 감정이 개인의 생물학적 측면을 본질로 한다는 시각에 기대지도 않고, 감정이 언어 면에서 담론적인 구성물로 환원된다고 믿지도 않는다. 감정은 맥락 안에서, 우리가 이미 참여하고 있는 사회적·문화적 현실에서 일어난다. 감정은 자신과 주어진 사회 현실을 매개한다. 감정은 정동·인지·평가·동기·신체를 포함한다. 우리의 대개의 감정은 행동을 일으키며, 즉각적이고 선–사색적이며pre-reflective 반半의식의 신호이자 정향이다.[11] 더 나아가 감정은

10. 감정에 대한 생물학적 접근과 문화적 접근이 아주 뚜렷하게 나뉜다고 할 수는 없다. 내가 문화 이론의 대표 주자라고 생각하는 혹실드도 감정의 생물학적 기반을 인식하고, 행동을 추동하는 코드화된 충동이라는 면에서 감정을 일종의 시그널로 보았다. 따라서 문화–상호성 접근은 행동 정향으로서의 감정을 배제하지 않는다. 다만 예컨대 위험·기쁨·질투 등을 판단하기 위한 유용한 신호로서의 감정에 특별히 초점을 맞추는 것이다.
11. 바바렛(Barbalet 2004)에 따르면 많은 감정에는 암묵적이고 무심결인 것

비교적 자율적이다. 그 유연성에는 한계가 있고 그것만의 고유한 동학이 있으며, 조용하고 눈에 띄지 않게 우리 삶에 스며든다.[12] 따라서 [우리가 실제로 느끼는] 감정과 주어진 감정 문화 간에 긴장이 발생한다. 이 긴장은 여러 방식으로 해결될 수 있다. 우리는 감정을 느낀 대로 표현할 수도 있고, 문화에 따라 조율할 수도 있는데 그것은 a) 기존 표현 규칙의 강도, b) 느낀 감정의 강도와 종류, c) 감정을 느끼고 표현하는 역량과 동기에서의 개인 차이, d) 주어진 환경 구조에 달려 있다(Gibson 1997 : 234).

표 2.1은 이 책의 분석에서 활용한 개념 틀의 도표이다. 이 틀은 사회 구조, 사회관계, 감정에 초점을 둔 구조적 영역과 감정 문화와 느낌 규칙에 초점을 둔 문화적 영역을 포함한다. 나는 감정과 느낌 규칙의 마찰을 점검하는데, 감정 관리라는 개념에서 이 두 분석 영역이 합쳐진다. 감정

이 대부분이다. 바바렛은 무의식적 감정이 사회적 삶에 어떤 영향을 끼치는지 설명한 [미국의 신경과학자] 안토니오 다마시오(Antonio Damasio 2000)의 연구를 참고하였다.

12. 감정 소용돌이 분석(1994)과 인지되지 않는 수치심이 사회적 관계에 끼치는 영향을 분석한 쉐프의 연구는 감정의 본질적 동학을 보여 준다. 구성주의 접근에서 간과된, 크레입(Craib 1998)의 감정 역학에 대한 논의도 좋은 참고자료이다[이 부분은 9장에서 자세하게 논의된다].

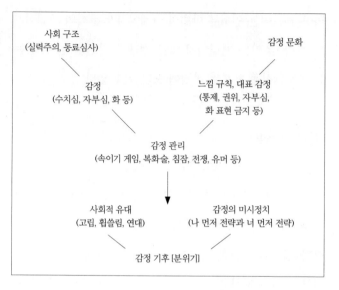

<table>
<tr><td>사회 구조
(실력주의, 동료심사)</td><td></td><td>감정 문화</td></tr>
</table>

사회 구조
(실력주의, 동료심사)

감정 문화

감정
(수치심, 자부심, 화 등)

느낌 규칙, 대표 감정
(통제, 권위, 자부심,
화 표현 금지 등)

감정 관리
(속이기 게임, 복화술, 침잠, 전쟁, 유머 등)

사회적 유대
(고립, 휩쓸림, 연대)

감정의 미시정치
(나 먼저 전략과 너 먼저 전략)

감정 기후 [분위기]

〈표 2.1〉 개념 틀

관리는 느낌 규칙에 개인이 적응하는 것이자 유대와 미시
위계가 만든 행동으로 해석된다. 표 2.1의 개념들은 분석
범주일 뿐이다. 생생한 삶에서 감정, 느낌 규칙, 감정 관리,
사회적 유대, 감정의 미시정치는 복잡하게 얽혀 있다. 나는
[참여관찰이나 나 자신의 경험에 기초한 회고적 연구는 아니어서]
그 생생한 과정을 경험하며 연구할 기회를 갖지 못하고, 인
터뷰이들이 제공한 언술에 기대어 분석하였다. 이 말은 내
가 그 과정들에 대한 언어로 매개된 표현들을 해석했다는

의미이며, 이는 인터뷰 방법의 한계이지만 분석의 조건이기도 하다. 우리는 매개되지 않은 형태로 타인의 살아 있는 감정과 감정을 느끼는 과정에 도달할 수 없다.

자료와 방법[13]

이미 언급했듯이 학계 내부의 감정을 다루는 내 연구는 박사과정생·조교수·부교수·정교수와의 인터뷰에 기초한다. 학계에는 많은 다양한 감정이 존재한다. 나는 특별히 연구 조직에 초점을 두고, 따라서 기본적인 관계적 감정의 네 영역인 a) 자부심/기쁨, b) 화, c) 수치심/당황/혼란스러움, d) 웃음[14]을 둘러싼 인터뷰에 초점을 둔다. 이 감정들이

---

13. 이 연구는 덴마크 연구위원회가 재정지원을 한 '고등 교육과 연구에서의 젠더 장벽' 연구의 일부로서 1996~2002년에 수행했다. 이 연구는 샤를로테 블로크와 캐터린 해즈(Catherine Hasse), 잉 헤닝슨(Inge Henningsen), 리스 회야르(Lis Højård), 핸 내쇠 옌슨(Hanne Nexø Jensen)과 도르트 마리 쇠네르가르(Dorte Marie Søndergård)가 수행한 '학계 조직에서의 젠더'라는 프로젝트 내 하위 프로젝트였다. 그 프로젝트는 사회과학, 인문학, 자연과학, 보건의학 연구 위원회(각 위원회는 현재 덴마크 독립연구위원회의 일부이다)가 공동으로 경제적 지원을 했다.

14. 관계적 감정이란 사회적 관계에서 일어나는 감정을 말한다. 이 감정들은 자신을 대상으로 예컨대 자부심·수치심·죄책감을 가질 수 있고 혹은 타인을 대상으로 예컨대 화·존경·경외를 가질 수 있다. 화나 두려움 같은 감

학계 생활에 대해 무엇을 말해 줄까?

　나는 젠더와 지위를 고려하여 보건의학, 사회과학, 인문학 교수자 중에서 선택한 54명을 인터뷰했다.[15] 여성과 남성을 동수로 뽑은 후 박사과정생·조교수·부교수·정교수 지위에 따라 배분했다. 많은 대학 구성원이 대중에 알려져 있어서 당연히 익명을 보장해달라는 요구가 높았다. 이런 이유로 인터뷰이를 덴마크 전역의 고등 교육 기관과 여러 학과에서 충원했다. 자료는 조교수·부교수·정교수와의 면대면 일대일 인터뷰로 수집했다. 포커스 집단focus group 인터뷰는 남녀 개별 집단으로 구분하여 분과-기반의 소수 집단에 속해 있는 박사과정생들을 대상으로 수행했다. 모든 인터뷰는 네 감정 영역의 구체적인 사례에 대한 언술들을 이끌어내려고 설계된 현상학적 지향을 띠었다. 개인의 감정과 주류 감정 문화의 관계를 밝히기 위해 그들의 감정

정이 관계적 감정일 수 있지만 반드시 그런 것은 아니다. 어두운 엘리베이터 전체 통을 위에서 내려다볼 때의 두려움이나 의자에 부딪칠 때 느끼는 화나 짜증은 관계적 감정이 아니다. 관계적 감정에 대해서는 샷트(Shott 1979)와 클락(Clark 1990)을 보라.

15. 인터뷰이들을 학과 홈페이지에 접속하여 선택했다. 전화로 연락하여 연구 참여를 제안했다. 무응답자의 비율은 낮았다.

처리와 관리에 대해 질문했다. 감정의 미시정치에 대해서도 질문했는데, 즉 자신의 특정 감정을 표현하거나 다른 사람에게 감정들을 도발하는 등으로, 일상적인 미시위계에서 그들의 상황을 개선하기 위한 방식에 대해서도 물었다. 끝으로 '[사회적 관계를] 풍요롭거나' '소모시키는' 정도를 기준으로 동료와의 관계를 평가해 주길 요청했다.[16]

모든 인터뷰 자료는 녹취 전사轉寫를 했으며 감정에 대한 사회학 이론과 경험적 자료를 엮어 해석하고 분석했다.[17]

도시와 지방의 연구 환경

사회학에서 연구 문화 형태에는 어떤 구분이 있다(Snow 1959, Knorr Cetina 1999, Beker and Trowler 2001). 연구

---

16. 덴마크어로 이 개념들은 리듬이 있는 쌍, '영양가 있는'(nærende)과 '부식의'(tærende)이며 일상 담론에서 익숙하다.

17. 이 인터뷰 자료는 현상학적-해석학적 설명으로 분석했다. 이 말은 살피는 서사에서의 의미 단위에 대한 분석과 전체 서사에서의 해석 간 상호작용에 기반한 의미들을 명료하게 했다는 뜻이다. 쉐프에 따르면 감정의 표시인 언어적·비언어적 신호도 해석이 될 수 있다. 언어적·비언어적 감정 표시에 대한 개괄은 렛징거(Retzinger 1991), 블로크(Bloch 1996), 고츠초크 외(Gottschalk et al. 1969)를 참조하고, 현상학적-해석적 분석 방법에 대한 더욱 자세한 설명은 지오르기(Giorigi 1975, 1992)와 블로크(2001)를 참조.

문화 측면에서, 내 연구는 사회과학, 인문학, 보건의학 세 분야 교수진으로 구성되었다. 그러나 실증 자료의 범위가 너무 제한되어 타 분야 교수진의 연구 문화와의 차이를 확인하기가 어렵다. 다만 나는 분과를 가로질러 구분한 베처와 트로울러(Becher and Trowler 2001)의 '도시'와 '지방' 연구 환경 구분을 제시한다. 이 구분이 도시와 지방 자체에 관심을 두기보다 여러 연구 분야 내 인적 밀집도에 관심을 두기 때문이다. 소위 말해 도시 환경에서는 두드러지고 명확하게 정의된 소수의 연구 주제에만 연구가 몰린다는 면에서 인적 밀집도가 높다는 것이다. 그리고 지방 환경에서는 연구자가 대개 여러 주제를 다루는, 넓은 지적 영토 범위를 담당한다는 면에서 인적 밀집도가 낮다는 것이다.

지방과 도시의 연구 환경은 다른 유형의 동료 간 경쟁 관계를 만든다. 도시 환경은 연구 출판을 먼저 하려는 강렬한 경쟁이 빈번한 것이 특징이다. 이러한 관계는 동료 간에 두려움과 의심을 일으킨다. 사람들은 가슴 속에 자신의 결정적 패를 숨기고 종종 결과를 재빨리 출판하고 지적 재산권 도둑질을 걱정하는 경향이 있다. 이런 유형의 경쟁은 지방 환경에서는 발생하지 않는데 여기서는 연구 주제가 상이하고 무관하여 겹치지 않기 때문이다. 그렇다고 지방 환경에서 경쟁이 없다는 말은 아니다. 단지 재빠른 출판 결과 형태로 나타나지 않는다는 것일 뿐 자신의 출판을 자랑하기, 미팅에서 공격적으로 행동하기, 외골수 태도를 견지하기 같은 더욱 미묘한 방식으로 표현된다. 그들은 같은 분야에서 거의 경쟁하지 않지만 자신이 하는 작업의 중요성과 질의 측면에서 서로를 능가하기를 바란다.

내 연구의 장은 주로 지방에서의 연구 환경이라고 할 수 있다. 보건의학 분야의 몇몇 인터뷰이가 도시 연구 환경을 대표함에도, 사실 이 분야 대부분의 인터뷰이는 지방 연구 환경이라 해석되는 연구 집단에 속했다. 이미 암시되었듯이 베처와 트로울러의 '지방'과 '도시'의 구별이 분과 간 구분은 아니다. 예를 들어 한 인문학 연구 분야 센터에서 쇠렌 키르케고르Søren Kierkegaard나 한스 크리스티안 안데르센Hans Christian Andersen과 같은 특정 작가의 작품 연구에 매진하여 연구자들이 제한된 탐구 분야에만 집중한다면, 이는 지방이라기보다 도시적인 연구 환경이라고 할 수 있다. 내 연구는 지방 연구 환경을 주로 다룬다.

3장

박사과정생의
극심한
감정적 고충

박사과정생은 학계 조직의 맨 아랫부분을 차지하고 이 부분은 점점 넓어지고 있다. 그들은 훈련받아야 하지만 앞으로의 연구 경력에 따라 사회화되고 평가되어야 한다.[1]

몇몇 연구자가 박사과정생이 학계 문화에 동화되는 방식을 연구했지만(Gerholm and Gerholm 1992 ; Abbel 2000, 2003 ; Ehn and Löfgren 2004) 감정과 학계의 감정 문화에는 큰 관심을 두지 않았다.

박사과정생은 위에서 행사하는 위계적 권력 구조를 경험하는 자리인, 학계 위계의 맨 아래에 자리잡고 있다. 더불어 그들은 신입이고 학계 생활의 암묵적인 감정적 요구를 식별하는 외부자의 능력을 갖고 있다.

나는 박사과정생의 자존감과 연구를 둘러싼 그들의 믿음에서 세 감정의 축을 확인했다. 첫 번째 축은 내가 '연구에 대한 감정'이라 부른 것으로서 연구를 활동으로 보는

---

1. 덴마크 박사과정은 수강, 해외 경험(stay abroad), 약간의 강의 의무, 논문 완성을 포함한 3년의 지위이다. 박사학위는 대학과 다른 고등 교육 기관에서 연구 경력을 위한 공식 허가 티켓이며, 공사 전역의 다른 분야에서의 고용 자원이기도 하다. 박사과정 프로그램은 국가마다, 학과마다 다르며 시간에 따라 변화한다. 그럼에도 그 프로그램에는 충원 기준, 수학 기간, 수강, 강의 의무, 논문 완성이라는 공통의 요소들이 있다.

것이다. 다른 두 축은 연구 조직과 관련된 것으로 '지도교수와의 관계에 대한 감정'과 '권력 구조에 대한 감정'이다.

연구에 대한 감정

연구는 한 사람의 총체를 아우르는 활동이다. 이것은 모든 연구자에게 적용되지만 박사과정 단계에서 뚜렷하게 나타난다. 그 이유는 박사과정 생활이 특히 연구에 초점을 두고 연구 속성에 대한 한정된 경험을 갖기 때문이다. 연구는 열정을 수반하고 '아직 알려지지 않은' 것에 마음을 쓰는 특별한 활동이다. 연구는 믿음·신뢰·희망에 기반을 둘뿐만 아니라 저항적 도전의 경험·불확실·의혹 같은 느낌에도 기반을 둔다.[2] 내가 옳은 길에 있는가 아니면 막다른 골목에 있는가? 박사과정생은 아래와 같이 그들의 프로젝트와 자신을 동일시한다.

프로젝트는 그냥 내 삶의 방식이죠. 내 삶이에요. 프로젝

---

2. 저항으로서의 연구에 대한 설명을 위해서는 야콥센(Jacobsen 2001a)을 참조.

트하고 완전히 동일시하죠(웃음).[3]

당연히 프로젝트 작업의 성공과 실패에 따라 자존감이 심하게 요동친다. 몇몇 박사과정생의 이야기들이다.

실험이 잘 안 될 때 완전 속이 뒤집어져요. 그런 기간이 길어질수록 나를 더 잡아먹고 끝끝내 반년이 지나도 이뤄진 것이 없으면 … 어떤 실험에 수년을 보냈는데 잘 안 돼서 망할 판이었어요. 진짜로요! 너무 절망스럽고 좌절되더라고요. "나는 이걸 결코 못 해낼 거야", "다른 직업을 찾아야 해." 이런 생각이 들죠. 슈퍼마켓에 가서도 "계산대에 앉아서 하는 일도 좋지 않을까?"(웃음) 그런 생각이 들

---

3. 인용은 인터뷰이들의 익명성을 보호하도록 했다. 암묵적인 의미, 인명, 장소를 대괄호에 표시했다. 웃음, 한숨과 같은 구음(vocalization)이라 일컫는 비언어적 표현은, 독자의 인용문 해석에 영향을 끼친다고 생각할 때 둥근 소괄호로 표시했다. 예를 들어 더듬거리는 말투, 축약된 언어처럼 구어 텍스트와 얽힌 비언어적 특징은 텍스트 예를 들면 (더듬거리는) 식으로 앞에 괄호로 표시했다. 다만 이 특징들은 다루는 해석에서 명백한 요소일 때에만 포함되었다. 마찬가지로 '음', '아', 채우기 말은 인용문의 해석에 영향을 끼칠 때와 가독성을 높이려는 상황에서 포함했다. 본래의 한 인터뷰가 두 부분으로 나뉘는 경우도 있다. 인용문이 나뉘는 경우에는 그 사이에 세 점(…)을 넣었다.

어요. 나 혼자만 그런 게 아니라 다른 애들도 똑같은 말을 해요. 그런데 그때, 갑자기 일이 다시 돌아가기 시작하고 하늘을 둥둥 떠다니는 것 같죠. 일이 안 되면 또 속이 뒤집히고.

나 스스로를 뿌듯해하는 느낌(약간의 웃음)과 내가 이것을 잘 끝낼 수 있을까 하는 의구심 사이를 오락가락하죠.

내 전 인생에서 이렇게까지 심하게 조울증을 앓는 것 같은 때가 없어요.

이런 감정 기복 효과의 강렬함은 특히 인문학과 사회과학에서 연구가 조직되는 방식 때문에 아마도 더욱 증폭되는 것 같다.

이 노동시장에 막 들어온 사람은 누구나 자신에게 너무 많은 요구가 있다고 느낀다고 나는 생각해요. 여기 대부분은 바쁘고 자기가 하고 싶은 것만큼 그렇게 많은 걸 얻을 수 없다는 사실에 좌절합니다. 그렇지만 노동시장과 학계의 가장 큰 차이점은 내가 생각하기엔, 학계에서는 굉장히 많은 시간을 자기 자신에게 쏟는다는 거예요. 그래서 감정 기복이 양방향으로 더욱 뚜렷하게 나타난다고 봐요. 그냥 모든 게 불확실 이상의 느낌이죠.

또 다른 박사과정생은 이렇게 말한다.

그냥 고립되죠. … 평범한 환경에서 평범한 사람들과 일하는 보통 직업을 가졌다면, 어떤 때 "너 진짜 잘했어."라거나 "정말 일을 못했어." 뭐 그런 말을 들었을 거예요. 여기서는 바깥에 무슨 일이 일어나고 있는지 아무런 실마리도 없이 그냥 자신의 조그만 꼬치 안에 싸여 있어요. 그래서 자신을 계속 유지하기 위한 여러 수단을 스스로 찾아야 해요.

이 여성 박사과정생은 프로젝트를 혼자 하고 있다. 옳은 트랙에 있는가? 예정대로 진행되고 있는가? 요구 사항들이 무엇인가?[스스로 묻는다.] 이렇게 말한 이도 있다.

다른 박사과정생들하고 이야기해보면 그 느낌을 가장 잘

표현한 것이 바로 좌절이라고 봐요. 많은 사람이 좌절하는데 제때에 일을 잘 해내기 어렵기 때문에 그런 거죠. 물리적으로 불가능하고 모두 불가능하다는 걸 알아요, 그렇지만 해내길 바라죠. 특히나 어떤 요구인지 그 내용을 아무것도 모르고 누구도 기꺼이 말해 줄 사람이 없을 때 좌절을 겪습니다. 그들[지도교수들]은 50퍼센트 추가 작업을 더 하길 바라고, 적게 요구한 것은 아니라며 마음을 놓고.

최근 연구에 대한 감정을 다룬 연구에서는 호기심, 예민한 호기심nervous curiosity, 책임감, 불확실, 발견하는 행복감, 몰두의 느낌, 이 모든 것이 연구를 지속적으로 우직하게 추진하는 데 필요한 토대라고 강조한다(Barbalet 2002 ; Arber 1954 ; Ehn and Löfgren 2004). 이 박사과정생들은 회의·좌절·절망 같은 많은 감정도 강조한다. 나아가 그들의 서사는 연구 과정 단계가 자존감과 관련된 감정 기복과 얽혀 있음을 보여 준다. 연구는 조울증적 활동으로서 우울증 단계와 창조성의 폭발 사이, '꽉 막힘'과 '막힘의 풀림'(Ehn and Löfgren 2004:84) 사이를 왔다갔다한다. 박사과정생은 반드시 이런 감정들을 관리하는 법을 배워야 한다.

자존감·믿음·신뢰는 연구 행위에서뿐만 아니라, 연구 세미나에서 박사과정 프로젝트에 대한 지도교수들과 다른 구성원들의 논평과 평가에도 달려 있다. 모든 과학적 선택은 영향력뿐만 아니라 동료들의 인정을 얻기 위한 정치적 투자 전략이다(Bourdieu 1975). 따라서 박사과정생의 프로젝트는 정확한 과학과 타당한 패러다임을 다루는 학문적 토론에서 무기로 활용될 수 있다.

위계의 맨 아래에 있는 박사과정생에게는 무작위 공격과 권력 남용으로부터 자신을 보호할 만한 지위 방패가 없다.[4] 박사과정생은 그들의 지위로 인해 자신의 자존감을 훼손시킬 수 있는 권력과 지위의 과시에 노출된다. 켐퍼(Kemper 1978a)는 감정과 권력·지위 전시의 관계에 대한 이론을 전개했다. 그의 이론은 또 이런 종류의 전시 책임이 자신에게 있다고 보는지 아니면 다른 사람에게 있다고 보는지를 구분한다. 이후 분석에서는 위계적 구조의 지위에서 발생하는 박사과정생들의 감정 과정을 밝히기 위한 도구로 켐퍼의 이론을 활용할 것이다.[5]

---

4. 지위 방패 개념에 대한 더 자세한 설명은 혹실드 2003 : 136을 참조.
5. 켐퍼(1978)에 따르면 모든 사회적 관계는 경험되는 권력과 지위 관계가 특

지도교수와의 관계에 대한 감정

모든 박사과정생에게는 지도교수가 배정된다. 박사과정
에게 지도교수는 학계의 생명선이라고 할 수 있다. 이 관계
는 일부 분야에서 과거 견습생과 명인의 관계를 닮았는데
박사과정생은 지도교수의 연구를 따르고 그것에 참여한
다. 오늘날 지도교수의 역할은 코치나 스파링 파트너와 더
닮았다. 박사과정생과 지도교수는 전형적으로 그들 자신
의 독립적인 프로젝트를 가지며 '논문을 지도받는' 관계로
정의된다(Jacobsen 2001a : 78).[6] 그러나 이 관계가 순수한
스파링의 관계만은 아니어서 지도교수는 학생이 박사과정
을 조기에 마칠 수 있는 권한을 갖기 때문에, 그들은 지속

징이다. 권력 영역은 개인의 의지를 강제할 수 있는 자원과 행동을 가리키
고, 지위 영역은 인정·존경·친근함·공감을 받거나 혹은 그렇지 못한 상황
에 대한 것이다. 켐퍼의 요점은 따라서 상이한 권력과 지위 관계가 고유한
감정을 일으킨다는 것이다. 켐퍼는 세 감정 유형을 구분하는데, 첫째는 안
정적인 권력과 지위 관계에 기반한 (권력과 지위 구조라고도 불리는) '구조
적 감정'이다. 둘째는 주어진 관계에서 [나오리라는] 예상을 뜻하는 '기대 감
정'으로서 이 감정은 이전의 경험·자원·조건에 기반한다. 셋째 '결과' 감정
은 기대 감정과 구조 감정의 상호작용에 기반한 상황적 감정을 가리킨다.
내 경험적 자료가 이 구분 모두를 포함하는 토대를 제공하지는 않는다.

6. 어떤 분야에는 도제의 요소가 아직도 존재한다.

적인 협상관계에 있다.

핸 내쇠 옌슨Hanne Nexø Jensen(2000)이 수행한 한 연구에서 4명의 박사과정생 중 3명이 그들의 지도교수에게 만족한다고 했다. 그런데 과연 지도교수와의 만족스러운 관계란 어떤 것일까? 한 여학생이 지도교수와의 좋은 관계를 이렇게 기술했다.

무엇이 과학이고, 무엇이 세계를 굴러가게 하는가에 대한 생각을 나와 공유할 수 있는 지도교수를 만나는 것이 치명적으로 중요합니다. 완전 중요하죠. 일단 잘 만나면 진짜 뭔가를 이룰 수 있기 때문이에요. 제대로가 아니라면 그 사람과 논쟁하는 데 10배의 에너지를 써야 해요. 서로 긍정적인 피드백을 줄 수 있다고 느끼는 관계, 지도교수가 "잘 들어봐, 지금 네가 이 부분에서 정말 뭔가를 해야 해." 라고 말하면 내가 그 말을 잘 듣고 실제로 해내서 자신감을 느끼는, 그런 종류의 관계를 갖는 게 믿을 수 없을 만큼 중요해요. 내 지도교수하고는 사이가 정말 좋은데, 선생님이 어떤 부분에서 "이제 정말 혼신의 힘을 다해서" 향상을 해야 한다고 말하면, 그러면 나는 틀림없이 그걸 해내거든요. 내가 그 분의 판단을 신뢰하니까. 네, 지도교수가 내 편이라는 걸 알아요. 그런 게 정말 중요한데 그래야 다른 사람이 말한 것을 받아들일 수 있죠.

이 학생은 지도교수가 권위자로 인식되는 관계를 모사했는데, 그 관계는 전문적인 상호 존경, 상호 신뢰와 이해를 바탕으로 한다. 그녀는 그 관계에 만족하고, 이런 종류의 관계는 안전함·기쁨·자기 존중감을 느끼도록 한다. 그러나 지도교수와 박사과정생이 상이한 과학 패러다임에서 일할 수 있고, 따라서 학생의 프로젝트에 대한 지도교수의 평가가 학생과 같지 않을 수도 있다. 학문적 차이는, 전문적 관점에서 상호 존중으로 협상되거나 지도교수가 학생을 위협하는 수단이 될 수도 있다. 이런 상호작용의 한 예가 있는데, 아래 사례에서 박사과정생은 지배 게임을 하는 지도교수를 목격하고 지도교수가 자신의 지위를 폄하한다고 느낀다.

내 생각을 지도교수한테 말했죠. 그런데 그녀가 말하는 방식이 … 낮춰 보더라고요. 실제로는 위협이었는데 지도교수가 화가 난 진짜 이유는 내가 그 사람 작업을 참고하지 않았고 문제의식의 출발점으로도 활용하지 않았기 때문이라고 느꼈어요. 이걸 엄청 많이 생각했어요. 더 이상 그 선생과 일하고 싶지 않아요. 내 방법론을 이해한다고 생각하지도 않고 그 사람이 내게 말하는 방식을 더 이상 참을 수도 없어요.

지배력 전시는 두려움과 불안을 낳고, 자신의 지위를 폄하한다고 인식되는 행동은 절망과 우울감을 낳는다. 상호 관계에서 한쪽이 이런 전시의 행위자로 인식되면 그 느낌들은 분노와 적대감으로 표출된다. 위 예에서 박사과정생은 불안과 두려움을 기술하지 않지만 지도교수와의 관계에서 느낀 강렬하고 지속적인 모욕과 화의 느낌을 표현했다.[7] 그 느낌들은, 학생이 지도교수가 한 행동의 책임이 자신에게 없다고 생각했음을 가리킨다. 비난이 지도교수에게로 향한다. 아래 사례에서 또 다른 박사과정생은 자신의 부족함

7. 지도교수의 학문적 의도에 대한 의심은 불신, 박사과정생의 작업에 대한 지적 도둑질, 착취에 대한 염려로 표현된다. 이런 생각을, 거홀름과 거홀름 (Gerholm and Gerholm 1991)의 연구에 나오는 박사과정생 대부분이 느꼈다.

때문에 지도교수가 부정적인 반응을 보인다고 인정하는 것 같다.

학생은 지도교수한테 굉장히 의지를 하죠. 나도 지도교수가 한 명은 좋고 한 명은 나빠요. 사악한 쪽하고 일이 있었는데 엄청 울었어요.[8] 너무 나갔다고 생각했어요. 그냥 한두 가지 뭔가 말하고 싶었을 뿐인데 그때 위계가 뭔지 정확하게 알게 됐죠. 교수, 부교수, 바닥인 나, 박사과정생. [지도교수가 준] 서면 공지에 '너는 박사학위논문을 쓰는 데 갖춰야 할 것을 안 갖추고 있지만 나를 놀랜다는 면에서 괜찮다'고 쓰여 있을 때 알았어요. 그냥… 당신이 말했듯이 … 절망스러웠어요. 또 그 사람이 내가 먼저 뭔가를 해야 한다고 말해서 [미팅 약속을 잡으려 한 것인데] 약속이 안 잡혀서 화가 났어요. "이야기할 시간이 있으세요?" 물을 때마다 시간이 없다는 거예요. 그런데 지도교수는 불쑥 방문을 열고 들어와서 이거 해라 저거 해라 하고, 이번

8. 몇몇 박사과정생은 좋은 지도교수와 악한 지도교수를 구분했다. 사악한 지도교수는 학계에서 권위자이지만 타인에게 존경을 표하지 않는 사람으로, 좋은 지도교수는 친절하고 협조적이지만 대체로 학계의 권위가 없는 사람으로 인식되었다.

에는 그 정식 편지를 주더라고요. 그 사람이 권위자니까 어마어마하게 그 사람한테 의지를 해야 해요. 정말 나는 코멘트를 듣고 싶었을 뿐인데. 컴퓨터 켤 때마다 "그래, 아마도 내가 갖추지 못했기 때문일 거야." 항상 이런 생각을 했어요. 오랫동안 그 생각과 싸우는 게 정말 힘들었어요. 어떤 사람이 나보다 더 많은 권한을 갖고 있을 때, 그럴 때가 정말 절망을 느끼는 때겠죠.

지도교수가 위 학생의 박사과정을 끝낸다고 위협한 것이 학문적으로 타당하고 정말 근거가 있었는지 판단할 수 없다. 그러나 이 학생은 지배력 전시로 인해 위협받고 뚜렷한 지위 상실의 느낌을 경험했다. 이런 경험은 절망과 우울뿐 아니라 두려움과 불안을 일으킨다. 위 인용문에서 두려움과 불안이 암시되고 나중 인터뷰에서 그녀는 그 이후에 얼마나 절망과 우울을 느꼈는지 말했다.[9] 이런 감정들은 그 박사과정생이, 자신이 부족한 탓에 그런 지도교수의 논평

---

9. 켐퍼 이론에 의하면 이 학생은 그들 관계의 속성을 오로지 지도교수 탓으로 돌리고 그녀의 억눌렸던 감정은 화와 적대감으로 변한다(Kemper 1978a : 60~63).

과 반응이 나왔다고 생각함을 보여 준다. 다음 사례에서
한 남성 박사과정생은 그의 지도교수를 이렇게 말한다.

그 사람은 무례하고 공격적이고 사람 무시하고 함부로 행
동해요. 먼지처럼 대하죠. 뭘 말하기도 전에 "네가 말한 걸
난 신경 안 써." 그렇게 말해요. 그냥 무시하는 거죠. … 그
냥 이 프로젝트에 불평불만을 토로하려고 전화를 해요.
궤가 안 맞다거나 스케줄에 안 맞다거나 그런 거예요. 완
전 그 사람 잘못인데, 실험실에서 어떤 일이 있는지 나쁜
일은 있는지 없는지 그런 것을 안 살피거든요. 그래서 그
때 어, "이건 지금 당장 고쳐야 해." 하고는 또 막 혼을 내
요. 손톱만큼도 나를 신경 쓰지 않아요. 나는 1주일에 90
시간을 일해야만 해요. 실험실에서 우리는 이미 너무나 열
심히 일을 해요. 그걸 또 정리하려면 60시간이 아니라 90
시간을 해야 합니다. 그 사람은 절대 그런 걸 신경 안 쓰
죠. 그냥 해야 할 일이고 그것도 가능한 빨리 해야 한다는
거죠. 일주일 전에 미리 계획을 세우는 등 그런 게 전혀 없
어요. 당장 거기서 그냥 그때 마쳐야 하는 거예요.

그 상황에서 자신이 어떤 느낌을 받았는지를 묻자 이렇게 답했다.

> 인터뷰이 : (곰곰이 생각하며) … 무기력하다고 느꼈죠. 약간 슬프기도 하고. 그런데 점점 엷어지긴 하더라고요. 대처하는 걸 배우니까. 짜증 나고 "이런 제기랄" 그런 생각이 떠오르죠.
> 인터뷰어 : 화가 난 건가요?[10]
> 인터뷰이 : 아뇨, 화라기보다 상처받은 느낌이죠.

이 박사과정생은 지도교수의 지배력 전시와 지위 무시를 경험했다. 지배력 전시는 두려움과 불안을 야기하고 그는 무기력뿐만 아니라 짜증도 말했다. 그 짜증은 학생이 지배력 전시에 대한 책임이 지도교수에게 있다고 본다는 것을 암시한다. 그는 자신이 어떻게 느끼고 상처받았는지도 기술했다. 이러한 감정들은 지위 무시 때문에 일어난 것이고, 그의 감정적 반응은 일면 그가 비난을 수용했음을 암

---

10. 몇몇 인용문은 나(인터뷰어)와 인터뷰이의 대화로 표현된다.

시한다.

대체로 지배력 전시와 지위 무시가 동시에 일어나지만, 박사과정생은 지도교수들이 자행하는 지위 무시를 이렇게 설명하기도 한다.

한동안 지도교수 중 한 명하고 정말 괴상한 관계였는데 약속한 미팅들에 그 사람이 안 나타났거든요. 수개월에 걸쳐 이 문제로 엄청 화가 쌓였죠. 글쎄요 이게 그냥 화인지 아니면 무기력인지 확실치 않아요. … 자신이 안 나오고서는 언제 우리가 만나기로 했었냐고 해요. 작업 중인 논문 제출하려고 엄청난 시간과 에너지를 쏟았잖아요. 그런데 그냥 안 나타나는 겁니다. 뺨을 한 대 얻어맞은 것 같죠. 그저께 진짜 보통은 그렇게 대응하지 않는데 그때는 완전 제정신을 잃었어요. 1시 무렵부터 4시 반까지 앉아서 기다리고 있는데 안 나타난 겁니다. 그래서 내려가서 그 지도교수를 보지 못한, 다른 지도교수하고 이야기를 했어요. 그는 내가 해고된 것이라 보고 "들어와서 나랑 이야기하자."고 했어요. 문이 닫히자마자 무너져서 펑펑 울었어요. 정말 너무 당황했는데 보통은 내가 강성이거든요. "모

든 것을 통제할 수 있어." 뭐 그런 식인데 그때는 완전 히
스테리컬했어요. 그 사람도 놀라서는 앉아 쳐다만 보더라
고요. 이틀이 지났는데 아직도 힘이 안 나요. 눈물이 또
쏟아질 것만 같아요.

지도교수는 '박사과정생을 잊었고' 이 여학생은 그 대우를
'뺨을 한 대 얻어맞은 것'으로 느꼈다. 분명 많은 사건 중 하
나였을 그 지위 무시는 너무 압도적이어서 통제력을 잃고
다른 사람 앞에서 눈물을 터트릴 만큼 강렬한 느낌을 일
으켰다. 우리는 화, 슬픔 등의 많은 감정 때문에 눈물을 흘
린다. 그런데 아직도 '힘이 안 난다'라는 느낌의 기술은, 그
녀가 [그러한 느낌의 책임을] 화와 적대감 형태로 바깥쪽인
지도교수에게로 돌리는 것이 아니라, 자신을 향해 안쪽으
로 돌리고 있음을 보여 준다.

　지도교수와의 관계는 박사과정생의 생명줄이다. 지도
교수와 박사과정생의 생산적인 협력은 성공적인 학위논문
의 핵심이다(Molin and Åsells 1996). 대부분의 박사과정생
은 그들의 지도교수에게 만족한다(Jenen 2000). 그러나 애
펠의 한 연구(Appel 2003)에 따르면 여성의 67퍼센트와 남

성의 56퍼센트가 박사학위를 포기하려고 고민한 이유로 지도교수 문제를 들었다. 지도교수와의 관계는 [박사과정생이 지도교수에게서 훈련과 지도를 받는] 스파링 맥락을 제공할 뿐만 아니라 권력이 불공평하게 분배되어 교수만 지위 방패로 보호받기 때문에 중요하기도 하다. 이 점에서 애펠의 연구에 등장하는 대다수의 박사과정생이 지도교수의 비난이 두려워서 문제를 제기하기 두려웠다고 말한 것을 상기할 필요가 있다. 이것이 지도교수의 지배력 전시와 지위 무시에 대한 두려움의 문제인가?

권력 구조에 대한 감정

여러 집단 간 학문적 다툼이 늘 진행 중이라는 것이 학계의 한 특징이다. 박사과정생은 지배력에서의 우위도, 지위에서의 방패도 없기 때문에 그들의 연구 프로젝트는 비교적 적은 비용으로 여러 집단의 전선과 구획을 강조하기 위해 이용될 수 있다. 아래 인용은 박사과정생의 프로젝트가 동료 교수 간 권력 게임의 희생양으로 활용되는 방식을 묘사하고 있다.

한번은 박사과정 수업에 참석했는데 외부에서 온 한 부교수(실명)가, 내 적군 중 한 명이 됐어요. 박사과정 프로젝트에서 활용하고 싶은 한 특정 이론을 발표했습니다. 그런데 그때 그 사람이 말하기를 "너는 그 이론 하나만을 따로 사용할 수 없어, 그 저자가 쓴 모든 것을 공부해야 해. 그의 철학이나 기타 등등을 알아야 해." 그러더라고요. 이후 몇 주간 진짜 끔찍했어요. 이제 나는 이걸 쓸 수 없구나 했죠. 할 수가 없어서 그만둬야 했어요. 그 모든 것을 읽을 수가 없었어요. 어쩔 수 없었어요.

나는 그 상황에서 어떻게 했는지 그녀에게 물었다.

내가 뭐라고 했냐고요? 음, 당시 아무 말 안 했어요(웃음). 나는 똥고집을 부리는 스타일이 아니에요. 아직은 어쨌든 아닌데 "지금은 디펜스를 하겠습니다," 뭐 그런 스타일이 아니에요. 아무튼 내 박사과정 초반에는 그랬어요. 초라하고 위압을 당했죠.

그 외부 부교수는 매우 이론 지향적인 자신의 학과와 그런 성향이 덜한 박사과정생의 학과 간에 위계를 보이려고 학생의 연구 프로젝트를 활용했다. 위계가 그 박사과정생의 프로젝트에 대한 학문적 비판을 통해 드러난 것이다. 박사과정생은 학문적으로 위협과 모욕을 느꼈고 그녀의 이어지는 반응(포기하고 자신감 잃음)은 자신이 그 비판을 타당하다고 생각했음을 암시한다. 그녀가 자신의 프로젝트가 동료 간 지배 게임에 활용된 것을 깨달은 것은 한참 이후였다. 또 다른 예가 있다.

학과에서 일 진행 상황을 말하는 한 미팅에서 내 프로젝트를 발표했어요. 한쪽에 정교수 한 명이 앉아 있었는데 그가 경멸적 언사를 하더니 적절치 않은 순간에 웃음을 터트리더라고요. 내 지도교수이자 여러 흥미로운 질문을 하신 우리 교수님도 비웃었어요. 구석에 앉았던 그 사람이 지도교수에게도 경멸적인 발언을 해서 진짜 화가 났는데 감정을 어떻게 표현할지 모르겠더라고요.

지도교수의 동료는 지도교수와 학생의 학문적 영향을 비판하기 위해 박사과정생의 발표를 활용한 것이다. 그 비판이 학생의 연구에 대한 경멸적 언사와 조롱 즉 일종의 지배력 전시와 지위 무시를 통해 가능했다. 켐퍼는 이런 전시는 두려움과 슬픔을 야기하지만, 이런 느낌의 원인이 타인에게 돌려지는 경우에는 그것들이 화로 전환된다고 한다. 박사과정생은 화가 났으며 그의 언술은 자신에게 비난을 돌리지 않는다는 것을 암시한다.

끝으로 박사과정생의 연구가 어떻게 부교수와 정교수의 학문적 경계와 전투의 출발점으로 활용될 수 있는가를 보여 주는 우스꽝스러운 예가 있다. 한 여성이 말한 이 상황은 박사학위논문 중간 평가에 관한 것이었다.

경험적인 연구결과에 초점을 둔 발표를 했는데 사람들이 나를 비판하려고 서로 엎치락뒤치락하더라고요. 연구 자체를 그렇게 비판하지는 않았어요. 내 연구에 특별한 뭔가가 있다고 믿었고, 내 연구가 자신들이 하는 것에 무척 가깝다고 생각하더라고요. 그래서 내가 어떤 입장인지 살피지도 않고 자신들의 방식으로만 보더라고요. 쉬는 시간 끝나고 진짜로 더 가관이었는데, 한 방에서 55세가량의 선도적인 예닐곱 명의 남성이 내 연구를 둘러싸고 아무짝에도 쓸모없는 논쟁을 벌이더라고요. 한 명은, 내 연구가 아무개(실명)의 연구와 정말 유사하고 덴마크의 지적 세계를 더 잘 이해하려면 아무개(실명)를 포함시켜야 한다고 하고. 어떤 사람은 내 연구가 시스템 이론에 기초한다면서 초기 미국식민사에 더 주력해야 한다고 했고요. 세 번째 사람은 포스트모더니스트들의 이론을 더 활용해야 한대요. 네, 들뢰즈Gilles Deleuze에 더 의존해야 한대요. 네 번째 사람은 니클라스 루만Niklas Luhman 등을 더 활용해야 한다고 하고. 그런 식으로 계속 진행되면서 누구도 내 생각을 물어본 사람이 없었어요. 한 사람도 나를 향해 발언하질 않더라고요. 그러니까 그 누구도 "당신이 발표한 자료가 흥미롭다."거나 그런 비슷한 말을 안 하더라고요. 관중의 머리가 이쪽저쪽 왔다갔다하는 윔블던 경기 같았죠. 나는 그냥 코트장 안에서 공을 치고받는 것을 바라만 보고 있는 거였죠. 뭔지 아시겠죠? 그 사람들은 영역 싸움을 하는 거였어요. 나는 들어오라고 요청받지 못하고, 그 사람들만 코트장에서 다른 고릴라들을 내쫓으려고 하는 거였어요. 나는 전혀 그 일부가 아니었던 거여서, 한쪽에 남겨져서 그 큰 수컷들 싸움을 지켜만 봤어요. 이긴 쪽이 자동으로 접수를 하고.

'그 큰 수컷들'은 그녀의 연구를 위협하지 않는다. 그냥 무시한다. 이 박사과정생은 그 상황에서 자신이 어떻게 느꼈는지 말하지 않았지만 이 인터뷰는 전체적으로 조교수와 부교수 모두의 관계에서 두려움과 불안이라는 잇따른 반응을 보여 준다.[11]

지도교수와의 관계 분석에서처럼, 이 예들은 위계의 맨 아래인 박사과정의 지위가 어떻게 그들의 능력과 연구 프로젝트에 대한 믿음과 자신감을 저하시키는, 지배력과 지위 전시의 조건을 형성하는지 보여 준다.

감정의 분절

박사학위논문을, 누가 그 생존 코스를 이겨내느냐 못 이겨내느냐에 따라 선택되거나 거절되는 기간 동안의 감정

---

11. 연구 세미나 분석을 위해서는 핸릭슨 외(Henriksson et al. 2000)를 보라. 이 글은 세미나의 드러난 내용과 잠재된 내용을 구분하는데, 전자는 건설적인 의견과 평가의 교환이고 후자는 대개가 자리싸움이다.

적 여정으로 이해하면, 필요한 게 감정적으로 자신을 재무장하는 것이라는 게 분명해지죠. 엄청난 감정적 도전이에요. 일단 이 점을 알게 되면 큰 도움이 되죠.

박사과정을 거치는 것은 사회화와 선택 과정이며 그 기간에 기존 학계의 감정 문화에 자신의 감정을 맞추는 감정 관리를 배워야 한다. 감정은 행동을 이끄는 즉각적 정향이다. 예를 들면 두려움은 상황을 피하도록 하고 화는 반박을 일으킨다. 그 정향은 주어진 느낌 규칙과 권력 구조에 맞추기 위해 우회·조정·변형되어야 한다. 위 인용문에서 인터뷰이는 학위를 마치기 위해 자신이 '감정적으로 재무장해야' 할 필요가 있다고 했다. 감정 사회학에서 이런 재무장 형태를 감정 작업이라고 한다. 박사과정생은 그들의 감정을 개인적으로 다루지만 집단적으로 처리하기도 한다. 덴마크 사회학자 포울 포더Poul Poder(2004)는 '분절된 감정 작업'segmented emotion work이라는 개념을 제시한다. 분절은 맥락에 따라서 동일한 감정을 달리 다루는 표현 방식을 뜻한다. 분절은 공간적 개념으로, 특정 상황에 따라 전략적 고려가 필요한지 아닌지, 상호 신뢰가 있는지 없는지에 따라 그에 맞는 감정 표현을 선택하는 것을 말한다. 이 분절은, 박사과정생이 사적 공간·학문적 공간·집단적 공간이라는 여러 맥락에서 감정을 다루는 데서 알 수 있다. 사적 공간은 박사과정생에게만 해당되고 더 높은 위계에 있는 이들에게는 해당되지 않는다. 이 공간이 공동체 형태로 발전되는지 아닌지는 당연히 주어진 세팅에 있는 박사과정생의 수에 달려 있다. 신입이라는 점과 위계의 맨 아래에 있다는 점이 결합된 전제조건이, 그들 공동체 발전의 기반을 만든다.

사적 공간

박사과정생은 특정 느낌을 사적으로 공정하고 변형하는 수많은 방법을 활용한다.[12]

활동으로서의 연구에서 나오는 의심과 불확실은 긴장을 높이고, 박사과정생이 연구자라는 자기 확신을 하는 데 큰 어려움을 느끼게 한다. 게다가 다음 장에서 살펴볼 텐

---

12. 우리가 느낌을 갖고 억누르고 변형할 때 느낌이 관리되는 것이다. 혹실드는 변형하는 노력과 연관하여 세 기법을 구분한다. 감정 관련 이미지와 생각을 바꾸는 인지적 기술, 감정의 신체적 표현을 바꾸는 물리적 기술, 외적인 표현과 감정을 바꾸는 표현적 기술이다(2003).

데, 이런 종류의 느낌은 학계의 감정 문화 규범에 잘 맞지 않는다. 그래서 한 학생은 '자신을 잘 지탱하는 여러 수단'을 찾아야 한다고 말했다. 인터뷰에서 박사과정생들은 부정적인 자기 존중감을 바꾸려 할 때 주로 인지적 기법을 설명하곤 했다. 이 기법은 실제로 잘 헤쳐 나갈 수 있다고 스스로를 확신시키기 위해 긍정적인 이미지를 일으키는 것이다. 한 학생은 이렇게 말한다.

자꾸 "이것을 할 수 있을 만큼 능력이 좋나?" 그러면서 자책하고 앉아 있는 거예요. 여러 면에서 당연히 그렇다는 걸, 정말 충분히 잘하고 있다는 것을 알면서도 그래요. … 수없이 많은 시간 그런 느낌이 들어요(웃음).

아래 박사과정생들의 서사는 지도교수를 향한 부정적인 감정을, 지도교수의 전문성이나 그들 성격 중에서 조금 다정한 부분 같은, 좋은 면을 통해 긍정적인 느낌으로 수정하려고 박사과정생들이 얼마나 애쓰는지 보여 준다. 아래 인용문은 지도교수의 언어 공격을 기술한 다음에 한 학생이 덧붙인 이야기이다.

아, (지도교수의 고압적인 행동에) 겁먹을 필요까진 없어요. 좋은 사람이기도 하니까요. 명랑한 사람이에요. 행복감을 잘 느끼고 진짜 똑똑해요. 그리고 내가 그 사람한테 의존하고 있다는 것도 명심해야 합니다. 그 사람이 보통 사람이라면 아무 일 없었던 것처럼 넘어갈 수 없을 거예요. 사람이 굉장히 똑똑하고 지금 그한테서 많은 것을 얻기 때문에, 아마도 10년이 될 수도 있는데, 그의 조율에 맞춰 계속 춤을 추는 게 중요하죠. 실제로 종종 많은 걸 제안하기도 하고 그다음엔 또 맹강타를 하기도 하고.

지도교수의 긍정적인 면은 전에 느꼈던 화를 중화시키는데 활용되고, 직업 전문성은 전략적 고려하에서 그의 지도를 계속 받는 합리화로 활용된다. 한 학생은 다른 지도교수를 알아보겠냐는 제안에 이런 반응을 보였다.

아뇨, 안 되죠. 다른 지도교수를 찾을 수 없어요. 그 사람은 천재니까. 그를 없애고 싶지 않아요. 그 없이는 이 연구를 할 수 없고. 글쎄요 아마 할 수는 있겠지만 그가 있을 때만큼 좋지는 않을 거예요.

박사과정생은 인지적 감정 작업을 통해 부정적인 자기감정과 더 높은 위계에 있는 사람들에 대한 부정적인 감정을 바꾸려고 한다. 어떤 이는 또 타인의 감정을 다루면서 자기존중감을 높이려고도 한다.[13]

나는 내 연구 프로젝트를 전시하는 방식에 엄청 신경을 써요. 왜냐하면 만약 지도교수가 내 연구를 부정적으로 봐서 내가 자신 없어한다면 그런 뉴스는 재빠르게 퍼지니까요. 그래서 다른 사람들한테도 "나는 마감일을 만들어서 이것을 완성할 것이고, 이것은 이렇게 저렇게 등등" 그런 말들을 으레 하곤 해요. 그 충고를 다른 사람들한테도 전했어요. 너무 재밌는 게 연구에 조금 자신이 없던 두 여성에게 이 말을 전했는데, 그 사람들이 일을 못 마치고 문제가 생겨버렸어요. 그래서 이렇게 말해줬어요. "지금부터 네 연구에 대한 모든 말은 반드시 긍정적으로 해야 해. 많은 장을 썼고 이론적 부분을 진행시켰고, 이것을 지금까지 해왔고 앞으로도 잘할 수 있다." 요전 날 한 명한테서

---

13. 타인의 감정을 다루는 것에 대한 더 자세한 분석은 토이츠(Thoits 1996, 2004)를 참조.

정말로 일이 잘됐다는 말을 들었어요. 사람들이 자신감이 있는지 없는지 벽 속으로 사라지려고 하는지 마는지는 정말 빨리 퍼져요. 자신의 연구에 대한 부정적인 어떤 것도 입 밖으로 꺼내거나 불확실을 발설해서는 안 돼요. 불확실을 광고해서는 안 됩니다. 최소한 자신을 망가뜨리는 데 사용되는 무기를 줘서는 안 된다는 걸 명심해야 해요. 이건 계산적인 전략인데 이것이 작동하는지 안 하는지 확실치는 않아요.

학문적 공간

박사과정생은 지도교수, 적대자, 교수자들과의 만남에서 가진 많은 감정을 말했다. 그렇지만 대개는 감정을 드러내지 않고 높은 위계에 있는 사람들과 어떤 감정을 촉발하지 않으려고 노력한다. 왜 그런가? 그들은 이것이 권력 구조 때문이라고 한다. 논문 지도, 장학금, 이후의 고용 문제를 전임교원에게 의존하기 때문이라는 것이다. 그래서 가장 안전한 전략은 자신의 감정을 숨기고 교원 간 모든 갈등 상황에서 중립을 취하는 것이다. 한 여성 박사과정생의 말이다.

내 교수는 모든 중요한 위원회 절반 정도에 소속되어 있는
데다가 사람을 많이 알아요. 그들 중 하나가 뭔가를 말할
지 안 할지, 사전에 나에 대해 험담을 할지 안 할지 모르
죠. 어쨌든 사람들이 그런 걸 안 하길 바라죠. 그래서 나
는 그냥 중립적인 자세를 취해요. … 우리 직업이 그들 손
아귀에 달려 있어요. 내 기회를 망치고 싶지 않아요, 구직
이 너무 어렵잖아요. 직장 구하려고 정말 많은 시간을 써
요. 그래서 할 수만 있다면 가능한 많은 사람의 좋은 면을
보려고 합니다. 간단하게 내가 아직 멀리까지 못 갔고 직
위가 없어서 그런 거죠.

우호적인 관계를 유지하고자 할 때 중립이 가장 덜 위험한
과정으로 생각된다.

다른 교수하고 내 지도교수 사이에 갈등이 끓고 있다면
조율을 잘해서 어떤 문제에도 내 입장 표명을 요구받지
않도록 해요. 그들 갈등에 대해서 내 의견이 있을지라도,
상대방에게 다른 한쪽에 대한 어떤 의견도 말하고 싶지
않아요. 특정 실험을 하느냐 마느냐, 그 실험에서 표본을

구할 것인가 말 것인가 그런 문제들이에요. 우리 박사과
정생도 분명 의견이 있고 결국 그 작업을 마무리하는 것
도 우리죠. 나는 진짜 잘 조정하려고 하는 데 그냥 개입하
지 않는 것 … 전략적으로 가만히 관망하는 게 최선이에
요. … 그런데 어떤 의견을 갖고 말하면 존중을 더 받을 수
도 있겠지만, 그렇지만 실전에서 그런 일에 의견을 말하진
않아요. 그냥 내 실험실에 얌전히 있어요. 그게 우리 게임
방식이죠.

이 박사과정생은 자신보다 높은 위계에 있는 이들과 어떤
갈등을 감수하길 원치 않지만 혹자는 학문적 분규에 개입
할 만큼의 권한이 없어서라고 느끼기도 한다.

이건 뭐 어찌해 볼 만한 권한이 없기 때문이라고 봐요. 말
하자면 일종의 열등의 느낌 같은 거죠. 아마도 신중하게
대접받지 못할 것이라는 생각이 드는 거죠, 그냥 박사과
정생이니까. 내가 언젠가 좋은 직업을 갖거나 뭐 비슷하게
되면(크게 웃음) 일어서서 선전을 할 만한 깜냥, 더 많은
자격이 생기겠죠. 그렇지만 지금 박사과정생으로서는 어

찌해 볼 수 있는 것은 아니죠.

위 인용문의 학생이 '방관자처럼' 한다고 언급한 것처럼, 박사과정생은 학문적 공간에서 감정적으로 중립을 취한다. 이것은 화·두려움·수치심 등을 일으키는 갈등적 관계를 감춘다는 것을 뜻한다. 한 학생은 그 점을 이렇게 말했다.

한 박사과정위원회에서, 많은 박사과정생이 학위를 끝내지 못했지만 누구도 그것에 불만을 제기하지 않는다는 문제를 토론한 적이 있습니다. 중요한 이유는 학생들이 지도교수와 문제를 일으키고 싶지 않다는 거예요. 대부분 그 사람들이 장학금 결정을 하는 모든 종류의 위원회 일원이니까. 이런 상황인데도 학생과 지도교수 사이가 안 좋다면, 그 이유는 지도교수가 실력이 없다는 그냥 단순한 이유인 게 뻔해요, 안 그런가요? 지금 지도교수 자격을 어떻게든 박탈하는 이런 저런 방법들을 찾는 것 하고, 아직 박사학위를 안 마친 모든 박사과정생을 적극적으로 사후 조치하는 것에 대해서 많은 이야기가 오가고 있어요. 이건 큰 문제예요, 나는 진짜 큰 문제라고 봅니다.

애펠(2000)의 연구는 대부분의 박사과정생은 지도교수의 불만족을 두려워하기 때문에 문제를 제기하지 않는다고 설명한다. 위 인용은 이 문제를 정확하게 포착했다. 박사과정생은 지도교수와 '틀어지는' 것을 두려워하기 때문에 문제 제기를 하지 않는다. 그런데 왜 이것이 위험한가? 박생과정생들은 그 이유가 권력 관계와 자원 분배이며, 자신들의 목소리가 그것 때문에 공론화되지 못한다고 한다. 애펠의 연구에서도 10명 중 6명의 학생이 그들 학과가 갈등을 공정하게 다루지 않는다고 생각했다.

집단적 공간

박사과정생들은 그들의 공동체를 형성할 수 있는 많은 조건을 서로 공유한다. 공동체의 속성은 과마다 다르다. 보건의학에서는 보통 많은 학생이 실험실에서 직접 같이 일한다. 이와 달리 인문학에서는 대부분 사무실에서 자신의 연구를 혼자 진행한다. 박사과정 공동체는 연구, 지도교수, 과에 대한 느낌과 좌절을 표출하는 장이다. 이 공동체는 집단적인 감정 작업을 위해 중요한, 무엇보다도 혼자만 특정 느낌을 갖는 것은 아니라는 사실을 자각케 하는 장이다. 아래 인용문은 박사과정 공동체에서 연구에 대한 감정을 처리하는 방식이 묘사되어 있다.

반년 이상 잘 안 된 연구가 있었어요. 다른 사람하고 같이 했는데 서로 잘 보조했는데, 그 연구 때문에 혼쭐이 났어요. 그렇지만 연구가 힘들다고 좌절하면서 무너질 수는 없었어요. 주변에 많은 사람이 있으니까요. … 실험실에 있는 모든 사람, 기술자들과 다른 박사과정생 전부에게 이야기를 했어요.

사람들은 자신이 받고 있는 압력이나 안정제 먹는 것에 대한 이야기를 공개적으로 해요. 커피 타임에 주방에서 우리 느낌에 대해 많은 이야기를 합니다. 자주 이야기해요. 우리 팀은 과에서 큰 규모인데 여성이든 남성이든 기분이 좋을 때나 나쁠 때나 느낌을 다 말해요. 감정을 말하지 않는 소수가 있긴 한데 그래도 대부분은 합니다.

박사과정생은 연구할 때 생기는 감정을 토론하고 권력 구조에 대해서도 말한다. 아래 인용문은 교수나 지도교수자

들이 보이는 지위 무시에 박사과정생이 어떻게 집단적으로
반응하는지를 보여 준다.

교수가 우리 중 한 명한테 미친 듯이 화를 내면 지지하려
고 전부, 곧장 거기로 가요.

박사과정생은 서로를 지지하며 어떻게 교수의 비이성적 행
동을 더 적극적으로 막을지 서로 이야기한다.

다음번에 우리가 공격받을 때 어떤 방어 전략을 취할 것
인지 이야기해요. 예를 들면 다섯 가지 정도를 시작했는데
(실험, 측정 등등), 그게 그중 하나예요. 또 다른 방법은 서
로에게 경고를 해 주는 거예요, 오늘 지도교수가 진짜 개
자식이라고.

어떤 박사과정생은 그들이 목격한 권력 투쟁에 어떻게 집
단적 거리와 아이러니한 입장을 만드는지 설명했다.

엄청나게 많은 정실주의情實主義와 조용하게 진행되는 작은

약속들이 있어요. 사람 지치게 하는 것들이죠. 박사과정 생인 나는 중간자, 진짜 선생도 아니고 학생도 아닌 그런 입장이에요. 약속에 대한 모종의 합의가 엄청 많아요. 그렇지만 그 모든 것에 아이러니한 거리를 유지하려고 하죠. 그런 게 작동하는 걸 잘 알고 있어요. 충분히 합리적인 방식으로 다루고 있다고 생각해요(웃음).

당연히 진행 중인 사안에 대해서 우리 의견이 있죠. 종종 다른 동료들하고 커피 마시러 가면서 이야기합니다. 좋은 가십거리를 많이 알아요. 그러니까 이런저런 부교수들이 얼마나 아무짝에도 쓸모없는 인간인가 등등 수다를 떨죠(웃음). 그런 방식으로 감춰진 장을 갖는 것이고 그런 데서 학과에서 진행되는 일에 의견을 낼 수도 있고요(미소).

마지막으로 학문적 '대항 그룹'counter-group이 박사과정 생활에 대처하는 집단적 방식으로서 형성된다.

다른 동료들하고 과학 개념을 토론하면서 함께해요. 연구할 때 느낌이 어떻게 개입되는지, 우리 분야에서 감정적 개입이 단점이라기보다 어떻게 장점이 되는지를 이야기합니다. 우리 집단은 정말 많이 웃어요⋯(웃음). 좀 특이한 토론을 하는데요(웃음), 연구에 감정적으로 관여해서는 안된다는 가설을 토론하는데 왜냐하면 그건 참연구가 아니라고 하니까. 그렇지만 그 분야에 감정적으로 개입되어 있고 그것을 계속하고 싶기 때문에 결국 우리가 선택한 분야에 전부 감정을 갖고 있는 셈이죠. 나이 든 양반들(부교수나 정교수)이 그런 감정적 관여를 비판하더라도 그래요. 그런 걸 기반으로 토론 집단을 만들고 정말 엄청 즐거워요. 진짜 많이 웃거든요(웃음).⋯ 우리 집단은 관련 분야 사람들이 뽑혔기 때문에 특별한데⋯ 다른 사람에게서 뭔가를 배울 수 있기 때문에 그렇게 된 것이 좋다고 봐요.⋯ 다른 상황에서는 엄청 다른 반응들이 나올 텐데 안그래서 좋다는 말예요.⋯ 그런 것 때문에 계속 일에 매진할 수 있는 거죠.

연대와 경쟁

박사과정생은 집단적인 감정 작업을 위해 서로를 의지

함으로써 그들 관계에서 연대를 경험하는 동시에 이후 경력에서는 경쟁자가 된다. 한 학생은 경쟁과 연대의 긴장을 이렇게 표현했다.

겉으로는 문제가 없는 것 같아요. 모든 게 잘될 것 같고 서로의 작업에 결코 부정적인 코멘트를 하지 않죠. 하지만 어떤 사람은 다른 사람보다 훨씬 더 많이 가고 있는 것이 분명하고, 어떤 사람은 더 힘들다는 것도 모두 알고 있어요.

이 인용문에는 연대와 경쟁의 관계가 중립적인 언어로 나온다. 다른 박사과정생은 좀 더 감정이 실린 다음과 같은 방식으로 말하기도 했다.

8명으로 구성된 프로젝트 집단인데 믿을 수 없을 만큼 서로 잘 도와주고 정말로 우리 중 한 사람이 뭔가 잘됐을 때 항상 정말 행복해 해요. 그렇지만 더 깊이 살펴보면 우리가 한 과 소속인 것처럼 경쟁자라는 것도 틀림없어요. 그러면서도 여전히 이런저런 일에 기쁨을 자연스럽게 잘 표현하는 집단이에요. 참 좋은 느낌이에요.

어떤 학생은 "글쎄, 당신이 정말 운이 좋은 거지. 우리 쪽 경쟁은 더 심한데."라고 논평하기도 한다. 또 어떤 학생은 이렇게 말했다.

남보다 한 발 앞서는 상황도 생각해볼 수 있어요. 내가 몇 차례 저널에 글을 실었는데, 다른 동료보다 훨씬 많은 논문을 발표했어요. 그렇지만 점심시간에 가만 앉아서 자랑을 해서는 안 된다는 걸 잘 알아요. 그런 걸 삼가는 태도를 가져야 해요. 학계에서는 즉각 행복에 빠져들어서는 안 돼요. 언제나 다른 사람들 상황을 신경 써야 해요.

이 인용문은 자신의 성공에 바로 기쁨을 표현해서는 안 되는 느낌 규범을 암시한다. 연대와 경쟁의 미묘한 균형을 암시하기도 한다. 또 논문에 대한 좌절이나 지도교수 문제 등을 다른 박사과정생에게 표현할 수 있지만, 학문적 실패나 큰 실수를 드러내지 않아야 한다는 제약도 있음을, 한 박사과정생의 이야기에서 알 수 있다.

나는 당황스러운 일들을 잊으려고 해요. 서로 비웃어서가 아니라 다른 박사과정생들이 모든 것을 알 필요는 없다고 생각하니까요. 과에서 가장 멍청한 학생으로 보이길 원치 않아요. 솔직히 사람들이 나를 멍청하다고 생각할 거라고 믿진 않아요. 그래도 그렇게 안 보이길 바라는 거죠. 멍청하다고 생각되면 뒤에서 사람들이 수군대는 대상이 되는 거예요. "그래, 우리는 절대로 그 여자를 들여서는 안 돼. 그 여잔 뭐가 될까?" 등등. 그런 식으로 끝나고 싶지 않아요. 나도 사람들 이야기나 일어난 일들에 대한 약간의 수군거림을 하거든요. 그래서 내가 정말 실패를 하면 그들도 나에 대해 수군거린다는 것을 너무 잘 알아요. 나는 그런 수군거림 없이, 어찌 됐든 '하는 일을 숙고하면서' 해낼 수 있어요. 그리 [수군거리면서] 하는 건 내 스타일이 아니에요.

학계의 일상 언어에서 '멍청함'은 핵심적인 평가 범주이다. 멍청함은 일어날 수 있는 최악의 것이고(Hasse 2003), 따라서 평가를 일으키는 학문적 실수와 실패를 감춘다.

박사과정 공동체에는 한계가 있다. 그 공동체는 느낌의 동료애지만, 학계 자리에 관한 한 연대는 뒷전으로 밀리고 학문적 자아의 전시가 전면으로 나온다. 한 박사과정생이 이를 잘 표현했다.

파티장 같은 데서 서로 잘 어울려 지내요. 기타 치고 여러 일을 같이하면서 좋은 시간을 보냅니다. 그렇지만 학문적 일에 관해서라면 우리 모두 다른 종류의 가면을 써요. 그리고 내가 말한 것처럼 어떤 사람은 훨씬 더 많은 신중함을 보이려고 하죠.

요약

박사과정생은 학계 위계의 맨 아래에 있다. 이 지위가 많은 감정을 낳는 근간이 된다. 나는 이들 중 일부를 설명하면서 박사과정생이 지배력 위협과 지위 폄하의 원인을 자신의 부족함에서 찾는지, 지도교수나 아니면 지배 게임의 활용으로 보는지 살펴보기 위해 켐퍼의 이론을 활용했다.

이 장의 제목은 박사과정을 마칠 때까지의 감정적 도전을 암시하는데 박사과정생들에게서 이 사실을 확인했다. 다른 집단과 비교해 보건대 박사과정생의 감정 작업은 특별한 형태이며 나는 이를 '분절된 감정 작업'으로 설명했다. 감정 작업은 표준의 느낌 규범에 자신의 느낌을 맞추는 것을 포함한다. 그 노력이 항상 성공하지는 않는다. 분절된 감정 작업은 긍정적인 자기 존중감, 자신의 연구와 학계 조직에 대한 믿음을 장담하지 않는다. 애펠(Appel 2000, 2003)이 수행한 스웨덴 박사과정생에 대한 연구에는 그들 중 절반 이상이 대개 스트레스와 정신적 탈진을 경험하고, 4분의 1에 해당하는 여성과 5분의 1에 해당하는 남성이 그들의 경험에 비추어 박사과정이 이런 것인 줄 알았다면 애당초 시작하지 않았을 것이라고 대답했다. 박사과정을 마치는 것도 박사과정생의 선택이다. 스웨덴 민족지학자 프레드릭 쇼그Fredrik Schoug는 어떻게 박사과정생이 서서히, 소위 말해 내향주의자internalists와 외향주의자externalists 두 집단으로 나뉘는지 설명한다.[14] 내향주의는 학계의 가치, 순수한 연구, 탁월함의 개념, 실력주의에 대한 믿음과 신뢰를 포함하는 집합적 태도이고, 외향주의는 자신을 외적인 사회 세계에 맞추는 것을 더 선호하며 학계 가치, 경쟁, 이데올로기, 실력주의에 대한 불신을 포함하는 집합적 태도이

14. 쇼그(Schoug)의 작업(2002, 2003, 2004)은 68명의 스웨덴 박사과정생과 최근에 박사학위를 받은 연구자들의 인터뷰 연구에 바탕을 둔 것이다.

다. 박사학위를 마친 이들이나 논문을 거의 마칠 단계의 학생들은 대체로 내향주의를 선호한다. 자원 경쟁에서 상대적으로 패배한 이들은 외향주의를 선호하는 경향이 있다. 그들은 연구 프로젝트에 대한 자신감과 믿음이 약하고 학계 가치와 관습, 그것의 경쟁 이데올로기에 대하여 비판적 태도를 보인다.[15]

다른 조직들은 의식儀式, 신입의 집중 관리, 장기간에 걸친 구성원의 선택적 충원 같은 방법으로 감정 문화를 소통하고 유지한다(Maanen and Kunda 1989). 박사학위논문을 마치는 것은 장기적인 충원 과정의 일부이며 충원은 감정 문화를 따르는 구성원들을 확보하기 위해 설계된다.

박사과정생은 외부 세계에 자신의 감정을 숨기고 '방관자'로 남은 채 정서적 중립을 유지하려고 한다. 그러나 학계

---

15. 앞에서 언급한 것처럼 박사과정생은 미래 연구 경력을 위한 선택 과정에 놓여있다. 이 점에서 내쇠 옌슨이 수행한 박사과정생의 경력 경로에 대한 연구가 흥미롭다. 이 연구에 따르면 박사과정생은 그들의 기대를 미래에 맞추는데, 대학에서 일하기를 기대하는 이는 주로 대학 장학금을 받는 학생들이고, 섹터[sector, 정부의 수주를 받아 수행하는 연구 기관] 경제지원과 사적으로 경제지원을 받는 박사과정생은 이런 기대를 하지 않는다. 그보다 그들은 섹터 연구와 민간 기업을 지향한다. 그는 학계에 대한 그들의 태도를 연구하지는 않았지만, 확인된 미래에 대한 기대는 박사과정생의 암묵적인 선택 과정과 관련된 태도를 반영한다고 할 수 있다.

의 감정 문화는 방관자 이상이 되기를 요구한다. 학계 '적자생존'의 경쟁에서 성공의 필수 조건은 출세와 가시성에 도움이 되도록 자기 자신을 잘 연출하는 수완이다. 이 전략은 다음 장에서 설명하는 조교수들에게서 뚜렷하게 나타났다.

4장

가시성의 질서

학계에는 많은 불문율이 있다. 수많은 맥락에서 나누는 대화에서의 규칙뿐만 아니라 연구 발표, 장비와 소프트웨어의 사용, 학문적 글쓰기의 표준과 각주 활용에도 규칙이 있다. 인정과 성공적인 경력을 위해서 반드시 지켜야 할 바람직한 태도 및 자아 표현에도 셀 수없이 많은 무언의 규칙이 있다.

조교수를 대상으로 실시한, 그들의 직장에서 인정받는 기준이 무엇인가를 묻는 한 연구에서 학문적 탁월함이 핵심 기준으로 강조되었지만, 작업 환경에서의 도덕·감정·태도 문제의 중요성도 강조되었다. 친근하고 사회적이고 협조적이며 비판적이지 않고 과시하거나 공개적으로 야망을 드러내지 않고, 약함의 징후를 보이지 않으며 사생활을 감추는 것이 필수이다(Bloch and Dalsgård 2002c).[1]

그런 조건과 규정이 이상적인 느낌 규칙이자 표현 규칙

---

1. 이 연구의 실증적 자료는, 조교수를 대상으로 한 내쇠 엔슨의 연구에 기반한 것인데, 특히 다음의 두 개방형 질문에 대한 답변들에서 얻은 것이다. "당신의 일상적인 노동 환경에서 인정받는 기준은 무엇인가? 인정을 받지 못하는 기준은 무엇인가?" 그 정량 분석에서 대부분의 응답자가 인정을 하는 기준으로서 학문적 탁월함을 꼽았다. 하지만 3분의 2에 해당하는 응답자는 태도와 느낌 규칙 같은 기준도 강조했다.

으로 받아들여진다. 그렇지만 우리는 느끼고 싶거나 느껴야 하는 것을 항상 생각대로 하지는 못한다.

4장의 목적은 학계에서 인정받으려고 수행하는 전략적인 감정 관리의 예들을 제시하는 것이다. 나는 이 전략들을 '친하기 정치', '속이기 게임', '복화술'로 칭하는데 모두 학계의 암묵적인 감정 문화이다. 모든 인터뷰이는 이런 전략에 익숙했으며, 전부는 아닐지라도 일부는 훌륭하게 그것들을 활용한다. 조교수 집단이 이 전략들을 상세하게 기술했다.

친하기 정치[2]

학계에서는 친근하고 사교적이며 유연한 것이 필수이다. 느낌 규칙인 친하기는 일반적으로 모든 사회적 만남에

---

2. [옮긴이] 친하기 정치는 the politics of friendliness를 번역한 것으로 한국 사회에서 사교 정치의 의미 정도이다. 그런데 어울림 자체보다 특정인과 친분을 맺거나 친한 척하여 매끄러운 관계를 형성한 후 장기적/단기적, 가시적/비가시적 이득을 보려는 친밀의 속성(사람의 성질과 언행 속의 닮음, 같은 학교 출신의 선후배 관계라는 상상의 동질의식, 노골적인·교묘한 칭찬과 아부, 스킨십, 선물을 통한 이해의 교환, 하급자의 (의식적/무의식적) 비굴·복종(충성)과 상급자의 (의식적/무의식적) 시혜의 관계, 상대방의 부정한 행위가 부정한 행위로 인식되지 않을 만큼 공사의 구분이나 옳고 그름에 대한 감각이 사라짐 등)을 더욱 살리기 위해 이 단어를 선택했다.

서 공손하고 매너가 좋은 톤을 유지하려고 노력하는 것이다. 그러나 친하기는 전략이기도 하다. 동료들이 서로를 평가하기 때문에 잠재적 평가자들과 우호적 관계를 유지하는 것이 바람직하다.

경력 면에서 조교수는 일시적인 승리자일 뿐이다. 조교수 임용은 견습기간으로서 그 기간 조교수는 학문적 가치를 증명하고 앞으로의 경력을 나아가게 할 이들과 좋은 관계를 확보해야 한다.[3] 이 특별한 상황 때문에 유달리 조교수들이 필수불가결한 정치적 전략으로서 친하기를 강조한 것 같다. 한 조교수는 이를 다음과 같이 말했다.

글쎄, 다른 사람들과 같이 일하는 게 필수죠. 그래서 간

---

3. 박사과정생과 마찬가지로 덴마크 고등 교육에서 일하는 조교수는 3년 동안 임용된다. 같은 기관에서 부교수로 계속 일하고 싶을 때는 지원해서 자격을 갖춘 다른 이들과 동등한 조건에서 다시 경쟁을 해야 한다. 공식적으로 조교수는 학문적 자격과 교육적 자질에 기반하여 평가받는다. 평가위원회에서 활용될 수 있는 다른 기준들인 협동 기술, 개인적 헌신 혹은 학문적 자격에 대한 학과 정책, 경제적 측면, 자원 관련 사항들은 잘 알려져 있지 않다. 따라서 3년의 조교수직은 단지 견습기간으로서 불안정한 상태라 할 수 있다. 다른 서구 국가들과 비교하여 덴마크 조교수는 상대적으로 짧은 기간이다. 게다가 조교수는 자격 요건을 충족하여도 승진을 신청할 수 없으며 반드시 과가 부교수 구인을 할 때에만 공개경쟁을 신청할 수 있다.

혹 화가 나도 참아야 하고 … 말하자면 "알았어, 그 방식으로 그냥 하지 뭐" 그러죠. 다른 사람들이 모두 한 방식으로 진행한다면 나도 그것을 따르리라 생각해요. 분란을 안 만들어야 한다고 생각할 때 쓰는 일종의, 감정의 전략적 억제를 하는 거죠. 나는 그냥 조교수이고 원칙적으로 갈 길이 아직도 멀어요. 동료들이 사회적으로나 학문적으로 나를 뒷받침하기 전까지는 기다려야 해요. 조교수로서 다른 여러 교수자나 청소 직원, 행정 관리자의 호의를 못 얻는다면 정말 멍청한 거죠.

이 조교수는 감정의 '전략적 억제'를 언급한다. 이것은 느낌을 변형하기 위한 감정 작업을 수반하고, 실제로는 없는 우호적인 느낌을 마치 갖고 있는 것처럼 대하는 것이기도 하다. 후자가 도덕적 가책을 낳을 수 있고 이로 인해 억제해야 할 새로운 느낌을 일으키기도 한다(Ashfort and Tomiuk 2000).

한 부교수가 아침에 썩은 기분으로 와서는 개인사나 아침부터 기분이 나쁘다는 이유만으로, 항상 진짜 일 잘하는 실험실 연구자를 다그쳤다고 들어도 개입해서 뭔가 한두 마디라도 말을 할 수가 없어요. … 전에 이런 종류의 일을 수도 없이 들었어요. 그래도 여전히 아무 말도 못 해요. 그냥 잘 흘러가기만 바랄 뿐이죠. 개입을 하면 나중에 반격이 있을 테니까. 그냥 그 사람과 갈등을 원하지 않아요. 엄청 열받긴 해요. 내가 아무것도 하지 않는 것에 대한 일종의 변명이죠 뭐.

이 조교수는 화를 감춘다. 그는 나중에 자신에게 '반격이 있을 수 있다는' 이유로 동료와 논쟁을 피한다. 그는 그 상황을 합리화하면서 화 충동을 변형하려고 하지만 성공하지는 못했다. 이것은 자신의 행동을 '일종의 변명'으로 언급한 데서 알 수 있다. 두 번째 예로서, 나는 권한 있는 개인들을 향한 친하기가 전략적 고려인지 아닌지를 또 다른 조교수에게 물었고 그는 이렇게 답했다.

그 질문에 딱 '아니라고' 말하고 싶어요. 그렇지만 확실합니다. … 그러니까 아무도 실제로 내게 한계선을 넘어온다고 느낀 적은 없어요. 그렇지만 위계 윗자리에 있는 사람들일 경우 한계선 표시에 더 둔하게 되죠. 내가 사람들의 호의를 구하려고 친한 척한다고 생각하지는 않아요. 약간 반대인 것 같아요. 마음속으로는 자신에 대한 지배력이 없는 사람이 한 그 같은 일에는 결코 참지 않는다는 걸 잘 알고 있지만 [높은 지위에 있는 이들에게는] 항의할 수 없는 면이 있어요. … 무슨 말인지 아시죠? 박사과정생, 연구조교, 조교수는 정말 그렇게 많이 느끼죠. 그 사람들에게는 우리가 사다리 다음 단계로 갈 자격이 있는지 없는지를 정하는 권한이 있어요. 이런 게 계속될 거라 봐요. 교수가 되는지 안 되는지, 원하는 길이 그 길인지 아닌지를 결정하는 것이 바로 교수들이에요. 여전히 내가 너무 많은 아부를 하러 돌아다니지 않기를 바랄 뿐이에요(웃음). 그렇지만 솔직히 말해 자신에게 지배력이 없는 사람일 때 수용하는 것보다 훨씬 더 자신을 몰아치게 된다는 걸 느낀다고 확신해요.

두 인용은 권력 구조를 파악해서 감정을 억제할 필요성을 기술하고 있다. 그리고 이 과정의 도덕적 한계도 지적한다. '변명'이나 '아부를 한다' 등의 표현은 감정을 억제하는 과

정에서 나오는 인지되지 않는 수치심unacknowledged shame 표식으로 해석할 수 있다.[4]

친하기 정치란 자신의 부정적인 감정을 통제하고 특정인에게 긍정적인 감정을 표하면서, 전략적으로 친근하게 대하는 것이다. 한 부교수는 다음과 같이 말했다.

사람들이 친한 척한다고 느끼는 경우가 있고, 그 사람들이 전에는 그렇게 친하지 않았다고 생각하는데. 전략적 선택일 수도 있고 그냥 사람의 좋고 싫음의 문제라고 생각합니다. 사람들이 느낌을 전략적으로 활용하는지 어떤지는 확실치 않아요. 그런 걸 별로 생각해 본 적이 없어요. 그런데 친근함에 대해서 말해보면 가끔씩 저 사람들이 특정 집단에 왜 저렇게 친한 척하는지 이해할 수가 없었어요. 그런데 나중에 알고 보니 이유가 간단하더라고요, 일종의 이익을 둘러싼 전략적 전쟁 때문인 거예요.

친하기 정치는 비판이 자제되리라는 것을 장담한다. 말은

---

4. 쉐프에 따르면 자기-폄하 발언은 인지되지 않는 수치심의 언어 표식이다. 쉐프의 이론을 8장에서 정리한다.

은이고 침묵은 금이다. 따라서 한 여성 조교수는 이런 이야기를 한다.

> 인터뷰이 : 너무 많은 말을 하면 안 돼요, 그러면 자신을 너무 드러내니까. 감정을 보일 때 자신을 드러내는 거잖아요. 흥분해서 말한 것은 대개는 나중에 후회하게 될 것들이에요. 늘 그렇게 할 수 있는 것은 아니지만 말할 것을 두 번 세 번 생각해야 해요. 다행히 지금은 행복하게 잊은 뭔가를 말한 적이 있었는데, 나중에 후회되더라고요.
>
> 인터뷰어 : 작업에 대한 동료평가의 느낌을 말을 하게 되면 무슨 일이 일어날 것 같아요?
>
> 인터뷰이 : 부메랑처럼 그대로 되돌아와 나를 칠 거라 생각해요.

친하기 정치를 유지하는 일이 어려운 것은 분명하다. 조교수들은 실망하고, 조직인 학계에 대한 믿음과 자신감을 잃는다. 예컨대 한 조교수는 자신의 학과의 '경멸스러운 임용 정치', '책임감 있는 지도력 부재', '기만적으로 타인에게 비난 떠넘기기'를 설명하면서 자신이 얼마나 화가 났는지를 말하고, 그 결과를 이렇게 표현했다.

나는 과에 도무지 충성심을 느낄 수가 없어요. 그 사람들은 응분의 대가를 치를 거예요. 나는 종신교수직을 원하고 그렇게 되면 몇 가지를 바꾸고 싶어요. 그래도 내가 되면 계약 조건 이외에는 어떤 것에도 의무감을 갖지 않을 거예요. 몇 년 내에 세계 다른 곳, 다른 기관으로 이동할 계획이 잘 맞으면 이익이 되는 한에서 그 목적을 위해 덴마크 시스템에서의 기회를 맘껏 활용할 거예요. 나는 이과에 일말의 책임감도 느끼지 못해요.

이 조교수에게 친하기는 진부한 행위로 어떤 실질적인 협조나 연대감의 표현이 아니다. 그럼에도 그는 친하기 규범을 준수하려고 노력한다.

모든 사람에게 예의 바르게 행동해야 해요. 인사를 건네고 중립적인 인사를 끌어내야 합니다. 대학에서 우월감 때문에 "안녕하세요"라는 말을 꺼내기 힘든 사람들이 있어요. 어…(긴 망설임), 어쨌든 어느 정도는 긍정적인 분위기를 맞추려고 노력해야 합니다.

느낌 규칙인 친하기는 개방적 태도와 중립적 톤으로 표현되는 대표 느낌이다. 여기서 느낌은 잘 드러나지 않는다. 그러나 학계의 특별한 구조를 고려해 보면 친하기는 필수적인 전략이다. 자리가 불안정한 사람이라면 정말로 이 요소가 중요하다. 조교수는 모든 이와 우호적으로 지낼 필요가 있다. 그들은 타인 비판을 삼가고 발생하는 갈등에 중립적 자세를 취하며 모든 이와 우호적으로 유지하려는 친하기 정치를 취한다. 이 전략은 다른 감정 관리 방식도 필요한데, 친하기 전략이 때론 수치심과 죄책감 같은 느낌을 일으키기 때문이다.

속이기 게임

친하기 정치는 중요하다. 그러나 학계에서 가시성을 얻는 다른 규칙도 있다. 구조적으로 말해 경쟁자인 동료들에게 자신을 학문적으로 유능한 사람이라고 연출해야 한다. 이러한 자아 연출은 동료 간 대화에서, 연구 세미나에서,

워크숍이나 학회, 연구자와 연구자의 결과물이 평가되는 장에서 항상 일어난다.

연구는 문제를 해결하고 힘든 도전을 극복하는 과정이다. 희망과 연구에 대한 자신감 및 믿음이 낙담·불확실·회의감과 번갈아 나오게 된다. 학계의 고유한 구조와 결합된, 연구 진행에 내재된 불확실은 동료들의 비판적 평가에 대한 두려움을 일으킨다. 한 박사과정생은 그 문제를 이렇게 말했다.

두려움, 너무 뻔하죠. 박사과정생만 그런 게 아니고 연구 문화 전체가 그래요. 사람들이 못한다는 걸 너무 무서워해요. 어쨌든 두뇌 빼고는 뭐 내놓을 게 별로 많지 않으니까 그런 거겠죠? 그게 이 문화에서 우리가 내놓아야 하는 것이긴 하죠. 모르는 사람이 많은 사람 앞에서 당신을 쏘고 당신 일을 산산조각 낸다면 진짜 겁나긴 하겠죠. 정말 두려워해요, 그런 걸 많이 봤어요.

성공하지 못하리라는 두려움이 전체 연구 문화에 퍼져 있다. 그러나 의구심과 불확실을 드러내는 것은 학계의 느낌 규칙을 깨는 것이다. 한 조교수의 서사이다.

"이거 말이지, 정말 잘했는지 못했는지 잘 모르겠어"의 느낌은 이 시스템에 어울리지 않아요. (얼마나 훌륭한지 간과하면서) 그걸 빠져나갈 방법이 없어요, 여기서 하는 모든 일을 잘 해내는 게 그냥 기본이니까. 시스템 전역, 기본 자격에 정말 강경한 배제 과정이 있어요. 그래서 "내가 잘했는지 어땠는지 도무지 모르겠어요," 그런 식으로 운을 떼서는 안 돼요. 그렇지만 "아직 이 페이퍼를 어떻게 다룰지 모르겠어요. 새로운 분야이고 아직 충분히 생각해보질 못했어요, 어떤 의견이 있나요?" 하는 건 괜찮죠. 테이블에 쭉 둘러앉은 다른 사람들이 똑같이 생각할 거라 봐요. 그런 걸 수천 번 내가 했다니까요. 거의 그만둘 뻔한 순간이 있었는데 스스로에게 다짐했어요. "유틀란트Jutland 시청에 있는 사회복지사가 될 수 있어, 그곳에서는 내게 이렇게 많은 것을 강요하는 사람은 아마 없을 거야", 대학에서 기대치에 대한 압력이 과하게 심하거든요. 당연히 대부분이 자연발생적인데 아무튼 있어요. 확실합니다. 항상 그런 것에 맞춰 살 수 있다고 믿는다면 기절할 일이지. 그럴 수 있다고 생각하지도 않지만 대중적으로나 학술 포럼에서 말할 수 있는 건 아니죠.

학계는 가장 높은 레벨에서 연구를 수행하는 엘리트주의 기관이다. 따라서 선택된 소수가 항상 명민함·통제·권위를 보이길 요구받는다. 그러나 이것은 한 여성 조교수가 지적한 것처럼 겉모습일 뿐이다.

나보다 20살 더 많이 먹은 사람들이 떨고 있는 걸 봐요. 충분한 능력이 없다는 걸 걱정하고 마감일을 못 맞추는 문제 등등 그런 문제들을 갖고 있어요. 안타깝죠. 그 사람들이 똑똑하고 자격을 갖췄고 유능한지를 알고 있으니까요. 처음은 좀 어렵고 차차 나아질 거라고 생각을 할 수 있겠지만 분명 그런 방향으로 가고 있는 것 같진 않아요.

만약 모든 이에게 이런 느낌이 있다면 왜 그들은 그것을 감추는가? 한 조교수가 그 답을 말했다.

불행하게도 우리가 많은 부분을 감추면서 서로를 대하는

게 만연한 방식이기 때문이죠. 그래서 아무도 자발적으로 드러내지 않는 것일 테고.

또 다른 조교수는 이런 이야기를 했다.

> 인터뷰이 : 부분적인 실패를 말하는 것은 괜찮아요.
> 인터뷰어 : 무슨 의미인가요?
> 인터뷰이 : 지하(도서관)에서 뭔가를 찾는 데 한 달 걸리고 쉽게 발견할 거라 생각한 것이 거기 없다면, 그 정도는 괜찮다는 게 예가 되겠군요. 시간을 낭비했고 곧 방향을 전환할 거니까요. 이런 식으로 말할 수 있겠죠, "말이지", "다시 잘 끝냈어", "그게 전혀 좋지 않아", "이제 뭘 하지?" 하지만 내 자신의 심오한 가치에 대한 진정한 회의 ─ 항상 생산적인 연구 과정의 한 시점에서 나타나는 ─ 그건 절대 발설할 수 없죠. [말하면] 사람들이 그냥 그렇게 믿을걸요.

이렇게 학문적으로 완전히 통제할 수 있는 '부분적인 실패'는 이야기할 수 있다. 그러나 연구 과정에 대한 존재론적 회의를 드러내면 무능하고 그 일에 적합하지 않은 연구자로 낙인찍힐 위험이 있다.

학계는 학문적 겉치레를 요구한다. 한 조교수가 말한 것처럼 '학계 연구자는 재빠르게 대중적인 학문적 인물이 된다.' 이것은 공식 장에 적용되지만 커피 타임이나 구내식당과 같은 비공식 장에서도 적용된다. 다음 인용문은 학계에서 작은 실수가 어떻게 조롱과 무시를 불러일으키는지를 보여 준다. 한 조교수는 당황스러운 경험을 묻자 이렇게 답했다.

논문 한 편을 읽고 토론하는 데서 어떤 과학적 감각이 없는 말을 불쑥 꺼내면 똑바로 생각하지 않는다는 것을 보여 주는 거예요. 혹은 3~4명이 수다 떨 때 "나는 그걸 이렇게 저렇게 보는데" 이런 식으로 말하면 사람들은 "도대체 그게 무슨 말이지? 완전 터무니없어" 그런 식으로 응해요. 그러면 정말 당황스럽죠. 끔찍한 기분으로 사무실에 앉아서 그렇게 멍청한 말을 한 스스로를 저주하죠. 내가 커피 타임에 유기체에 이런저런 유전자가 있다, 이런저런 이유로 그것이 중요하다는 걸 말하는, 평범한 상황이었어요. 아무튼 그런 상황이 중요해요. 그때 내가 완전히 틀렸고 내 말이

개수작이라는 말을 들은 거예요. 곧바로 내가 말한 게 쓰·
레기였다는 걸 바로 알 수 있어서, 입을 다물었죠. 정말 당
황스러워요, 정말 이루 말할 수 없이 곤혹스러워요.

드러난 학문적 실수는 벌을 받는다. 또 다른 조교수는 이
렇게 말했다.

그 톤이 정말 심할 수 있어요. "잠깐만요, 당신이 말한 것
은 완전 말이 안 돼요." 그런 반응은 심한 경우고 이후 토
론 시간에 그냥 무시당하기도 하죠. 받아들이기 힘들어
요. 사람들이 "완전 말이 안 돼요" 그러곤 그냥 토론을 이
어가요. 최악은 너무 무시하는 태도일 겁니다. 그게 내가
아주 잘 알고 있는 상황이에요.

학문적 실수에서 가장 최악의 것은 멍청하다는 딱지가 붙
는 위험이다.

멍청하게 보일까 봐 항상 조바심이 나요, 내 말은… 그때
그 자리에서 사람들이 날 멍청하다고 생각하는 게 틀림없

었어요. 그래도 시간이 흐르면 그렇게 신경을 많이 쓰진
않아요.

이 조교수는 살아남았지만 학계에서 '멍청하다'고 간주되
는 것이 가장 큰 치욕이라고 한다(Hasse 2003).

그러나 모든 사람이 의심과 불확실을 느낀다. 문화적으
로 그런 느낌을 다루는 정통의 방법은 겉모습인 통제·확
실성·명민함의 뒤로 그 느낌을 숨기는 것이다. 나는 이러한
전략적인 감정 관리를 '속이기 게임'이라고 부르는데, 모두
가 그 게임을 하고 모두가 그 사실을 알고 있기 때문이다.
속이기 게임의 전제는 감정 작업이 수행된다는 것이다. 이
시점에서 인터뷰이들은 학계 겉모습을 강화하는 모호한
전문용어 사용, 저명한 참고문헌, 저명한 이를 친구인 양
하는 기법뿐만 아니라 안정제 사용, 호흡 운동과 같은 물
리적 기법 및 연구와 연구하는 사람[5]을 구분하는 인지적

---

5. 엔과 로프그렌(Ehn and Löfgren 2004 : 44)에 따르면 프로젝트와 사람 간
   의 인지적 구분은 박사과정 세미나에서는 일종의 규범이다. 이를 통해 박
   사과정생은 비판을 개인적으로 받아들이지 않은 채 수용하는 법을 배워야
   한다.

기법도 기술했다.[6] 조교수와 박사과정생은 리허설, 논문 예비 발표와 같은 데서 집단적으로 수행하는 감정 작업을 설명한다.

한 조교수가 언급한 것처럼 어떤 사람은 요구되는 겉치레 유지를 더 잘한다.

어떤 사람은 예를 들면 주제 바꾸기 같은, 어려움을 빠져나가는 데 더할 나위 없이 좋은 방법을 잘 알아요. 논문 이야기하는데 그 사람이 그것을 잘 따라올 수가 없단 말이에요? 그러면 주제를 바꿔버리죠. "참, 이 논문 읽었어요?" 뭐 이런 식으로. 발표자는 갑자기 완전히 새로운 토론에 들어가고 얼른 말을 마쳐야 합니다. 나는 안 그러는데 아무튼 그런 상황은 좀 기운이 빠지죠.

속이기 게임의 구조적 조건은 학계의 고유한 구조와 연구가 불확실과 의심을 부추기는 방식이다. 속이기 게임을 할

---

6. 혹실드(2003)는 실제 감정을 변환시키기 위한 기술로서의 '심층행위'(deep-acting)와 자아의 표면적 전시를 변환하기 위한 '표면행위'(surface-acting)를 구분한다. 본문의 기술은 혹실드의 구분과 일치한다.

때 명민함·통제·권위의 겉모습 이면에 있는 불확실과 두려움을 숨기는데, 이로써 학계의 대표 감정을 표현하는 것이다. 속이기 게임은 보호 장치이자 자아의 전략적 연출이며, 어떤 경우에는 실제 갖고 있지 않은 지식과 자신감을 전략적 근거로서 가진 척하는 면에서 허세로 발전된다.[7] 내 분석에서 이 속이기 게임은 불확실·두려움·의구심 드러내기의 금지뿐만 아니라 통제와 권위를 전시함으로써 느낌 규칙을 확인하는 보호 수단으로도 나타났다.

속이기 게임은 여러 수위에서 나온다. 매일의 일상적인 상호작용, 세미나, 동료에 의해 연구가 평가되는 워크숍과 학회, 이러한 양상에 대처하는 정신적 준비에서도 나타난다. 여러 방식의 속이기 게임이 박사과정생과 조교수의 인터뷰에서 가장 뚜렷하게 강조되었다. 그들은 이 게임을 배우는 과정에 있으며 문화적으로 타당하고 준수해야 할 현명한 전략으로 생각하는 경향이 있었다. 일부는 그러한 감정 관리 방법을 문제적이라고 지적했으나 전부는 아닐지라도 이 게임에 성공한 이들도 있었다.

---

7. 학계 내 허세에 대한 분석은 와그너(Wanger 1977)를 참조.

복화술[8]

동료의 인정은 연구의 보상이며 인정은 자부심을 낳는다. 자부심과 그것을 둘러싼 문화적 규정이 이 절의 주제이다.[9]

인터뷰이들은 높은 순위의 저널에 게재된 논문, 유명한 출판사에서 발표한 책, 긍정적인 평가의 리뷰, 연구비나 학계 임용 등을 성공으로 여기는 맥락에서 자부심을 표현하였다. 그러나 일반적으로 이런 성취에 자부심이나 기쁨을 표현하는 것은 '비학문적'이라거나 자랑하는 것으로 생각된다. 이 결과는 조교수를 대상으로 한 연구를 확증하는데(Bloch and Dalsgård 2002), 그 연구는 자부심 전시를 금하는, 좀 더 일반적으로 수용되는 많은 금지를 확인한다. 그 금지 항목에는 자기 자랑, 다른 사람 제치기, 지배력과 다른 사람보다 더 낫다는 느낌을 공개적으로 추구하기 등이 있다.

---

8. 이 비유는 한 인터뷰이로부터 빌린 것이다.
9. 문화 용어에서 자부심은 거만, 허영심이나 자기 존중감, 기쁨으로 불리는 모호한 감정이다. 인터뷰는 후자 의미의 자부심을 이끌어내기 위해 만들었지만 당연히 다른 측면의 자부심으로 드러난 에피소드를 제하지는 않았다.

다음 예들은 교수자들이 자부심과 표현 금지라는 갈등을 어떻게 다루는지 보여 준다. 최근에 임명된 부교수가 만족과 자부심을 느끼는 상황을 이같이 설명했다.

인터뷰이 : 부교수 됐을 때 기뻤죠, 임용공지를 통해 이 자리가 났고 경쟁이 셌거든요. 이 자리를 얻은 게 진짜 뿌듯했어요.

인터뷰어 : 그 느낌을 어떻게 표현하셨어요?

인터뷰이 : 말하지는 않았어요. 그런데 다른 사람들이 나를 뽑아 준 게 좋긴 했죠(키득거림). 교내에서 자랑하려고 돌아다닐 수는 없어요. 괜찮아요.

인터뷰어 : 동료들이, 당신이 [임용된 걸] 좋아하거나 자랑스러워한다고 생각하는 것 같았어요?

인터뷰이 : 아니요, 그렇다고 생각하진 않아요. 아니, 절대 그럴 일이 없었죠. 음 … 그건 … 아니에요. 내가 숨기려고 했거든요.

인터뷰어 : 숨기려 했다고요?

인터뷰이 : 무엇보다도 그냥 일을 계속 열심히 할 뿐이고 축하하진 않는데 … 학과 전통하고 연관 있어요. 우리 과

에는 기뻐하는 반응이 별로 없어요. 좋은 저널에 논문이 게재될 때조차 그런 게 없는데요 뭐. 좋은 논문이 실리게 될 때 그냥 "좋다" 하곤 그냥 계속 일만 하죠.

그는 말을 이었다.

인터뷰어 : 논문이 게재됐다면 동료들한테 말할 만한 것이 아닌가요?

인터뷰이 : 아뇨, 안 그래요. 항상 과 사람들 간에 경쟁이 있으니까. 그리고 다른 사람을 당황시키고 싶지 않아요. 안 그러고 싶어요. … 그러고 싶지 않지 … (약간 웃음). 이 상하게 들릴 것 같은데 "나 (저명한) 저널에 논문 게재됐 다" 그렇게 외치는 지기 자랑처럼 보이고 싶지 않아요. 그 런 것에는 조용해요. 아마도 혹자는 말하는 게 더 편할 수도 있겠지만 전반적인 분위기는 자랑하지 않는 거예요. 그냥 다들 안 그래요.

이 부교수는 자신이 침묵한 이유로 경쟁 관계를 꼽았 다. 이것은 그의 성공이 실은 다른 사람에겐 위협이라는 것을 의미한다. 타인이 그의 기쁨을 공유하지 못하므로 다른 사람을 당황시키고 싶지 않은 것이다. 인정은 학계의 보상이고, 그래서 구성원들이 자부심 전시를 하기도 그렇고 안 하기도 그런 모호한 상황에 놓인다. 어떤 사람은 성공의 스포트라이트를 다른 사람보다 더 잘 받는다고 말한 그 부교수의 발언에서 이것을 알 수 있다. 성공을 말하는 사람들을 어떻게 생각하느냐고 물었고 그는 이렇게 대답했다.

인터뷰이 : 솔직히 말하면 만약 자격이 충분하다고 판단하는 훌륭한 동료나 가까운 친구 중 하나라면 기분이 좋죠. 자격 없는 사람이 그렇다면 진짜 기분 안 좋고. 인간의 정상적인 반응이라고 봐요.

인터뷰어 : '자격이 없다'는 말은 무슨 말인가요? 어떤 기준으로 자격이 없다고 하는 건가요?

인터뷰이 : 어쩌다가 실험에서 운이 좋았다거나 동료 작업에 같이 참여하는 재수가 있을 수 있어요. 우리 과 모든 사람이 갖는 느낌이라고 장담해요. 만약 자격이 없는데 잘나가면(약간 웃음) 짜증 나죠, 안 그래요?

타인이 이룬 성공은 그 원인에 대한 의심을 낳을 수 있다. 자격이 충분했는가? 운 때문이었나? 아니면 다른 이유가 있는가? 한 부교수는 일반화를 원치 않는다면서 이렇게 말했다.

그 안에 엄청난 심리학이 있죠. 어떤 사람에게는 말을 하고 어떤 사람에게는 말을 하지 않는 것은 그들이 어떤 사람인지 아니까 그런 거예요. 그 사실에 누가 짜증을 내고 누가 짜증을 안 내는지, 어떤 사람이 그 말을 들어도 신경 안 쓰는지를 알아요. 세상 일이 다 그렇죠.

경쟁 관계일지라도 어떤 사람은 타인의 성공을 들어도 별로 신경 쓰지 않고 또 어떤 사람은 신경을 쓴다. 니는 한 여성 조교수에게 학문적 성공을 다른 사람에게 이야기하느냐고 물었다. 그녀는 말한다고 하면서 동료들의 반응을 설명했다.

음, 해요. 그 사람들은 긍정적으로 반응했어요. 내가 말할 수 있는 사람이 그렇게 많은 건 아니에요. 학회 편집

위원회에 있는데, 거기 동료들하고는 좀 더 자유롭게 이런저런 이야기를 해요, 직접적인 경쟁자가 아니니까 그렇죠. 음… 그래서 아니요, 그런 이야기를 우리 과 사람들하고 나누진 않아요. 연배가 나보다 높은 동료들은 나를 그런 식의 경쟁자로 보진 않죠. 내가 일이 잘되면 기분 좋아한다고 생각해요. 그렇지만 같은 직급인 조교수들은 그게 문제가 되죠.

직접적인 경쟁 관계에 있을수록 자신의 기쁨과 성공을 더 말하지 않는다. 이것은 한 남성 조교수가 말한 다음의 상황을 만들기도 한다.

이 과 사람들은 연보에 자료로 실릴 때까지 다른 사람들 논문 게재 소식을 알지 못해요. 그전까지 다른 사람들은 그냥 아무것도 몰라요.

자기 연구의 성공에서 느낀 기쁨과 자부심을 드러내는 것을 조심해야 하고 강의 업무의 성공에서도 마찬가지이다. 한 여성 조교수는 강의와 관련된 자부심과 만족을 표현할 때의 규범을 이야기한다. 그녀는 학생들의 긍정적인 강의평가가 얼마나 기쁘고 자랑스러운지를 설명했다. 나는 그녀가 자부심과 만족을 드러내는지 물었다.

인터뷰이 : 아니요. 이런 경우에만⋯ 이야기를 하는데 당연히(웃음). 집에서만 해요. ⋯ 아니요, 굉장히 사적으로 하죠.

인터뷰어 : 그러면 과에서는 "그래, 내가 해냈어"라는 말을 아무도 못 듣는군요.

인터뷰이 : 그렇죠, 없어요, 없어.

인터뷰어 : 자부심과 만족을 자제해야 하나요? 예를 들면 연구실 앞에다 알리지도 않고 동료들에게 말하지 않는 이유가 있나요?

인터뷰이 : 아니요, 없어요. 보통의 예의와 보통의 겸손 문제예요. 당연히 안 하죠, 안 해요. 일이 어떠냐고 물어보는 동료가 있다면 "잘되고 있어요, 좋은 평가를 받아서 기뻐요", 그 정도로 말해요. 그런 식으로 말할 수는 있지만 물어보지도 않는데 불쑥 말하진 않죠.

강의는 전형적인 사적 공간이다. 성공적인 강의를 다른 사람들에게 말하는 것은 학계의 에티켓을 어기는 것이다. 그러나 모든 사람이 성공에 겸손하진 않다. 한 남성 조교수가 말한 것처럼 어떤 사람은 자신의 성공에 대한 자랑을 남보다 더 잘하는데 성공을 적절한 방식으로 드러내기 때문이다.

아래에 자부심을 적절하게 표현하는 조건이 나와 있다. 이 여성 조교수는 "점심 먹으면서 그냥 한 총명한 박사과정생에 대해 자랑을 했다." 그러나 이 '자랑'은 다음과 같은 맥락이 필요하다.

밑도 끝도 없이 나오는 게 아니에요. 이 동료가 그 학생과 공통점이 있는 어떤 것[프로젝트나 일]에 얽힌 상황이었어요. 그래서 학생 작업이 정말 좋으니 연락을 해보라고 했죠. [두 사람] 일이 참 잘되고 있어요. "정말 그런 걸 보고 싶었거든요."

이 조교수는 성공을 말하는 조건을 이와 같이 설명했다,

조건 1 : 반드시 자랑스러워할 만한 것이 있다, 음…(멈춤),

조건 2 : 막 일어났거나 곧바로 일어날 일, 그래서 "방금 무슨 일이 있었는지 알아?" 그렇게 말할 수 있거나 아니면 다른 사람들에게 유용할 만한 것이 있어야 한다. 이외에도 자랑을 우스갯소리처럼 할 수 있다면, 잘한 일을 비열하게 슬쩍 끼워 넣는다는 비판을 빠져나갈 수 있어요.

이 조교수가 이야기한 것처럼 반드시 자랑스러워할 만한 것이 있어야 한다.

뻔뻔하게 허풍 떠는 동료들은 항상 자신이 뭘 하고 왜 하는지를 말하는데 정말 당황스럽죠. 여기 사람들 이야기하는 건데 대부분 다 그러거든요. 사람들이 진짜 역겨워해요. 다른 사람들도 그들 말을 안 듣고 싶어 하죠. 그 남자들은 그냥 막 말을 해. 책을 쓰고 이런저런 일을 하긴 하지. 당연히 자랑스러워할 만한 것이 있을 거예요, 그런 일들을 요구받으니까. 그래서 그런 걸 우스갯소리로 만드는 것이 중요합니다. 그렇게 해서 사람들이, 발화자 자신이 스스로를 잘했다고 생각한다고 여기는 것을 피해갈 수 있어요.

나아가 '사람들이, 발화자 자신이 스스로를 잘했다고 생각한다고 여기는 것을 피해갈 수 있어요.'라는 언급에서 알 수 있듯이, 말한 내용에 우스갯소리나 학문적 팁과 같이 다른 사람이 유용하다고 볼 만한 어떤 것이 있어야 한다. 이 조교수는 동료들에게 어떤 종류의 성공을 적극적으로 드러내야 하고 어떤 종류를 하지 말아야 할지 잘 알고 있다.

나는 밖에서 한 일을 다른 사람들이 알게 될까 봐 엄청 신경 써요. 나를 포함한 많은 이가 학계에 살아요. 모든 걸 막 알릴 필요는 없어요. 학술지에 논문 게재가 언제 된다거나 내 전문 동료들을 위해 뭘 했다는 것은 절대로 말하지 않아요. 동료들도 당연히 그걸 알아요. 그 사람들이 뭔가를 말해야 하는 사람들인 거예요, 그런데 실은 반대로 돌아가고 있는 거죠. 나도 다른 학문 집단과 엄청나게 일을 같이 하는데 강좌를 열고 연례학술대회에서 발표를 하고 그러죠. 동료들은 내가 말하지 않으면 이런 걸 알 턱이 없죠. 그래서 이런저런 걸 알도록 어슬렁거리죠. 대부분 그 형태가, 어, 이 과의 특징인데 일화 형태로 뭔가를 말해야 하는 곳이에요. 누가 이런저런 학회에서 있었던 한 재미있는 에피소드를 말했는데, 내가 거기 있었고 기조 연설자 중 한 명이었다는 게 나왔어요.

또 다른 조교수가 이 원칙을 조금 더 설명했다. 그는 정말 자랑스럽고 기쁨을 느낀, 중요한 프로젝트를 막 끝냈다.

한동안 이 주제에 매달렸는데 막 끝냈어요. 마지막 마침표를 찍었어요. 그렇게 훌륭하진 않지만 즐거움과 기쁨이 지금 딱 걸맞은 느낌이겠죠. 그런데 여기까지 오기 위해 거쳐야 했던 그 많은 끔찍한 이야기, 그게 결국 저속한 형태의 자기 자랑이라는 거고 결국에는 사람들을 지루하게 만들지. 저녁 파티 같은 데서 이런 상황을 알게 될 거라 확신해요(항상 자기 얘길 하는 사람들이 있지요). 프로젝트를 설계하는 일은 그냥 자신의 일을 하는 거예요, 그렇게 흥미로운 게 아니란 말이죠. 그런데 자리에 앉아서 특정 정보 조각을 어떻게 제자리로 맞출까 기술하다 보면 엄청 재미가 있어요. 내가 마침내 해냈군, 하는 환희의 순간 그런 거죠. 뭔가 제자리에 잘 맞춘 그 느낌이 바로, 집에 전화를 걸거나 문을 열고 "방금 여기서 환상적인 일이 있어났어!"라고 하는 말거리인 거죠.

그 성공은 새로움이 있거나 방금 일어난 것이라야 한다. 그러나 이 조교수는 자신의 기쁨을 알리기 위해 그의 문을 여는 대신 '한 줄기 햇빛'으로 성공을 말한다.

아니, 자, 가까운 동료들한테 햇빛 이야기로 그걸 말했어요. 글쎄 실은 그렇게 가까운 건 아닌데 학문적으로 가깝게 일 하는 것과 점심 식사를 같이 하는 사람 간에는 구별이 있으니까. 아무튼 내가 점심을 같이하는 사람들은 전부 다른 분야에 있는 이들이고, 대체로 그 사람들이 내한 줄기 햇빛 이야기를 들었고 그것을 받아들였어요. 그사람들은 재미있다고 생각한 거예요. 고개를 끄덕이며 동의를 표하는데 아마 내가 핵심을 찔렀던 모양이에요. 그렇지만 에피소드 선택이 중요해요, "빵집 가는 길에 재밌는 일이 있었어", 그런 유의 이례적이고 재미있는 이야기를 하는 거예요. 이런 종류의 일화, 다른 게 아니에요. 획기적인 성과에 대한 젠체하는 그런 이야기가 아니라는 거죠. 잘받아들여지리라는 생각과 함께 가벼운 농담조의 이야기,

연구 결과를 말하고 다른 사람의 것도 듣기를 원하죠.

자부심과 기쁨을 적절하게 표현하는 코드가 있다.

자신을 뒤로하고 자신이 사용하는 다른 뭔가를, 자료를 앞으로 내보이는, 말하자면 복화술 같은 코드죠. "이거 재밌지 않아요?" 그러면서 [상대방에게] 말할 기회를 주는 동시에 자신을 통찰이 있고 뭔가 지금 새롭고 완전 흥미로운 것을 발표하는 사람으로 표현할 기회를 만드는 거예요.

이것은 배워야 할 복잡한 코드이다.

어디서나 암묵적인 행위 코드를 배워야 하는, 모방. 자기 흥에 겨워 일방적으로 성과를 보이면 잘 안 먹혀요. 자신을 이야기 중심에 두면 안 되는 거예요. 사소하고 즐거운 이야기로 드러내 작은 일화로 하기 때문에, 수용되는 거예요. 이야기 중심에 자신을 두고 전시하는 것은 좋지 않아요.

자부심은 모호함에 가려 있다. 대부분의 인터뷰이는 자랑스러워할 성공과 성취의 경험을 기술했지만 어떤 이는 그 느낌을 인정하기를 거부했다.

내 자부심에는 전혀 문제가 없어요. 하지만 그걸 자부심이라 부르진 않아요. 일을 잘하고 강의나 연구 의무를 합리적인 요구를 충족할 만큼, 일면 조금 더 하는 것 같은데, 아무튼 잘 충족하고 있다고 생각합니다. 그렇지만 자부심이 이런 것을 표현할 적절한 단어는 아니에요.

이 남성 조교수는 자부심을 인정하지 않지만 그의 성공에 잘 맞는 몇 단어를 전략적으로 쓴 것을 인정한다.

시스템 위쪽에다 성공을 말할 수는 있지만 지도교수한테만 해요. 조교수쯤이면 말할 것을 명확하게 해야 해요. 항상 겸손해야 할 필요는 없다고 봐요(키득거림).

부르디외는 인정을 학계에서의 보상체계라 한다. 모든 사람은 성공을 자랑스러워하지만 그 느낌들을 표현하면 안 된다는 것도 잘 알고 있다. 그 금지를 복화술이라는 방법으로 우회하는 것, 즉 자신의 자부심을 유쾌하고 흥미로운 이야기로 포장하는 것이 문화적으로 바람직하다. 동료의 인정이 학계 보상이라면, 자부심 전시에 대한 이러한 양면성이 왜 그렇게 공공연한가?

과학 철학자 해그스트롬(Hagstrom 1972)이 이 점을 설명한다. 그의 이론은 연구가 판매 상품이 아니라 선물 주기gift-giving 형태라는 데서 출발한다. 이 논리에 따르면 연구자가 학계에 결과를 내놓고, 그 선물을 받는 것은 수여자 지위를 인정하는 것이다. 따라서 학계에서 선물 받음은 주는 사람을 능력 있는 연구자로 인정하는 것이다. 그러나 이 논리에는 선물을 되받는다는 계산이나 예상 없이 선물을 준다는 원칙도 있다. 당연히 연구자는 그들이 인정받으려고 연구한다는 것을 부인할 것이다. 연구자는 연구 자체를 위해 연구한다. 그럼에도 사실상 인정은 연구자에게 중요하다. 인정이 얼마나 중요한가는, 예상된 인정을 받지 못할 때 공개적인 적대감으로 나타나는 반응에서 명확해진다. 선물 주기 논리는 연구가 그것 자체로 가치이지만 그럼에도 연구자가 인정을 바라는 모순을 잘 포착한다. 해그스트롬에 따르면 인정 갈망의 욕구를 감추는 것은 연구가 연구 자체를 위해 수행돼야 한다는, 오래되고도 탄탄한 학계 개념에 근거한다. 이 때문에 자부심 표현 금지가 연구 가치에 확고하게 배태된 대표적인 금지 느낌이다.

그렇지만 연구자는 인정을 갈망하고 따라서 자신의 자부심을 다루는 적합한 수단으로 복화술을 활용한다. 복화술은 선물 주기 논리에 부합하므로 타당한 방법이 된다. 어떤 사람이 팁, 귀중한 정보, 재미있는 이야기를 던지면 듣는 사람은 이를 받아들이고 되돌려준다. 즉 발화자가 학문적 성공을 이뤘다는 수면 아래의 메시지를 받아들임으로써 발화자를 인정하는 것이 복화술의 특징이다. 원칙적으로 정보와 오락 형태로 나오는 선물 교환도 상호성이 없을 수 없다. 선물 교환에는 선물 주는 이가 감사를 받을 것이고 뭔가를 되돌려받으리라는 것도 암시되어있다.

해그스트룀은 자부심 표현에 대한 금지가 활동으로서의 연구라는 생각과 가치에 근거한다고 분석한다. 그러나 내 연구에서 몇몇 인터뷰이는 자부심 표현 금지가 경쟁 관계를 다루는 전략적 방법이라고 보았다. 경쟁이 다른 사람이 이룬 성공을 위협으로 인식하게 하여서, 기쁨을 공유하기가 어렵다고 보았다. 어떤 이는 연대 원칙에 기반하여 그 금지를 해석하고 정당화하기도 한다.

> 그냥 어떤 문화적인 표현이죠, 말하자면 누구도 다른 사람보다 가치가 더 높은 것은 아니라는 일종의 연대 문화를 유지하려고 애쓰는 것. 결국 우리 모두는 그냥 연구자다 그런 거죠. 이런 연구 기관의 기본 인식, 저변에 있는 것이 결국 다른 분야 연구를 비교하는 것이 어렵고 측정하기도 어렵다는 거죠. 우리 문화에 그런 생각이 깊게 박혀 있다고 보고, 아마 건강한 면이 있을 수 있겠죠. … 아무도 … 다른 사람보다 더 낫지 않다는 생각이.

이 부교수에게 자부심 표현 금지는 누구도 다른 사람보다 더 낫지 않다는 연대 형태를 통해 상호 경쟁에서 사신을 보호하는 문화적 수단이다. 또한 이런 종류의 전략은, 보통 직접적 경쟁자가 아닌 사람들에게는 개인의 성공, 잇따르는 자부심을 어느 정도 표현한다는 것을 의미한다.

가시성의 사회 질서

친하기 정치, 속이기 게임, 복화술은 기존 감정 문화의 틀 내에서, 자신을 유쾌하고 학문에 자신 있는 행위자로 연출하고 자리매김하기 위해 감정을 다루는 전략적 방법들이다. 많은 연구가, 겉보기에는 학문적 토론에 헌신할 것 같은 연구자들이 실제로는 자리 얻는 방법에 더 큰 관심을 두고 있다고 밝힌다(Gerholm and Gerholm 1992; Henriksson et al. 2000; Ehn and Löfgren 2004). 조교수·부교수·정교수는 감정을 다룰 때 친하기 정치, 속이기, 복화술이 타당하고 전략적으로 적합하다는 암묵적 합의를 한 것이다. 모든 이가 속이기 게임과 복화술을 하는 것은 아닌데, 한 조교수가 이를 지적한다.

[본인이] 자랑스럽고 행복하기 위해서는, 자랑스럽고 행복하다고 말할 때 다른 사람들이 신경을 쓰는 자리에 있을 수 있도록 싸워야 해요. 예컨대 들어왔다가 금세 퇴사하는 임시직 직원은 임시직이기 때문에 그들이 자부심과 기쁨을 표현할 수 있는 자리를 얻기가 힘들어요. 개인적인 카리스마가 넘치는 예외적인 사람들은 빼고요. 그들이 무슨 말을 하든 아무도 귀 기울여 듣지 않는 아주 많은 임시

적 직원이 있어요.

따라서 사회적 지위가 감정을 전략적으로 관리하는 권한을 결정하기도 한다.

요약

공식적으로 학계는 가장 높은 과학적 레벨에서 지식을 생산하는 장이다. 그러나 실상 학계의 삶은, 그곳에 적당한 방식으로 자신의 가시성을 확보하는 과정이다. 나는 학계의 구조와 문화에서 발생하는 몇몇 감정을 강조했으며, 이 감정을 다루는 눈에 띄는 세 가지 방법도 살펴보았다. 감정은 친하기 정치, 속이기 게임, 복화술을 통해 우회되고 억눌리며 변형된다. 동시에 그 전략들이 학문적 공간에서 대표 감정으로 이해된다. 이 세 방법은 감정 문화에서 암묵적이지만 문화적으로 인정되는 양상이며, 말로 표현되지 않고 구성원 사이에서 상식으로 통한다. 나는 이 방법들이 전략적이라고 말하는데, 구성원이 이 전략에 숙달되든 아니든, 모든 이가 자신이 허용 가능한 방식으로 스스로를 표현하여 가시성을 얻는 문화적으로 통용되는 방식이기 때문이다. 여기서 내 분석은 주로 조교수의 서사를 토대로 했다. 그 전략들이 결코 이 집단에 국한된 것은 아니지만 아마도 위계 속에서 조교수라는 지위가 그들로 하여금 더욱 기꺼이 그 전략들을 자세히 표현하게 만든 것 같다. 그러나 구체적인 감정 관리 전략을 아는 것만으로는 충분하지 않다. 이미 언급했듯이, 관리 전략을 행하는 것 자체가 그 사람의 사회적 지위에 달려 있기 때문이다. 예컨대 젠더는 전략의 실행 가능성을 조건 짓는다. 9장에서 감정 관리, 사회적 지위, 젠더의 상호작용을 분석할 것이다.

5장

동료평가의
양면

동료평가는 학계에서 연구의 생명선이며(Bourdieu 1975), 서로의 연구를 동료가 비판적으로 평가하는 사회 구조이다. 과학적 연구의 두드러진 특징인, 집단적 통제와 허용 과정은 논문 게재, 학위 수여, 연구 프로젝트 펀드 분배, 전임교원 임용 판단을 하는 수많은 평가위원회에서 일어난다. 동료평가는 구내식당, 연구 세미나, 학회에서 나누는 학문적 토론에서도 있다. 그 장들에서 경쟁하는 동료들이 서로의 연구에 대한 판단을 한다.

동료평가는 최고 수준의 연구 생산을 보장하는 것이 그 목적이고, 경쟁 관계에 기반을 둔 복잡한 사회 구조이기도 하다. 독일 사회학자 게오르크 짐멜Georg Simmel(1970 : 86~9)은 경쟁 관계에서 나타나는 몇 가지 감정과 태도를 기술했다. 경쟁은 다른 투쟁 형태와 다르게 반드시 양편의 직접적인 대결이 있는 것은 아니다. 대신 공유된 외적 목적이나 대상에 관심을 둔다. 또한 투쟁으로 인한 모든 피해가 곧바로 드러나는 직접적인 대결 상황에서보다 '도덕적 직관'이 더 쉽게 감춰진다. 경쟁은 경쟁자보다 대상에 집중함으로써 잔인해지며 잔인성은 대상화의 모든 형태에 내재되어 있다. 그 잔인성은 다른 이가 고통받는 것을 보려는 욕구 때문이라기보다 주관적 배려의 부재 때문이고 이로 인해 경쟁자는 뒤로 묻힌다. 어떤 상황에서 경쟁이 결정적 요인일 때, 그 경쟁의 잔인성에 대한 우리의 도덕적 직감은 정의가 이뤄지고 있다는 만족감에 의해 상쇄된다. 이러한 것은 패배한 쪽도 포함하는 것으로 확장될 수 있다. 따라서 경쟁 관계는 상대방의 대상화와 완패당한 쪽에 대한 도덕적 정의감 모두를 촉진하는 경향이 있다. 짐멜은 게임 규칙에 대한 합의가 있는 관계도 설명한다. 학계에 이것이 항상 적용되지는 않는데, 상이한 과학 패러다임 간의 투쟁이 경쟁 조건을 불분명하게 만들지도 모르기 때문이다. 게다가 공식적인 동료평가는 평가자와 피평가자의 권력이 비대칭적이기 때문에 단순한 경쟁 관계보다 훨씬 더 복잡하다. 피평가자의 작업을 승인·비승인하는 권한이 평가자에게 있기 때문이다.

　동료평가의 존재이유는 객관적인 과학적 기준에 따라 서로의 작업을 평가하는 것이다. 평가는 투명하고 우호적이며 건설적이고 생산적인 방식으로 수행되어야 한다. 그러나 동료평가의 구조는 피평가자를 대상화하도록 만들고, 관계의 비대칭적 권력구조는 평가자가 자신의 이익과 야망을 충족하는 평가를 내리도록 한다.[1] 따라서 동료평가는 야누스의 얼굴을 갖고 이것의 어두운 측면은 '학문의 [날카롭고 긴] 칼'the academic rapier이라는 은유로 표현된다. 이제 동료평가의 핵심 감정 중 하나로서 피평가자와 평가자 모두가 느끼는 감정인 화에 초점을 두려고 한다. 이 장은 주로 조교수와 부교수의 서사에 기초한다.[2]

학문의 [날카롭고 긴] 칼

연구는 세미나와 학회에서 비판적 토론과 평가의 대상이다. 평가에서는 모호한 구절이 드러나고 합리적인 논쟁이 일어나며 생략된 부분이 지적된다. 비판적 토론은 엔과

---

1. 몇몇 학자가 동료평가의 객관성에 대해 문제 제기를 했다(Becher and Trowler 2001 ; Ehn and Löfgren 2004). 나중에 더 생산적인 연구자가 되는 학자들을 확인함으로써 동료평가의 타당성을 살핀 콜(Cole)의 연구도 있는데, 콜은 긍정적으로 평가받은 지원자보다 거절된 지원자가 이후에 더욱 생산적인 연구자가 되었다고 밝힌다(Cole 1983).

2. 덴마크에서 부교수와 정교수는 종신직이다. 봉급과 명성에 차이가 있지만 같은 비율의 연구 시간(40퍼센트)과 동일한 업무를 한다(강의·지도·평가·행정적 업무 등). 1970년대와 80년대에 덴마크 대학은 공석 교수직을 채우지 않고 새로운 임용을 거의 실시하지도 않았다. 이 기간은 부교수의 시대라 불렸다. 1990년대에는 5년 고정으로 임용된 교수의 수가 급증했다.

로프그렌(Ehn and Löfgren 2004 : 104)이 말한 '허튼 논쟁 신드롬'disputation syndrome 즉 논쟁을 위한 논쟁으로, 편협하게 잘못만을 지적하는 자기선전으로 추락할 수 있다. 인터뷰이들은 이 용어를 사용하지 않았지만 한 박사과정생은 이런 식으로 '학문의 칼'을 이야기했다.

> 펜싱 같은 기사적knightly 전통이 있죠. 장갑을 던져 도전을 표시하고, 코트 밖에서 더 많은 궤변을 늘어놓으면서 서로 싸우는 그런 거요. 이걸 엄청 생각해봤어요. 여기서 서로에게 도전하는 방식이 바로 학문적 영예에 도전하는 거예요. 그러니까 다른 사람의 영예를 뺏는 것? 아시겠죠? 상대방 손에서 칼을 떨어뜨리는 거예요.

그 칼은 상대방을 쳐 손에 든 무기를 떨어뜨리는 데 사용된다. 이 투쟁의 톤은 생생한 날것 그 자체이다. 외국인 부교수가 이런 식으로 자신의 덴마크 동료들을 설명했다.

> 전쟁 치르는 사람들 같죠, 공격적이고 대부분은 모순적인 태도. 여기서 일 시작하기 전에 전임자가 여기 사람들이

다소 사악하게 변할지라도 너무 역정 내지 말라고 일러줬어요, 대부분이 그런 면모를 갖고 있다고.

이 투쟁은 한 부교수가 언급한 공적 '암살'로 고조된다.

그게 연례회의에서 몇 차례 일어났죠. 보통은 회의가 즐거운 편이에요. 몇몇 동료가 조사 중인 데이터를 갖고 있었는데 그게 그들이 생산한 것 중 최고로 개차반이라는 평가로 끝이 난 거예요. 그것도 꼭 그런 큰 모임에서 나온다니까요. 앉아 있으면 참 정말 당황스럽다는 생각이 들어요. 무지 당황스럽고 거기 있는 모든 사람이 사태가 한계치를 넘었구나, 생각했을 거라고 봐요. 결국 모든 게 갈기갈기 찢기죠. 우리는 한 논문에 10개의 기준을 적용해 그걸 산산조각 분해할 수 있어요. 그런데 나는 그런 종류의 비판은 아무런 의미가 없다고 생각합니다. 그 사람(비평가)이 어떤 기여를 한다기보다 자신이 말할 뭔가가 있다고 자기 자랑하는 거니까. 건설적이지도 않고 뭔가 내놓은 것도 없어요. 상대방을 끌어내리고 그냥 자신의 지위를 높이려는 거죠.

객관적인 학문적 기준에 의한 평가 이외에도, 이 부교수는 평가에 우월감을 느끼고 다른 사람을 끌어내리려는 동기와 같은 다른 요인이 작용한다고 지적한다. 이 부교수가 말한 것처럼, 동료평가에서는 평가자가 연구를 산산조각 낼 수 있기 때문에 다른 사람을 끌어내리는 것이 가능하다. 항상 비판거리를 찾아낼 수 있다. 파괴적인 비판에는 규범적 한계가 있지만 보통 그 한계선을 어디에 놓을지는 모호하기 짝이 없다.

이 예들에서 동료평가는 공적인 세팅에서 이뤄졌다. 더 좁고 전통적인 의미에서의 동료평가는 평가위원회, 임용위원회, 익명의 추천인 같은 폐쇄된 장에서 일어난다. 학문 공동체는 지원자의 수용이나 배제를 선택하고 평가를 위해 전문 연구자와 권위자를 고른다.

이제 내가 '평가자의 화'라 부른 평가자의 감정으로 주의를 돌려보자.[3]

---

3. 화를 포함한 네 감정의 영역을 조사했다. 인터뷰 서사 중 동료평가 부분에서 가장 많이 언급된 것이 화였다. 그러나 내 연구는 동료평가와 관련된 감정을 고찰하려는 것이 아니다. 동료평가가 화와 관련되지만 자부심과 환희 같은 다른 감정의 근거라는 것도 강조되어야 한다.

평가자의 화

몇몇 인터뷰이는 평가 작업을 할 때 화라는 감정을 언급했다. 약간 예상치 못한 것이었다. 평가는 과학적 기준으로 타인의 작업을 평가하는 것이고, 화는 이 맥락에서 타당한 감정으로 생각되지 않는다. 이 화는 개별 평가자 쪽에서 기술하지만, 평가위원회 구성원이 공유한 집단적 감정이기도 하다. 다음의 예들은 화가 기술된 맥락을 보여주는데, 첫 사례는 박사학위논문 평가에 대한 것이다.

학계가 요구하는 것에는 무신경하면서 명성의 영광만을 원할 때 화가 나죠. 방법론적 기준에 부주의하고 [능력이 되어] 마땅한 영예를 갖춘 동료가 그걸 받지 못하면 그럴 때 또 화가 나고. 나는 그런 반대 입장에 화를 표현하는 편입니다.

석사 논문 평가와 관련하여

화가 나면 첫 코멘트에 화를 집어넣어요. 닦달을 하고 호통을 치기도 합니다. 곧 차분하게 가다듬었다가 온갖 짜증, 화를 또 내죠. 다시 좀 균형을 잡는데 너무 많은 분노를 폭발한 걸 잘 알고 있으니까(약간 웃음). 그러곤 끝내요. … 글쎄 화나서 분노를 뿜은 작업은 B 학점으로 끝이 나곤 하죠.

집단적 화의 예는 아래와 같다.

사실 평가위원회에서 자주 있는 일이라고 생각해요. 우리가 "자, 이 논문에 관해서 뭐라 해야 하지?" 이렇게 말하기도 전에 나 빼고 다른 사람 모두가 공개적으로 화, 어, 그화를 낼 준비가 돼 있어요. 그러고는 스스로를 억제해요. 서로한테 짜증, 화를 언어로 몽땅 풀어낼 수 있을 때 스스로를 자제하는 게 더 쉬워요. 나도 이런 걸 박사학위논문 심사 때하고 임용위원회에서 몇 차례 경험했습니다. 그런화는 개인적 안면과 아무 관계가 없는 일종의 신뢰 관계, 신뢰감을 준다고 생각해요. 그건 학자, 동료로서의 안면과 상관있는 거예요. 서로 짜증을 이야기하면서 다른 사람들의 상황을 알게 돼요. 이런 게 상호 신뢰를 낳고 이후

더 솔직하게 터놓고 이야기하도록 만드는 거예요.

그런데 평가자들이 기술한 이 화는 도대체 무엇에 관한 것이고 왜 일어나는가? 답이 하나일 수 없다. 한 평가자는 학문적 정의를 언급하면서 화난 감정을 설명했다. '누가 감히 학문적 가치에 존경을 표하지 않는 박사학위논문을 발표할 수 있어요?' 그 화는 평가자가 심사한 후보가 학문적 가치를 인정받을 수 없다는 평가를 만든, 타당한 도덕적 느낌이다. 그러나 위 인용문은 실은 평가의 출발점에 화가 이미 대기 중이었음을 암시한다. 이런 화는 학문적 평가를 할 때 [참석자들을 한데 집중케 하는] 동원화 과정mobilization process 역할을 한다. 또한 평가자와 피평가자 관계에서 일어난 화로도 해석 가능하다. 어찌되었든 지원자는 존재하는 권력 균형에 도전하면서 학문적 성과를 얻으려는 것이다. 이러한 도전 자체가 평가자 측의 짜증·화·적대감을 일으킨다.[4] 이 사건에서 집단적 화는 같은 경험에 대한 공통의 반응으로서 공유된 감정에 기반한 동료애를 강화시키

---

4. 상대적인 권력 분배에서의 역전 — 상대방에게 책임이 있다고 경험되는 — 은 분노를 일으킨다.

는 수단이 된다. 평가자 중 한 사람이 지적한 것처럼 집단적 화는 평가자끼리의 신뢰를 낳는다. 화를 냄으로써 그들은 자신들이 학자로서 어디에 서 있는지를 보여 줄 수 있다. 그리고 그렇게 함으로써 그들은 상호 간 신뢰의 관계를 위한 기초를 놓는다. 이것은 지원자의 작업에 대한 보다 미묘한 [주관적·감정적이며 불공정한] 관점을 낳을 수 있다. 그런데 집단 연대감을 유지하는 것 자체가 목적이 될 수도 있는데 이때 평가자들이 심사논평에 비외교적 언술을 쓰면서 지원자에게 적대적인 상황이 생긴다.

내 입장은 이런 상황을 조금 더 정치적으로 다뤘어야 한다고 봐요. 그것이 가능한데 … 그러나 다른 평가위원회 사람들이 외교관은 아니었이요!(웃음) 그래요, 동료평가에서 노골적으로 대놓고 말했어요. 다른 사람들도 그렇게 외교적이진 않았거든요(작게 웃음).

한 교수가 말한 위 인용문에서, 간간이 웃음과 함께 나온 '외교적이지 않은'이라거나 '말을 대놓고 하다' 등의 표현은 지원자의 작업에 대한 정보 교환과 존중이 담긴 평가를 준비하기보다 위원회 구성원의 집단 연대 강화를 더 신경 쓰는 평가위원회 모습을 보여 준다.

평가는 감정 면에서 중립인 객관적 기준에 따라 이뤄져야 한다. 그럼에도 평가자 측의 객관적 평가와 사적 개입 간에 선을 긋기란 어려운 일이다. 이 갈등을 학문적 정의에 대한 호소로 해결하려는 시도를 보인 예가 있다. 한 평가자는, 자신의 연구를 반박하고 있는 박사학위논문을 평가할 때의 생각과 느낌을 이렇게 기술하였다.

당신이 수치와 죄책감을 말씀하셨잖아요, 그 부분에 관해서 나 스스로를 어떻게 평가에 위치시킬지 정말 엄청난 신경을 썼어요. 분명 엄격해야 할 명백한 이유가 있긴 했지만요. 그 논문에서 비판하는 작업 일부에 내 연구도 있었거든요. 정말 곤혹스럽고 화가 났죠. 내가 반대 입장에는 엄격하고 정말 날카롭습니다. 당연히 엄청 생각을 했죠. 그런데 이겨 가리라 결심을 했어요. 무슨 말이냐 하면 내 개인적 반응을 평가에 섞었다는 비난을 받을 수 있다는 사실을 무시하리라 다짐했다는 겁니다. 왜냐하면 그냥…(더듬거림)… 어, (도전받은 것이) 학문적 기준에 관한 거라 확신했기 때문에 내 자신을 추슬렀어요. 내가 해야 할 말들을 했습니다.

사사로운 동기는 정당한 평가 기준이라고 할 수 없기 때문에, 이 사례에서는 화의 동기로서 학문적 정의감이 언급되었다. 그럼에도 의심·불안·수치심이 지속되었고, 그는 이후 인터뷰에서 자신의 그 평가에 비판적인 다른 동료를 향해 화를 표출했다.

그러나 평가자는 평가와 관련된 화 이외의 다른 느낌도 갖는다.

석사학위논문이나 박사학위논문 평가 기회가 생기면 말할 수 없이 기쁘고 감사하죠. 정말로 내가 조사해야만 하는 일을 평가할 때 기쁜 법이니까요. 논문 심사, 박사학위논문이나 석사학위논문 아니면 다른 시험 등등이 되겠죠. [학문적으로] 기술되고 밝혀야 할 내용을 다룬 경우니까 그런 작업에서 엄청난 기쁨을 맛볼 수 있어요. 가끔은 정말 감사하기까지 해요.

평가 작업은 결코 중립적이지 않으며 감정적으로 행해지는 행위이다. 그런데 느낌, 그중에서도 화 감정은 더군다나 타당한 것이 아니라서 동료평가의 기준으로 인정되지 않는다. 평가자의 화는 [예컨대 조악한 연구논문을 평가할 때 생기는] 도덕적으로 정당한 감정일 수 있지만 반감을 일으키는 화, 개인[의 사적 이해관계]에 의해 추동된 화일 수도 있으며, 학문적 정의라는 미명하에 부정적이고 무례한 평가를 준비하는 집단 감정이 되기도 한다. 엔과 로프그렌은 "대개 학계 전문가는 다른 사람의 공헌을 평가할 때 부드럽고 친절한 논평을 하지 않는다. 지원자의 성과를 인정하기보다 단점을 드러내길 바라는 것 같다."(2004 : 26~7)고 말했다. 원칙적으로 평가는 객관적 기준에 기초하지만, 타인의 능력 평가에서는 개인적·감정적 기준도 지대한 역할을 한다. 이런 측면들이 평가의 공식적 측면만큼이나 중요하다.

피평가자의 화

동료평가는 패러다임 전쟁, 집단 경쟁, 평가자의 감정을 작동시킨다. 이것은 피평가자가 받은 평가의 기준이 결코 명쾌하지 않음을 말해 준다. 평가는 공격적이고 불공정하며 무례하다고 생각된다. 상당수의 인터뷰이는 그들이 모욕적이라고 본 평가의 사례들을 말했다. 이것은 강렬한 감정적 반응을 일으킨다. 한 인터뷰이는 자신의 연구 중 하나에서 받은 심사평에서 본 모욕적인 평가를 이와 같이 기술했다.

그렇죠. 뭐라 해야 할까? 학문적 실패는 수치심과 죄책감 같은 감정을 일으키죠. 그걸 말하자면 음, 몇 년 전에 자부심과 수치심을 동시에 느낀 중요한 작업 하나를 발표했어요. 자부심이라 한 것은 좀 미흡한 부분이 있긴 했지만 그래도 내가 생각하기엔 정말 좋았거든요. 전체적으로도 좋은 심사평들도 받았어요. 그런데 내가 학문적 시기, 미움, 쩨쩨함이라 부른 것이 틀림없이 있었어요. 그런 게 참 사람 우울하게 만들죠. 사람들이 그런 식으로 행동하는 게 수치스럽기도 하고요.

나는 이런 모욕적 행동을 하는 동료들에게 대항했는지 물었고 그녀는 이렇게 답했다.

그렇게 하는 건 꿈도 못 꾸죠. 그 심사평은 정말 역하고 저열한 수준으로, 그냥 말 그대로 나빴어요. 하지만 나는 결코! 그를 대면하지 않아요. … 그 사람한테서 비슷한 대우를 받은 다른 사람들은 불편한 심기를 보였다고도 하는데, 나는 어떤 것도 하지 않을 거예요.

이 인터뷰이는 수치심과 우울을 말했다. 그녀는 화라는 감정을 기술하지 않았지만 심사평을 설명할 때 사용한 '너무 역하다', '비열하다', '나쁘다'라는 단어는 강렬하고 지속적인 화의 징표로 해석할 수 있다. 그녀는 - 자신을 우울하게 만들고 그런 존재 때문에 수치심을 느끼게 하는 - 그 사람을 비열하고 경멸스러운 존재로 규정함으로써 심사자에 대한 감정을 전환시키려 노력했다. 그녀는 수치심과 우울을 느낀다고 생각하지만 그녀의 서사에서 그 감정은 심사자에게 투영된 것으로 보인다. 심사자를 그렇게 해석함으로써 심사평 때문에 생긴 수치심과 분노를 다스리려고 했다. 같은 패턴이 또 다른 인터뷰이에게도 있었다.

내 책에 엄청 모욕적인 리뷰를 쓴 동료가 있었는데 진짜 화나고 돌아버릴 뻔 했어요. 이걸 무례라고 할 수 있는데 내가 할 수 있는 일이 진짜 아무것도 없으니까. 그냥 그런 방식으로 … 편집자한테 문제를 제기했어요. 관련자에게 편지 쓰는 것도 엄청 고민했죠. 그 심사가 너무 어처구니없어서 앉아서 그걸 쓰는 것조차 아까울 만큼 너무 형편없었어요, 상황을 그냥 더 어처구니없게 만드는 셈인 거죠. 작년 여름까지 몇 차례 시도를 하려고 했는데 그냥 머릿속에서 흘려보내는 것이 유일한 길이라는 걸 그때쯤 깨달았어요.

인터뷰이는 심사평을 모욕적이고 무례하다고 기술하고 자신의 감정을 화로 표현했다. 그녀는 반격하려고 애썼으나 결국 행하지 않고 그것을 굉장히 어처구니없는 반응으로 정리하면서 그 사건을 멀리하려 했다. 결국 그녀도 첫 번째 인터뷰이와 같은 전략을 활용한 것이다. 즉 그녀는 평가자와 심사평을 무가치하고 어처구니없다고 하면서 수치심과 화의 느낌을 상쇄시키려고 했다.

인터뷰이들은 처음에 위원회로부터 긍정적 평가를 받았다가 나중에 후속 위원회에서 거절당하거나 부적격이라

고 판정받은 에피소드도 말했다.[5]

인터뷰이 : 환경이 정말 경쟁적이죠. 나도 실제로 몇 번 당했는데 거절되면 진짜 짜증 나고 실망스럽고, 화나고 어쩔 줄 모르겠고 기타 등등. 몇 차례 지원했는데 임용됐다고 했다가 결국엔 다른 사람이 되더라고요. 몇 년 전에 난 임용 공지가 내 조건에 완전 딱 맞았거든요. 자격 요건이 딱 맞았고 지원해야만 했고 그래서 지원을 했답니다. 위원회가 3명이었는데 모두 요건이 된다고 이야기했고 대다수가 나를 추천했는데 결국 안 됐어요, 그때 위원회에 몇 명이 더 추가가 됐거든요. 나중에 알고 보니 실제로는 후속 미팅이 없었다 하더라고요. 뭘 해야 할지 이미 이야기를 들은 사람들이었던 거죠. 그들이 추천하길 원하는 다른 사

5. 덴마크 시스템에서 이런 경우는 3인 임용위원회가 5인으로 확장될 때 일어난다. 이런 위원회가 반드시 모든 지원자를 평가하고 만장일치든 다수결이든 지위에 적격인지 부적격인지 결정한다. 전에 임용위원회는 자격이 충분한 이들 중 추천받는 이들을 지명하기도 했다. 내 연구에서 많은 인터뷰이가 언급한 시스템이 바로 이것이다. 그러나 최근 몇 년간 임용위원회는 적격자 추천을 더 이상 하지 않는다. 지금은 학과장에게 그 결정이 달려 있어서, 임용위원회가 적격이라고 한 지원자 목록에서 성공적인 지원자를 그가 선택한다. 주임이나 학장과 같은 고위 직급에 있는 이가 보통 임용위원회를 늘리는 결정을 한다.

람이 있었던 거예요.

인터뷰어 : 부정不正?

인터뷰이 : 당연하죠. 뻔하지. 진짜 참을 수가 없어요. 그냥 잊는 게 속 편해요(약간 억지스러운 웃음).

이 에피소드는 학술적 평가가 후속 평가회의 평가에 의해 원래 평가위원회의 추천이 뒤집혀질 수 있을 정도로 변경될 수 있는 것임을 보여 준다. 그 과정은 인간으로서 거부당하는 경험이 되어 실망·화·상심을 낳는다. 그런 감정은 위 부교수가 이야기한 것처럼 '참을 수 없어서' '그냥 잊는 게 속 편하다.' 그렇지만 그런 종류의 느낌을 잊는 것이 가능할지는 여전히 남는 문제이다.

위 인용문들에서 공통의 주제는, 피평가자가 공격당하고 모욕과 부당한 대우를 받는다고 느낀다는 것이다. 그들은 아예 잊거나 그렇지 않으면 감정 작업을 통해 그런 경험에서 나오는 많은 느낌을 전환시키려고 한다. 그들의 서사는 사람들이 그 느낌들을 다스리는 것이 어려움을 암시하고 있다. 그런데 왜 그들은 평가자의 비판에 도전하지 않는가? 한 부교수의 인용문이 한 가지 이유를 설명한다.

몇 차례 임용 지원을 했어요. '합격'이라고 했지만 임용이 되지는 않았어요. 내가 구직을 그만둬야겠다고 한 몇 고비가 있었어요. 언제였냐, 이 시스템에 정실주의가 있다는 걸 뼈저리게 알았을 때. 휴이, 두이, 루이[Huey, Dewey, Louis 6] 뭐 그런 거요. 몇 차례 의심이 들더니 나중엔 확신이 들더라고요. 사람들이 평가위원회 자리를 차지하고 사람이 사람을 평가해요. 정말 인내심의 한계치를 넘기는 상황이라고 봐요. 지금 고려 중인 새 임용에서도 그래요. 무척 엄격한 기준에 맞는 사람이 [이미] 계획되어 있어요. 서로 아는 사람인가 하는 문제, 서로에게 자리를 마련해 주고, 그렇게 계속 그들끼리 결속을 하는 거예요. 수년 동안 서로의 전철을 밟으면서 서로에게 신세를 지고 있다고 생각해요. 그게 밖에서 보이는 모습이에요. 내가 망상에 걸린 것처럼 보일 수도 있겠죠. 그런데 그 자리에 누가 내정된 것이 너무 뻔했어요. 나는 그것에 대해 확신이 있습니다. 우리 중 몇몇이 그 사람에 대해 문제 제기를 했는데, 왜냐하면 추천받은 사람이 서류상 최고 점수가 아니었거든요.

---

6. [옮긴이] 월트 디즈니 만화 도날드 덕(Donald Duck)의 세 쌍둥이 조카들의 이름이다.

나는 그 문제 제기의 결과를 물었다.

조직 시스템에서 위로 문제 제기를 한 경험, 나도 지금 그 문제 제기에 참여하고 있긴 한데, 그건 완전 시간 낭비죠. 나는 사람들이, 문제 제기를 하면 안 좋은 방향으로 딱지가 붙을 거라 느낀다고 보고 있어요. 잘못된 방향으로 눈에 띈다는 그런 두려움이겠지요.

이 부교수는 정실주의, '늙은이' 네트워크, 동료평가에 작용하는 편파성을 공개적으로 말했지만, 자신이 망상에 걸린 건지도 모른다고 하면서 그녀의 언술을 조절했다. 이런 동료평가는 비공개로 이뤄지고, 학계에서 강력한 제도이다. 이 부교수에 의하면 문제 제기를 하는 사람들은 그것으로 얻을 것이 없고 까다로운 사람이라는 딱지나 업신여김을 받는다. 따라서 그녀는 자신이 망상에 걸린 건지도 모른다고 말을 삼갔으며 다른 이와 마찬가지로 '한계치를 넘긴다'라고 그녀의 느낌을 기술했다. 말하자면 그녀와 몇몇은 그들 느낌을 다소 경멸적인 용어로 설명한 것이 특징인데, 이것은 문제 제기를 하는 발화자가 까다로운 사람일 것이라는 암시이다. 이 시각에서 보면 대부분의 사람이 느낌과 비판을 감추는 것이 이해된다. 왜냐하면 그렇게 하지 않으면 그들이 제재를 받기 때문이다. 한 부교수가 짧게 말한 것처럼 '세상 일이 다 그렇기' 때문이다.

그러나 모욕적이라고 생각한 평가에 대해서 모든 이가 화를 숨기는 것은 아니다. 아래 인용문은 자신이 지원한 자리에 부적격이라는 임용위원회의 결정을 들은 한 동료의 반응에 대한 평가자의 기술이다. 이 인터뷰의 처음 부분을 서론에서 인용했다.

그 양반이 임용 평가위원회 결과 때문에 기분이 상하고 화가 났어요. 엄청 분개하고 어쩔 줄 몰라 하더라고요. … 결국 그가 나한테 두 번 다시 아무 말도 안 하겠다고 선언을 했어요. 몇 년 전 일인데 그때 이후로 나를 볼 때면 곧장 쭉 지나쳐버려요. 서로 한 번도 인사를 나눈 적이 없어요. 그 일이 있은 후 과를 좀 바로잡아가는 내 일들을 안 도우려 하더라고요. 과에서 이것 때문에 많은 논쟁과 엄청난 개인적 갈등이 있었죠. 여기 개인 관계에도 끼치는 심각한 결과를 낳았어요. 나를 포함해서 사람들이 비판하고 정말 분통을 터트린 에피소드들이 생기기도 했어요. 아마 그 사람하고 어떤 협력도 없을 거예요.

이 사례는 불공정하다고 느낀 평가에서 생긴 폭발적 화가 학과 전체로 퍼진 경우이다. 상처받은 쪽은 평가위원회 구성원들에게 공개적으로 적대감을 표출하고 이것이 과 전체로 번졌다.

위 예들에서 실제 심사평의 내용과 질, 추천 결과에 대해 어떤 것도 결론지을 수 없다. 하지만 이 예들은 평가가 모욕적이거나, 인간으로서의 지원자와 지원자 전문 분야에 대한 존경이 결여된 경우가 있음을 보여 준다. 또 [평가에서 피평가자에 초점이 맞춰지기보다] 평가자의 개인적·제도적 관심만 드러날 수 있다는 것도 보여 준다. 이 경험은 강렬한 감정을 일으킨다. 연구자는 연구 프로젝트와 자신을 동일시한다. 따라서 연구에 대한 평가는 사람으로서의 연구자에 대한 평가가 될 수 있다(Knorr Cetina 1982; Ehn and Löfgren 2004). 동료평가는 강력하게 뿌리내린 제도이기 때문에 대부분의 연구자는 그런 종류의 부정적인 느낌을 잊거나 다른 수단을 통해 전환하려 한다. 언뜻 보기에도 동료평가의 권위가 위태롭다.

나는 동료평가의 양면에서 어두운 쪽을 살펴보았다. 대부분의 인터뷰이는 동료평가와 관련한 부정적·긍정적 경험 모두를 갖고 있었다. 그런데 이 선택된 인용문들이 그렇게 이례적인 것은 아니다.

불신, 시기, 샤덴프로이데[7]

화·수치심·실망이 동료평가의 감정이지만 다른 많은 감정도 학계 전全 단계의 실력 경쟁에서 일어난다. 과학적 우위를 위한 경쟁뿐만 아니라 수많은 순위매기기 시스템 위치에도 경쟁이 있다. 출판사, 저널, 인용, 선출직, 명예직, 연구 펀드 자원과 규모, 박사과정생의 수 등에서의 순위매기기 시스템에 집착한다(Becker and Trowler 2001 ; Ehn and Löfgren 2004 ; Schoug 2004 ; Bourdieu 1988). 연감과 과 연례 보고서는 순위 체계의 탁월한 개괄을 보여 준다. 학계 삶의 특징인 자리를 위한 끊임없는 경쟁이 불신·시

---

7. [옮긴이] 이 단어에 대한 설명은 이 책 17쪽을 참조하라.

기·샤덴프로이데의 느낌을 일으킨다. 이런 느낌의 몇몇 예와 그것이 다뤄지는 방식을 아래에서 살펴본다. 한 여성 부교수의 이야기다.

내가 연구의 경쟁적 속성을 좀 순진하게 생각했던 것 같아요. 동료들이 내 작업하고 굉장히 닮은 프로젝트를 할 때 좀 이상하더라고요. 사람들이 그걸 공개하고 정직하게 말을 안 하는 거예요. 말을 하면 경쟁하기보다는 협업을 할 수 있는데. 다른 맥락에 있는 매우 가깝게 일한 몇 사람이 내가 지원한 기관에 펀드 신청을 했다는 걸 최근에 알게 됐어요. 우리 연구 프로젝트가 같은 제목에, 내용도 너무 흡사한 거예요! 평가위원회 중 한 사람이 말해줘서 알았는데, 평가위원회 입장에서는 우리가 협업을 할 수 있기 때문에 두 프로젝트 어느 쪽에도 지원할 수 없다는 거예요. 나는 공개하고, 내 프로젝트를 나랑 가깝게 일한 사람들한테 말을 했어요. 그런데 그 사람들은 유사한 연구를 한다는 걸 공개적으로 말하지 않아요. 그게 지금 놀라울 따름이에요.

어떤 연구자는 서로를 조력하는 잠재적 파트너가 아니라 상대를 기꺼이 이용하는 경쟁자로 본다. 서로 불신하기 때문에 그들의 카드 패를 심장에 감춘다. 이 불신의 극단적 양상이 연구 도둑질, 표절에 대한 두려움과 의심으로 표현된다. 인터뷰이들은 이 주제를 자연스럽게 꺼내지 않았는데, 아마도 아마도 인터뷰이들이 광범위하고 상이한 주제를 다뤄서 도둑질 문제가 덜한 지방 연구 환경에서 일하기 때문인 것 같다.[8] 다른 이유로는 지방 환경에서는 학문적 대화와 아이디어를 훔치는 것의 경계가 비교적 모호하여, 도둑질이라는 비난이 오히려 문제 제기를 하는 사람이 망상에 사로잡혔다거나 속이 좁다는 비난으로 더 크게 되돌아오기 때문이다.

사람들이 학술 세미나에서 (동료들이 아이디어를 훔쳐서 그들 것으로 만든 것에) 화내거나 실망하는 걸 몇 차례 봤

---

8. 베쳐와 트로울러(2001)는 연구 도둑질이 '도시적 연구 환경'에서 더 빈번하게 일어나는 경향이 있다고 한다. 연구자들이 비슷한 주제를 치열한 경쟁 속에서 연구하기 때문이다. 본 연구는 '지방 연구 환경'(2장 참고)을 주로 다룬다. 여기서 연구자들은 광범위하고 상이한 주제를 다루고 서로의 작업을 훔치는 데서 이득이 별로 없다.

어요. 사람들은 그런 종류의 일은 어떤 것도 발설하는 게 마땅치 않으니까 굉장히 의식적으로 아무 일도 없는 것처럼 행동하려고 엄청난 노력을 합니다. 몇 번 봤고요, 나도 한 번 일이 있었어요. "어, 그거, 내가 한 주장하고 너무 비슷한데, 각주가 있어야 하는데……." 그렇게 생각한 적 있어요. 심지어 내가 쓴 것하고 너무 비슷한 내용도 있었어요. 그럴 때조차 도둑질이라고 소리 지를 만큼 명명백백한 게 아니라서 뭐라 할 수가 없어요. 명명백백하다면 뭔가 할 수도 있지요.

이 부교수는 과학적 연구 도둑질에 대한 자신의 의심을 언급했다. 그러나 그 비난은 심각한 사안이고 의심·불신·실망·죄책감·수치 등의 갈등적인 느낌을 품고 있다.

시기는 경쟁 관계에서 나오는 또 다른 느낌이다.[9] 벤-제에브(Ben-Ze'ev 2002)는 이 감정을 연구하면서 두 유형을 구분한다. 1) 자신이 갖고 싶은 것을 타인이 얻은 상황을 시기하는 것으로서, 이것은 열등감을 일으킨다. 2) 자신이

---

9. 시기는 학계에서 핵심 감정이다. 엔과 로프그렌(2004)은 시기가 학계의 실질적인 직업 위험이라고 주장한다.

얻고 싶은 것을 타인이 부당하게 얻은 상황을 시기하는 것으로서, 이것은 부정의에 대한 도덕적 감정을 일으킨다.

시기는 사회적 비교를 수반하고 따라서 이는 학계의 모든 순위매기기 시스템에 의해 일어난다. 한 교수의 서사의 일부인 아래 인용문이 첫 번째 유형을 잘 보여 준다.

질투와 시기는 비슷한 데가 있죠. 온통 여기저기 없는 데가 없어요. 한 동료가 갑자기 저명한 출판사에서 책 출판을 하면 뒤처진 느낌이 들죠. 종종 보게 되는 동학이지요. 어느 정도 경쟁심이 있어서겠죠. 여기서는 (다른 두 학부만큼) 그렇게 심하진 않은데 있긴 해요. 다른 영역에서처럼 최고, 일등이 되는 게 중요하니까요. 다른 사람이 따라잡아 뒤처진다고 느끼면 당연히 다른 데서도 그런 것처럼 질투가 생기죠.

이 교수는 경쟁 관계에 있는 시기의 역학을 기술했다. 동료의 성공은 사회적 차이, 따라잡히고 열등하다는 느낌, 질투 속에서 뒤처진다는 느낌을 만드는 비교의 지점을 만든다. 그러나 시기는 경멸스러운 감정이고 따라서 위 교수는

'온통 여기저기 없는 데가 없다.', 다른 학과들에서는 여기보다 더 심하다고 하면서 시기를 합리화한다. 나는 인터뷰이 자신은 시기라는 느낌에 익숙한지 물었다.

인터뷰이 : 물론, 물론 인정합니다. 당연하죠.

인터뷰어 : 그 느낌을 숨기나요, 아니면 그냥 드러내나요?

인터뷰이 : 아니요, 내보인다는 건 꿈도 못 꾸죠. 아내에게만 말하고 비밀로 잘 감춰요.

인터뷰어 : 어떻게 감추나요?

인터뷰이 : 글쎄요. 가면을 잘 쓰고 매우 다정하게 축하를 전하죠. 그리고 그 분야를 내가 이끌어 이런 상황을 자주 안 맞으리라 다짐을 하죠(웃음). 그런데 그게 그렇게 쉽지는 않죠.

시기는 친하기의 가면 뒤에 감춰지고, 그 교수는 자신의 분야에서 선두에 서리라 다짐하면서 시기를 피하는 방식을 언급한다. 그리고 나서 그는 우월감의 징후를 약간의 웃음과 "[자신이 선도적으로 연구를 추진해 가는 것이] 그렇게 쉽지는 않다."는 인정으로 조절하였다. 다른 한 교수가 시기의 두 번째 유형의 한 예를 설명한다.

음(멈춤), 그래요. 분명 시기가 있죠. 아마도 많은 (멈춤) 맥락에서. 프로젝트나 박사과정생을 고용하려고 외부 펀드를 신청할 때 생길 수 있겠죠. 펀드가 제한적이어서 엄청난 경쟁이 있어요. 내 연구만큼 좋다고 생각하지 않은 프로젝트가 펀드를 받으면 질투가 조금 나겠죠. 그런데 진짜 시기인지는 확실치 않아요. 자신의 것과 비교해서 경쟁자의 프로젝트를 어떻게 평가하는가에 따라 달라질 수 있거든요. 말하자면 내가 같은 기관에 펀드 신청을 했더라도, 종종 다른 사람 프로젝트가 확실히 지원받을 만한 훌륭한 프로젝트라고 인정할 수 있기도 해요. 또 어떤 경우는 그 펀딩 단체가 프로젝트를 잘못 심사했고, 펀드를 받은 동료가 내 것보다 엄청 못하다고 생각할 수도 있죠. 그러면 경쟁 프로젝트가 성공한 것에 샘이 나기도 해요. 아마 이런 게 일종의 시기겠죠.

앞 인터뷰이와 다르게 이 교수는 시기를 말할 때 무척 조심스러워했다. 그러나 그는 주저하면서도 동료들이 실력이 없는데도 원하는 것을 얻을 때 도덕적 의분^{義憤}으로서 시기를 경험했다고 인정한다.

악의적 기쁨인 샤덴프로이데는 시기와 밀접하게 연결된다. 샤덴프로이데는 다른 사람이 겪는 차질이나 불운에 기분 좋거나 고소해하는 감정을 가리킨다. 시기처럼 샤덴프로이데도 경쟁 관계에서 일어나고, 시기의 보완물이라고 할 수 있다. 샤덴프로이데는 다른 사람의 실패에 대한 악의적 기쁨이고, 시기는 비교 때문에 자신의 열등감이 증폭된 것으로 그들의 성공에 난 짜증이나 화의 일부이다. 시기와 마찬가지로 샤덴프로이데도 경멸적 감정이다. 그래서 인터뷰이들이 다른 사람의 감정을 설명할 때만 이것을 자연스럽게 말한 것 같다. 나는 학계 경력 쌓기에서 차질이 생겼을 때 다른 동료들의 반응은 어떠한가를 물었다. 자신의 연구에 모욕적이고 불쾌한 비판을 받은 한 부교수는 그 질문에 이렇게 답했다.

그렇죠, 확실히 고소해하는 사람들이 있어요. 그런 생각을 하는 사람들이 터무니없고 완전 비겁하다고 생각하는 이들도 있고요.

그의 학문적 실패에 동료들이 어떻게 반응했는가를 물었을 때 한 교수는 이렇게 답했다.

음, 그냥 "어, 안됐네." 하면서 거기서 약간의 기쁨을 즐기죠. 그냥 그런 식이에요.

불신·시기·샤덴프로이데는 학계에서 경쟁 관계와 직접 관련된 감정들이다. 경쟁에서 한 사람의 성공은 잠재적으로 다른 사람의 실패를 의미하며, 그 반대 상황도 마찬가지다. 자원과 이득을 얻으려고 할 때 불신은 협동 관계가 아닌 투쟁하는 경쟁 관계에서 비롯되고, 샤덴프로이데는 자신의 열등감, 도덕적 정의감 혹은 타인의 열등감을 낳는 동료 간 비교에서 비롯된다. 이 느낌들은 학계의 일상에서 익숙하지만 대개 경멸스러운 것으로 여겨져 가능한 한 다정함의 허울 아래 감춰진다.

요약

동료평가와 실력주의의 경쟁 관계는 사회적 구조이고

그것의 목적은 최고 수준의 연구 생산을 보장하는 것이다. 그 구조는 화·수치심·불신·시기·샤덴프로이데 감정을 일으킨다. 연구 행위는 열정·헌신·자기 존중감과 같은 느낌뿐만 아니라 연구결과에 대한 동료의 인정에도 유달리 취약하다. 따라서 만약 인정을 받지 못하고 문제시되어 반박을 받으면 강렬한 느낌들이 똑같이 생긴다.

학계의 감정 문화에서 화·수치심·시기·샤덴프로이데는 금기시되는 느낌이다. 따라서 화기애애함과 다정함의 허울에 가려진다. 많은 이가 그 느낌들을 자각하고 있지만 탁월함을 고양시키기 위해서는 어쩔 수 없는 문화라며 방어한다. 어떤 이들은 금기시되는 그 느낌들을 유머러스한 방식으로 우회한다.

6장

웃음의 정치

학계에는 두려움·화·질투 같은 느낌도 자리 잡혀 있지만 웃음·유머·풍자·냉소주의도 있다. 나는 인터뷰이들에게 웃음에 대한 에피소드를 말해달라고 했다. 웃음은 유머·코미디·기쁨·환희·안도뿐만 아니라 조롱·악의적 기쁨(샤덴프로이데)을 통해서도 일어난다. 웃음은 여러 의미가 담긴 현상이지만 내 연구에서는 유머와 관련된 일화를 주로 다룬다.

속이기 게임, 복화술, 화 통제 작업 각각은 학계 구성원이 느낌과 느낌 규칙 간 갈등을 다루는 수단이다. 마찬가지로 유머는 긴장과 모순을 다루는 수단이다. 사회 구조에서 '농담'은 큰 역할을 하고(Mary Douglas 1975) 학계에서도 유머는 꽤 좋은 능력으로 간주된다. 이 장에서는 학계 위계에서 나타나는 유머의 몇몇 형태와 기능을 점검하면서, 능력으로서의 유머의 특징을 살펴보려고 한다.

능력으로서의 유머

유머는 대조와 모순의 동시 공존을 수용하는 것이다. 따라서 주어진 현실로부터 정신적인 여유와 거리두기가 가능할 때 일어난다. 또 유머는 극단적인 감정 상태의 부재에 서도 일어난다(Ben-Ze'ev 2000). 너무 짜증 나거나 과잉 흥분할 때 그 상황의 유머러스한 지점은 잊힌다. 따라서 유머는 감정 면에서 중립이라는 학계의 느낌 규칙과 문화적으로 부합하며, 공식·비공식 세팅에서 조성된다. 한 조교수가 공식 세팅에서의 유머 활용의 한 예를 들었다.

> 논문을 발표하면서 즐거운 일화를 이야기할 수 있는 것, 이거 완전 점수 따는 거죠. 그런 상황에서 점수를 따는 거예요. 그러나 나는 (비공식 상황에서의 유머와 비교해보면) 다른 종류의 즐거움이라고 봐요.

공식 장에서 일어난 유머의 또 다른 예가 있다.

> 학회 참석차 어떤 도시에 갔는데 어…재미있는 슬라이드로 사람들을 웃겼어요(웃음). 내 발표가 그날 마지막 순서여서 전략적으로 딱 좋은 시간이었거든요. 그래서 사람들을 웃기려고 막판에 농담을 했죠. 지금 설명할 수 있는데 너무 길어질 거예요.

농담은 다 함께 웃으면서 사람들을 한데 어울리도록 하지만 권한을 행사하는 수단이기도 하다. 한 박사과정생은 이렇게 말했다.

> 웃음이 극도로 중요한 또 다른 상황이 있어요. 어떤 사람이, 박사학위논문 심사받을 때 재미있는 익살이 공손한 방식으로 질문들을 방어하는 데 활용된다는 것을 알게 됐어요. 농담이 터졌고, 연이은 질문이 사그라지는 것 같았어요. 우리 박사과정생들은 진짜 농담하는 법을 배워야 해요, 엄청 효과적이니까요. 어딘가 취약점이 있다면 거기에서 웃음을 만드는 것이 질문이 너무 비판적으로 가기 전에 **빠져나가는** 탁월한 방법이에요. 무슨 말이냐 하면 진짜 방어할 수 없는 뭔가를 사람들이 파기 시작한다면 그것을 농담으로 해버리는 거죠.

농담은 논의의 프레임을 전환하여 적의 있는 질문을 부당한 것으로 보이게 만든다. 만약 적이 질문을 계속 이어가면 그는 위신 손실을 감수하게 된다.

유머는 위신을 세운다. 그러나 모든 이가 이런 능력에

숙달된 것은 아니다. 한 부교수는 다음과 같이 말했다.

글쎄, 그게 어떤 건지 잘 모르겠는데 정말 뛰어난 유머 감각이 있는 사람도 있고 유머러스한 면을 보지 않는 사람도 있고 그렇죠. 이 건물에도 그런 문제가 있는 사람이 있어요. 단언할 수는 없지만 그 사람이 아마도 자신감이 조금 없어서 일의 재미있는 면을 보는 열린 마음이 없는 것 같아요. 유머라는 것은 뭔가 놀라운 방식으로나 예상과 다른 해석을 하는 건데, 그 남자는 안 웃고 그냥 수상쩍어 하더라고요. 짜증 나긴 해요.

우스운 측면을 보거나 자신을 다른 사람의 유머 자원이 되도록 허락하는 것은 건강한 자존감을 필요로 한다. 이 점을 한 박사과정생이 다음과 같이 말했다.

자기-풍자self-irony가 엄청 중요해요. 그러니까 광대 연기를 할 수 있어야 한다는 거예요. 이런 의미에서 유머가 약간 민주적이긴 하죠. 자신을 공동체 이익을 위해 자유롭게 내놓을 수 있어야 하니까요. 무슨 말인지 아시겠죠?(웃음). 자신의 희생을 통해 다른 사람들이 웃음을 짓죠. 그런 걸 안 하는 사람들은 너무 딱딱하게 보이죠. 또 다른 사람들을 웃게 하지는 않고 자신만 다른 사람을 보고 웃는 사람들이 있어요. 너무 젠체하는 것 같죠.

유머 감각 발휘는 여분의 정신적 힘이 필요하고, 이것은 학계 내에 불균등하게 나눠져 있다. 게다가 유머는 자주 대상이 있어서 어떤 사람은 유머로 거리낌 없이 다른 사람을 비웃는다.

유머 연구는 순수한 유머인 표준 농담standard joke — 자신의 세계로 국한된 유머러스한 내용 – 과 응용 형태인 즉흥 농담spontaneous joke — 구체적인 사회적 상황에서 나오거나 거기에 얽매인 – 을 구분한다. 대개 표준 농담은 공식 세팅에서, 즉흥적인 농담은 비공식적 세팅에서 나온다(Mulkay 1992).

응용된 즉흥적인 유머는 주어진 현실을 다루고 이에 도전한다. 사회 현실을 유머러스하게 표현할 수 있는 전제 조건은 현실에 대한 인식을 다른 사람들과 공유한다는 것이다. 여러 집단은 학계 위계에서 서로 다른 지위에 있다. 그들은 상이한 지위를 통해 현실을 인식하기에 즉흥적인 유머 형태도 상이하다.

인터뷰이들은 웃음 관련 에피소드들을 말했지만 즐거웠던 내용을 온전히 설명하지는 않았다. 이 때문에 유머의 기능에 대한 내 해석에 약간의 한계가 있다. 이 점을 감안한 채, 나는 박사과정생의 '맨 밑 단계 유머'와 조교수·부교수·정교수끼리의 '농담하는 사이', 훈육의 리더십 도구로 기능하는 유머의 예들을 제시하겠다.

'맨 밑 단계 유머'

'맨 밑 단계 유머'는 데이비드 콜린손David Collinson이 사회조직 연구에서 사용한 '작업장 유머'shop floor humor(1992)라는 용어에서 영감을 받았다. 나는 이 용어를 학계의 가장 낮은 단계에 있는 박사과정생이 공유하는 유머 형태를 설명하기 위해 비유적으로 사용한다. 콜린손이 설명한 '작업장 유머'와 박사과정생이 행하는 유머에는 공통점이 있다. 두 집단 모두 지루함을 달래고 – 노동 조건과 상사를 향한 불만족과 저항 표현을 포함한 – 자율성을 표현하는 수단으로써 유머를 사용한다.

위계 맨 아래에 있는 박사과정생의 지위는 그들이 경험을 공유하고 집단적인 감정 작업을 형성하는 조건을 만든다. 그러나 박사과정생들의 개인적 경험이 사회 현실을 공유하는 상태로 이어지느냐의 문제는, 그들이 얼마나 서로 만나 경험을 교환하고 얼마나 자신들의 태도를 서로 협의하여 그 현실에 대한 공유된 개념을 갖는 것으로 나아가는가에 달려 있다.[1] 내 연구에서 이 전제조건은 수가 많은 보건의학 분야의 학생들이 가장 잘 충족하고 있었다. 그들은 공통의 과학 패러다임에서 일하며 실험실에서 만나 같이 일하고 다 같이 점심을 먹고, 예상대로 진척되지 않는 실험실 테스트에 비슷한 좌절을 경험한다. 그리고 모든 이가 성질 사나운 교수들과 프로젝트 관리자들에게서 기인한 좌절과 두려움에 익숙했다. 박사과정생의 웃음과 유머에 대한 몇몇 예가 있다.

그렇죠, 실험실에서 매일 웃죠. 자주 그래요. 실은 매일 그래요. 농담을 항상 던지죠. 환한 웃음과 유쾌함이 늘 가

---

1. 사회 현실은 생산되고 협상되는 사회적 구성물이다. 유머와 사회 현실에 대한 더 자세한 논의는 팍스(Fox 1990)을 참조.

득합니다. 작은 실험실이 무수하게 있는데 그중 한 실험실에 남자애들이 우글거리는데, 하루 종일 앉아서 음담패설도 하고 그러죠(웃음). 우리 모두가(웃음) 음흉해서가 아니라(웃음) 어떤 사람이 좀 발산을 해서 일상의 근심에서 조금이라도 벗어나면 좋으니까. 내가 막 아빠가 됐는데 갑자기 온 세계가 너무 사무적으로 변한 거예요. 조금 즉흥적인 게 있어서 웃음이 있으면 진짜 좋죠.

젠더 구분과 섹슈얼리티에 상관없이 등장하는 '남자애들'과 '음담패설' 같은 표현은 학계의 감정 문화에 반反한 것으로서, 그런 도전이 인터뷰 상황에서도 웃음을 일으킨다.[2]

우리는 복도에서 하는 얼음 싸움에 대한 수많은 에피소드도 있어요. 얼음을 던지며 서로를 뒤쫓아 가요. 실험실 곳곳에 스프레이 통들이 널렸는데 스프레이가 발사되고 그러면 뭔가 시작돼요, 갑자기 소동이 벌어지는 거죠.

---

2. 농담은 얼핏 자연스럽고 즉흥적으로 보이는 것과 달리 지배적 가치와 밀접하게 관련된다(Zijderveld 1968).

실험실에서 실험장비와 공간을 비관습적으로 활용하는 것은 메리 더글라스Mary Douglas의 표현으로 "무형을 거스르는 형태에 대한 자각"으로 해석된다(1975 : 93). 얼음 싸움 때문에 스프레이의 관습적 사용에 문제가 생겼다. 두말할 것 없이 얼음 싸움 자체가 웃음을 유발하고 스프레이 통의 비관습적인 사용도 즐거움을 낳았다. 이 박사과정생은 이러한 에피소드가 경쟁자 간의 친목을 도모한다고 했다. 또 다른 여성 박사과정생에게 웃음에 대해 물었다.

엄청 웃죠(웃음). 점심 막간에나 실험 돌릴 때 앉아서. 정말, 정말 많이 웃어요. 개인사에도 웃고 학문이나 그냥 우스운 말, 농담에도 웃죠. 우리는 점심 테이블에서 다들 더러운 농담 전문가예요. 전부 다 웃음이 되죠. 그런데 길게 웃지는 않아요. 앉아서 더 심각한 일들에도 수다를 많이 떤다고 생각해요. 어찌 됐든 우린 정말 좋은 친구들이에요.

그들은 항상 점심을 같이 먹고 같이 일하고 같이 즐긴다. 음담패설에도 웃지만 학계 생활과 사적 생활에도 웃는다. 박사과정생은 표준 농담(대체로 음담패설)과 구체적인 상황이나 대화 주제에서 나오는, 즉흥 웃음으로 유머 형태를 설명한다. 이러한 유머로, 작업이나 성질 사나운 교수들에게서 느낀 절망뿐만 아니라 지루함을 다스린다. 그러나 보건의학 박사과정생만 공동의 웃음에서 나오는 친목을 설명한 것은 아니다. 3장에서 언급한 것처럼 일부 그룹이 보인 대항 문화가 유머 공동체의 한 예라고 할 수 있다. 한 사회과학 전공 박사과정생의 인용문은 연구서클 구성원이 어떻게 '다함께 웃는지'를 설명한다(3장을 보라). 즐거움의 근원이 명확하지는 않지만, 그 즐거움의 일부는 감정이 배제된 기존 과학 개념과 그들 자신의 연구에 감정적 개입을 한 집단 축하 간의 대조에서 나왔음을 알 수 있다. 웃음, 친목의 느낌, 그리고 과에 팽배한 기존 과학 개념을 무릅쓰고 하나의 집단으로서 힘 있는 지위를 얻는다는 느낌을 바로 이런 대조를 통해서 갖게 된다. 아래 예는 위계에 도전하는 즉흥적인 유머의 예이다.

박사과정 시작할 때 엄청 권위적인 리더십 스타일, 그러니까 규율이 굉장히 센 문화가 있었어요. 과 미팅에서 반기反旗를 들 생각을 하면서 엄청 즐거워했어요. 우리 임금이

너무 낮으니까. 저녁마다 청소를 하겠다고 제안할 수도 있
는데 그 일은 임금이 높으니까요! 우리끼리 있을 때 그런
생각하면서 막 웃곤 해요. 일종의 서민 유머라고나 할까.

이 생각은 권위적인 리더십하에 있고 그들 생각에 '너무 저
임금'을 받는 박사과정이라는 지위를 특별히 언급하면서,
위계를 유머러스하게 비판한 것이다. 이 농담은 그들 임금
이 청소 노동자보다 더 싸니 청소를 해야 한다고 말하면서
학계의 가치를 조롱한 것이다.

박사과정생에게 즉흥적 유머는 비공식적인 세팅에서
일어나고 학계 위계에 대한 멸시와 조롱을 표현한다. 이런
형태의 유머에는 위험이 있을 수 있다. 한 부교수는 그가
박사과정생일 때 겪은 일화를 들려 주었다.

학회에서였어요. 이튿날 굉장히 느슨한 분위기여서 내가 농
담을 던졌어요. 그게 뭐였는지 기억은 없는데 아무튼 우스
운 뭔갈 말했어요. 한 교수가 비슷한 이야기를 했는데 위계
가 없는 곳에서 일어난 것 같은 좋은, 뭐 그런 걸 말했어요.
그 사람이 나를 반박하려고 했다고 보지는 않는데 당시 가

졌던 느낌에 대한 뚜렷한 기억이 있어요. 즉 "무슨 말을 할지 조심해야 한다." 너무 잘 작동하는 위계 패턴이 많이 있으니까 더 공적인 상황에서는 농담할 꿈도 못 꾸지만 내 수준에서 사람들하고 나눈 농담이 많이 있기도 해요.

'무슨 말을 할지 조심해야 한다.' 그리고 모든 곳에 위계 패턴이 있기 때문에 어떤 농담은 동료를 위해, 어떤 것은 비공식인 장을 위해 마련된다.

박사과정생 지위는 '맨 밑 단계 유머'와 고유한 웃음 공동체를 형성토록 한다. 최근에 임용된 한 부교수의 표현이다.

네, 더 어린 박사과정들에게는 일종의 해방 분위기가 있죠. 나도 일이 년 전에는 일부였는데, 그러니까 내가 박사후연구원이나 박사과정생 친구들이 있었을 때요. 공통점이 있고 그래서 수다 떨고 같이 웃고 같이 놀러 다니고 그랬어요, 그렇게 했어요. 부교수들 사이에는 그런 친목 느낌이 없어요. 없어요, 절대 없다고 봐요, 그렇게 다 같이 웃지 않죠.

박사과정생의 '맨 밑 단계 유머'는 연구와 위계의 지배력에서 나오는 느낌과 절망을 다루는 한 방법이다. 그 유머는 박사과정생이 권위, 권력 구조, 학계의 가치를 조롱한다는 면에서 전복적인 양상을 띤다.

'농담하는 사이'

부교수나 조교수 지위는 새로운 종류의 동료 관계를 만드는 개별화와 전문화를 수반한다. 그들은 박사과정생의 위계 바닥이라는 공통의 지위가 아닌 다른 기준에 의한 새로운 사회적 연합에 진입한다. 이것이 유머와 웃음이 사라졌다는 이야기는 아니며 새로운 형태와 내용을 띤다는 것이다. 유머는 학계에서 경쟁·협동하기 위해 선택된 사람끼리 나누는 특별한 소통 방식이 된다. 조교수와 부교수가 이 소통 방식을 설명한 몇 예가 있다. 한 조교수가 이런 식으로 말했다.

일상적으로 유쾌한 웃음이 있죠. 예를 들면 내 친구 중 한 명을 막 흥분해서 놀렸어요. 그 친구가 헛된 노력을 하고 있었는데 아 그게 헛됐는지는 확실치 않아요. 나를 어떤 정책에 찬성표를 던지게 하려고 그가 할 수 있는 일을 다 했거든요, 나도 그 친구를 놀리는 게 재미있었어요. 이 정도는 항상 있는 일이에요.

누구에게 그런 식으로 농담을 하는지 물었고 그는 이렇게 답했다.

내가 좋은 친구라고 생각하는 사람들한테 하죠. 그렇지만 여기엔 그런 식으로 농담할 수 없는 사람도 많이 있죠. 내가 좋아한다고 할 수 없는 사람들이 많이 있는데, 그들에게는 관여하지 않으려고 하죠. 그런 농담은 친구 간에만 하는 거죠, 지금처럼 해요. 안타깝게도 내 일상이 이런 식으로 [늘] 나아갈 만큼 그렇게 긴 파티는 아니에요. 아무튼 중요한 것은 내가 좋아하는 사람이 많이 있고 이런 식으로 즐길 수 있는, 이런 걸 잘 아는 사람들이 곁에 있다는 겁니다.

이 조교수는 서로 좋아하는 동료끼리의 놀리기와 가벼운 농담 형태의 유머를 설명했다. 이 형태는 우쭐대는 남성적인 소통 형태로서 일반적으로 남성들이 강조한다. 또 다른 남성 조교수는 이런 식으로 표현한다.

> 재미와 게임이 느낌이라면(웃음), 우리 과에서 내가 가장 많이 연락하는 대부분의 남성이 여성들보다 훨씬 더 쉽게 유머를 하죠. 학계에는 남성이 더 많고 그래서 경쟁이 더 심한 것 같아요. 여성이 객관적 자격 기준에서 달리 평가돼서가 아니라 적어도 내가 있었던 어떤 맥락에서도 그런 걸 본 적이 없어요. 여성이 원하는 걸 얻는 게 남성보다 더 어려워서 그런지 여성들이 더 긴장하는 것 같아요. 남성 동료하고 있을 때보다도 여성하고 있을 때 그들이 말한 것에 더 조심해서 농담을 해야 해요. 나도 몇 번 그런 상황이 있었는데 진짜 엄청 성질내더라고요. 남성들하고 있을 때 그런 식의 문제를 겪지는 않아요.

유머러스한 소통 형태를 다루는 이는 바로 남성이다. 유머가 남성적 행태라는 것은 아래 조교수와의 대화에 더 나온다. 나는 그와 그의 동료들이 웃음을 유발하는 재미있는 이야기를 자주 하는지 물었다.

인터뷰이 : 그럼요. 다른 사람이 말한 걸 꼬지! 그런 걸 정말 잘하는 사람들 몇이 있어요. 가끔씩 커피 타임에 서로 놀리고 농담하고 그러죠.

인터뷰어 : 놀림이나 농담, 그런 것에 성별 차이가 있다고 보시나요?

인터뷰이 : 글쎄요, 그런 것 같아요. 그런 걸 하는 건 "남자들뿐이죠!"

인터뷰어 : 남자들만요?

인터뷰이 : 네.

인터뷰어 : 단호하게 말씀하시는군요?

인터뷰이 : 네. 어, 어(멈춤), 어, 그런 거, 사람들이 말한 걸 꼬면서 놀리고 재치 있는 말을 하는 건, 그런 건 "남자들만 하죠!"

재치 있는 말을 하고, 농담하고, 들은 말을 꼬거나 예상 밖의 방식으로 반응하는 것은 서로를 놀리고 조롱하는 방법이다. 이런 소통 형태는 표준 농담이지만 더 빈번하게는 즉흥적인 형태를 띠기도 한다. 인터뷰 동안 이러한 소통 형태는 ─ 웃음을 낳는 정치적으로 올바르지 않은 이야기를 종종 덧붙인―남성들에 의해서 서술되었다. 그 규범들을 넘어서고 웃음이 잇따른 몇몇 예가 있다. 한 조교수가 거의 마감하고 있는 중요한 작업을 이야기할 때였다.

인터뷰이：14일 안에 마감할 텐데 엄청 뿌듯하겠지요.
인터뷰어：그래요, 좋으시겠군요!(둘 다 웃음)

이 조교수는 앞 인터뷰에서 어떠한 자부심의 느낌이라도 내비치는 것이 얼마나 부적절한지를 설명하고, 그래서 복화술이 그 느낌을 표현하는 신중하고 타당한 방법이라고 했다. 공개적으로 자랑스러움을 표현함으로써, 그는 자부심 표현을 금지하는 규범을 어긴 것이다. 표현 규칙과 표현된 느낌 간의 모순이 우리 둘의 웃음으로 표출되었다. 또다른 예다.

(권한 있는 사람들이 위계에서 나아갈 승진 자격 여부를 심사하는) 이런 것이 계속되리라 생각합니다. 그게 당신이 원하는 길이라면 교숫감인지 아닌지 정하는 이들이 바로 그 교수들이에요. 내가 너무 많은 사람에게 아부하며 돌

아다니지 않기를 바랄 뿐이에요(웃음).

이 언술은 그 조교수가 경력을 위한 야망과 그것을 위해 상급자에게 기꺼이 아부한다는 것을 인정했기 때문에, 학계 규범을 벗어나 있다. 학계의 이상과 황량한 현실 간의 모순이 웃음으로 합리화되고 공개되었다. 학계의 이상을 비웃는 더 나아간 예가 한 조교수로부터 나왔다.

정도가 어떻든 이 체계에서 스트레스 안 받는 사람은 없다고 봐요. 종신을 얻어 더 이상 외적 경쟁을 할 필요가 없어서 상황이 좀 나아지길 바랍니다. 그전까지는 하찮은 연구자로 지목되지 않을 만큼의 최소한의 수준에 맞춰 살아야 해요(웃음).

이 남성은 자신의 야망 수준이 '하찮은' 연구 수준보다 아주 약간 위 단계만 유지하는 것이라고 말함으로써, 최고 수준의 연구를 수행하려고 애쓴다는 학계의 이상이 사실이 아님을 폭로한다. 내가 시기에 대해 묻자 그는 "아뇨, 완전 생소해요, 안 그럴 수 있다는 생각을 왜 못 하는지요?"(웃음)라고 답했다. 여기서 쟁점은 그가 웃음을 잇따르게 한 시기에 대한 익숙함을 반어적으로 부인한 것이다. 그는 이어서 외국인 동료의 성공에 기뻐한 이유를 이와 같이 기술한다.

좀 시니컬하게 말하면 그 사람들은 나중에 내가 부교수 잡는 데 아무런 위협이 안 되니까(웃음). 반면에 아무리 좋은 친구일지라도 "젠장, 그 사람들이 해냈어!" 그런 생각을 피하기 어렵죠. 이제 내가 더 열심히 해야 해서 "작년에 논문을 많이 발표하지 못했어. 더 해야 해." 그런 생각을 하는 식이죠.

두 인용문에는 부조응하는 두 시각, 즉 동료 간 다정한 관계와 한 사람의 성공이 다른 사람의 실패인 경쟁 관계가 결합되어 있다. 그는 자신의 시기를 인정하지만, 시기가 학계의 느낌 규칙에 어긋난다는 것을 알고 있기 때문에 웃음을 터트렸다.

마지막 인용문에서 그 조교수는 조교수·부교수·정교수 레벨에서 동료 간에 감춰진 반목을 지적한다. 그런 반감은 경쟁에서 나온다. 조교수와 부교수끼리 장난치는 소통인 놀림은 경쟁적 관계의 유머러스한 반사mirror 이미지라 할 수 있다. 경쟁은 가볍게 놀리기, 의미를 꼬기, 정치적으로 올바르지 않은 발언 등을 수단으로, 경쟁적이면서도 유쾌한 형태로 표현되고 발산된다. 이러한 상호작용은 이원 관계나 미시문화에서 일어난다. 몇몇 인터뷰이가 이런 소통 형태를 '농담'으로 기술하여, 나는 이를 '농담하는 사이'라고 이름 붙였다. 기능주의 인류학에서 '농담하는 사이'는 친함과 반감이 결합된 조롱하는 소통 형태를 가리킨다(Radcliffe-Brown 1952:91). 정확하게 바로 이런 관계가 내가 '농담하는 사이'라 이름 붙인 유머러스한 소통 형태의 상당 부분을 차지한다. '농담하는 사이'는 행위자로 하여금 학계의 경쟁적 구조에서 활동하도록 훈련시키는 한편 웃음으로써 그것을 부정하는 것이다. 조교수와 부교수 레벨에 있는 남성들이 가장 많이 이런 유머 형태를 기술했다.

규율하는 리더십 도구로서의 유머

'맨 밑 단계 유머'와 '농담하는 사이'는 학계 여러 집단이 감정적 긴장을 다루는 방법이다. 복화술, 속이기 게임과 비교할 때 두 양상의 두드러진 특징은 동급자 간에 친목·연대·동료애를 형성한다는 것이다. 그러나 유머와 웃음은 상사와 부하 간에도 연대와 동료애를 고양시킬 수 있다. 유머는 조직 위계에서 지위가 다른 사람들이 모여 공동의 문제를 해결하려는 상황에서 갈등 해결의 도구가 될 수 있다 (Coser 1960). 유머는 모두를 웃게 하고 이를 통해 공유하는 가치를 확인한다. 유머를 통해 사람들의 차이가 협상되고 극복된다. 그런데 피찌니(Pizzini 1991)에 따르면 실제로 유머의 즐거운 내용은 항상 사회적 관계에서 해석되어야 한다. 즉 누가 '농담'을 하는가? 누가 그 유머의 대상인가? 참석한 이들은 어떤 관계에 있는가?

리더십 도구로 활용되는 유머는 상급자와 하급자가 합석한 공식 세팅에서 가장 빈번하게 나온다. 학계에는 학생과 선생, 박사과정생과 지도교수, 교수자와 학과 주임이나 연구 책임자 사이 등 많은 수위에 위계적 관계가 있다. 따라서 리더십 도구로서의 유머는 위계 맨 꼭대기에 있는 사람이 상황을 다스리는 수단으로써 위계적 관계에서만 자주 활용하는 것 같지만, 꼭 그런 경우에만 활용되는 것은 아니다. 아래 예는 리더십 스타일로서의 유머를 보여 주는 예이다.

부드러움으로 거침을 받아야 한다는 게 내 생각이에요. 따라서 일단 내가 성질이 날 때는 쓰는 언어가 엄청 거칠 어져요. 그렇지만 어찌 됐든 실전에서 뭔가 요구를 할 때 는 매우 신중하게 유머와 섞어서 말합니다. 좀 더 쉽게 풀 어가야 하니까. 나는 그렇게 해요.

이 부교수는 엄격한 요구를 누그러뜨리기 위해 유머를 사 용하는데, 요구받는 사람과 요구하는 사람이 위계적 관계 임에도 그 상황에서 유머를 공유하며 결국 동료애 느낌을 이끌어내기 때문이다. 또 다른 부교수가 한 동료를 이렇게 말했다.

[웃음에 관한 한] 최고점을 받을 만한 교수가 있어요. 그 사 람은 엄청 웃고 결국 다른 사람들도 따라 웃게 돼요. 과 미팅에서 우울해지는 분위기를 날려버릴 수 있어요. 그냥 농담 한마디, 그의 진정 어린 웃음, 그러면 분위기가 갑자

기 가벼워지거든요. 진심 존경해요. 그렇게 하는 게 일면 그 사람의 본성 같기도 해요. 그도 어쩔 수가 없는 거죠. 하지만 거기엔 전략적인 요소도 있을 거예요. 나는 그런 식으로 분위기를 가볍게 만들 수 있다는 걸 그도 안다고 생각합니다.

이 부교수는 그 동료의 유머 사용이 전략적인지 아닌지 확신할 수 없지만 웃음 발생과 따라 웃는 과정이 긴장을 풀고 과 미팅의 '우울해지는' 분위기를 가볍게 한 것을 잘 설명한다.

아래 인용문은 유머가 선생과 학생 간에 연대감을 강화하는 방식을 보여 주는데, 공유 가치를 맞추지 못한 사람들로 인해 즐거움이 일어난 경우와 비자발적으로 대상이 된 사람의 희생을 통해서 즐거움이 일어난 경우이다. 한 부교수가 이런 장면을 제시했다.

종종 학생들이 제시간에 오질 않아서 나뿐만 아니라 이미 와 있는 학생들도 짜증이 나죠. 뭐 기차가 늦었다 그런 것이 아니라면 나는 시간 엄수에 꽤 엄격한 편이에요. 학생들이 늦으면 화가 나요. 내 전략은 강의를 중단하고 늦은 사람에게 환영의 말을 던지는 거예요. 강의를 그치고 "아무개를 위한 의자가 있습니다, 편하게 앉았나요? 책을 꺼내세요. 당신을 기다려서 행복했어요." 이렇게 말합니다. 반어적으로 말한 게 아니에요. 그런데 학생들은 그리 받아들인 것 같습니다, 지각하는 학생 수가 줄더라고요!

이 선생은 시간 엄수라는 공유된 가치를 전제로 자신과 제시간에 도착한 학생들의 연대감을 만들기 위해 지각을 이용했다. 지각에 대한 그의 유머러스하고 반어적인 폭로는 웃음을 유발하고, 제시간에 온 학생끼리의 동료애와 자신들은 희생자가 아니라는 안도감을 낳는다.[3] 다음 인용문에는 한 교수가 강좌에서 불쾌하고 해롭다고 판단한 몇 학생의 행위를 훈육하기 위해 유머를 사용한 사례가 나온다.

강의 시간에 분위기를 흐리는 한 무리 남자애들이 있었어요. 한번은 그런 분위기가 아침 내내 가는 바람에 끝내 질

---

3. 지각생에게 과장된 관심, '경의', 배려를 한 그 선생의 예처럼, 유머와 아이러니 둘 다 예상과 다른 것을 말하는 것이라서 양자를 구분하기가 어렵다.

문을 던졌어요. "그 애(실명)가 여자라면 뭐라고 했을까?" 어린 여학생 하나가 학생들을 대표해서 답을 하더라고요. "아마도 생리전증후군이라고 했겠지요(웃음). 항상 형편없이 구니까요." 그렇게 한 학생이 막았어요. 그리 개인적으로까지 가고 싶지는 않았는데, 아무튼 여학생들이 다 같이 크게 웃었죠. 모두가 그 남자애(실명)와 그 무리가 보인 해로움에 이름을 붙였으니까요.

그녀의 수업에서 웃음, 그리고 선생과 여학생들의 연대감을 일으킨 것은 즉흥적인 농담이다. '해로운 행동을 한' 남학생들은 조롱당하고 훈육되었다. 아래 마지막 예는 학생 측의 의도치 않은 실수가 학계 에티켓 측면에서 다른 학생과 선생의 연대감을 형성하는 것을 보여 준다. 이 교수자는 여성 부교수였다.

학생들이 웃음을 터트리는 상황은 많죠. 뭔가를 발표하면서 부지불식간에 코믹한 걸 말하면 웃음이 일죠. 발표자가 처음엔 그걸 몰라요. 그럴 때 진짜 재밌어요. 이런 거 같은 거죠. 그러니까 어떤 사람이 비평가 역할로 뭔가를

열정적으로 코멘트 하다가 갑자기 선동가가 된 자신을 자
각하면서, 물러서기 시작해요. 그런 때도 아, 진짜 우스운
상황이에요.

학생들은 다른 방식으로 뜻밖의 행동을 한다. 그들은 틀
린 것을 말하거나 그들 역할을 과잉수행하기도 한다. 이런
에피소드는 당황스럽지만 좋은 형태와 나쁜 형태의 공존
이 웃음을 만들기도 한다. 실수하는 사람은 순간 유머의
소재가 되고 선생과 학생 사이의 연대감과 공유되는 에티
켓은 강화된다.

　유머는 학계의 모든 위계적 관계에서 지위가 높은 사람
과 아랫사람 사이의 리더십 도구로 활용될 수 있다. 유머
는 지위와 상관없이 함께 뭉치도록 만들지만 때로는 그들
일부가 유머의 희생이나 대상이 된다. '맨 밑 단계 유머'와
'농담하는 사이'에서도 대상이 있을 수 있으며, 이런 양상
은 유머가 리더십 도구로 쓰일 때 가장 뚜렷하게 나타난다.

요약

유머는 대조·모순·비일관성에서 나온다. 철학자 코에스틀러(Koestler 1964)는 유머를 '본질적으로 두 개 이상의 비일관적인 시각의 동시적 정향orientation'이라고 했고, 영국 인류학자 메리 더글라스(1975 : 93)는 '농담을 형form과 무형formless의 대조에 대한 자각', 그리고 '형태에 대한 놀이'로 보았다.

형과 무형의 대조, 코에스틀러의 표현으로 비일관적인 시각들의 병치juxtaposition는 당황·경멸·화를 불러일으킨다. 유머는 그 병치를 즐겁고 재미있고 해방적이라고 보는 것이 특징이다. 유머는 웃음을 일으킨다. 이를 메리 더글라스는 카타르시스적인 현상, 지그문트 프로이트Sigmund Freud(1922)는 무의식의 표현, 미국 심리학자 나단슨Donald L. Nathanson(1992)과 톰킨스Silvan S. Thomkins(1962)는 긴장 해소 표현이라고 한다. 즉흥적 유머나 응용된 유머는 사회 구조의 긴장과 패러독스에서 생긴다. 더글라스는 '사회 구조에서의 농담'을 말하며(1975 : 98), 즉흥적인 유머는 '통제와 통제에 저항하는 것의 병치', 저항이 승리하는 것의 병치(1975 : 96)라고 설명한다. 웃음과 사회적 맥락이 밀접하게 연관되어 있기 때문에, 유머는 조직 연구에서 중요하다

(Hatch and Erlich 1993).[4]

학계라는 사회적 구조는 다스려야 할 광범위한 감정적 긴장을 발생시킨다. 박사과정생의 '맨 밑 단계 유머', 조교수와 부교수의 '농담하는 사이', 리더십 도구로서의 유머는 위계적으로 상이한 직위에서 발생하는 갈등을 유머러스한 방식으로 표현한 것이다.[5] 그러한 갈등을 다루는 유머러스한 방식이 그들 지위를 반영하는 것이고, 방식은 형태·대상·기능 면에서 서로 다르다.

메리 더글라스는 위계와 통제 문제를 고려했을 때 농담은 항상 전복적이라고 주장한다. 영국 사회인류학자 래드클리프-브라운Alfred Reginald Radcliffe-Brown(1952)은 유머가 긴장을 해소시켜 사회 통합 기능을 함으로써 현실 수용을 촉진한다고 한다. 상이한 집단의 유머와 웃음이 긴장을 풀고 연대감을 촉진하는 안전판으로 기능하는지, 아니면 지배적인 사회 구조를 비판하는 기준으로 쓰이는지 확실하지 않다. 그런데 내 분석에서도 동급자끼리의 유머는 통합과 전복 기

---

4. 해치와 에를리히(Hatch and Ehrlich 1993)는 조직의 모순과 갈등을 확인하는 안내자로 유머를 활용한다.
5. 자신과 타인의 감정을 다루는 도구로 쓰이는 유머에 대한 더욱 자세한 논의는 프란시스를 참조(Francis 1994).

능을 모두 갖고, 지도력의 도구로 쓰이는 유머는 주로 통합 기능을 하는 것으로 나타났다.

학계에서 유머는 세팅이 공식적이든 비공식적이든 가치 있는 능력이다. 표준 농담과 즉흥적인 유머는 위신과 인정을 제공한다. 다양한 유머 형태는 학계 생활의 긴장을 다루는 수많은 다른 방법(속이기 게임, 복화술, 화 관리 등)과 공존한다. 느낌과 감정적 긴장을 다루는 더욱 개인주의화된 후자의 방식과 비교했을 때, 유머는 이런 긴장을 다루는 데 좀 더 관대하고 건설적인 것으로 보인다. 학계의 긴장과 모순을 유머러스하게 다루어 부정적인 감정이 즐거움·재미·안도·동료애로 교체된다. 그리고 이것은 이후 모순적 상황에 대한 집단적 자각과 그런 상황을 멀리하게 하는 계기가 된다. 그러나 유머러스한 방식의 전제조건은 사람들이 서로 만나 이야기를 하는 것이고 이를 통해 사회 현실에 대한 공통의 정의를 만든다. 이것이 유머의 소재가 된다. 이러한 조건은 개인 구성원이 자신의 연구 프로젝트와 강의 과제에만 몰두한 채 격리되어 일하는 많은 학계 연구 환경에서는 잘 형성되지 않는다.

7장

구내식당

연결과 분리의 과정

학계는 사람의 관계를 분리하지만 몇몇 민주적인 특징이 있기도 하다. 공식적으로는 배경이나 젠더가 아닌 업적 merit을 통해 지위를 얻는다는 것이다. 또한 학계에 고용된 모든 이는 원칙적으로 과학적 토론에 기여할 권리가 있다. 사회적 과정을 연결하고 나누는 것은 세미나, 평가위원회, 학회와 같은 공식 세팅뿐만 아니라 우편물 픽업 시나 커피를 마시는 자리, 복사기에서 일을 보거나 점심 때 갖는 우연한 마주침 같은 비공식 세팅에서도 일어난다. 많은 인터뷰이의 서사에서 이러한 세팅 중 식당이 강조되었다. 이 장에서 나는 구내식당의 사회 구조를 게오르그 짐멜과 어빙 고프만Erving Goffman의 이론에 기대어 토론할 것이다. 인터뷰이의 서사를 바탕으로 구내식당에서 동료애와 위계적 구분을 자각케 하는 과정, 그리고 양자가 공존하는, 다시 말해 조정되는 상호작용 형태를 설명한다.

사회적 형태인 점심 식사

근대 회사와 조직에서 점심 식사의 장이란, 적어도 원칙적으로는, 구성원이 서열에 상관없이 얼핏 보기에 중립적인 영토에서 어울리는 것이다. 직원 식당이나 공동 구내식당이 있다는 데서 이 전제된 평등 개념을 확인할 수 있다.[1] 왜 동급자끼리의 화기애애한 상호작용 개념이 식사와 연관 있는가? 짐멜이 「식사의 사회학」Sociology of the Meal(1997)이라는 고전 논문에서 바로 이 질문에 답했다. 짐멜에게 식사는, 일마 공통 관심사도 없는 사람들이 식사라는 의례의 공동 참석을 통해 친목을 유달리 신속하게 형성하는 방법이다. 식사를 통한 동료애 형성은 식음食飮 행위가 인간의 물리적인 필요사항이라는 사실에서 나온다. 인간은 모두 일정 간격으로 음식이 필요하다. 이 공동 운명이 공통의 행동을 낳고 이 때문에 식사는 사회적 속성을 띤다. "식사의 사회학적 속성이 생겨나고 이로 인해 먹는다는 고유한 자기 본성 행위가 같이 모이는 횟수가 연결된다. 이러한 친목의 습관은 더 높고, 더 지적인 질서의 상황에서는 좀처럼

---

1. 식사를 다룬 기존 사회학 연구는 가족 식사와 가족 식사 시간이 줄어드는 문제에 주력해왔다. 직장에서의 식사에 대한 분석은 매우 드물다. 이에 대해서는 홈(Holm 2001)을 참조.

일어나지 않는다"(Simmel 1997). 따라서 공동 식사는 초-
개인적인 함의를 띠며 그것은 대화의 미적 규범과 규칙에
서 나타난다. 짐멜은 그 글에서 공통 관심사가 없는 개인
의 공동체를 이야기하지만 공동체의 사회적 특징을 더 연
구하지는 않았다. 그는 「사회성」Sociability(1950)이라는 논
문에서 이 질문을 풀려고 했는데, 여기서 사회성의 민주적
인 구조가 강조된다. 더 나아가 그는 사회성의 민주적 성격
은 특정 사회 계층 내에서만 이뤄진다는 사실을 강조한다.
"계층이 다른 구성원 간 사회성은 비일관적이고 고통스럽
다"(Simmel 1950 : 47).[2] 같은 맥락에서 고프만은 서열이 다
른 사람들이 엘리베이터나 식당에 모여 있을 때 조직에서
발생하는 역할 갈등role conflict을 이야기한다(1967). 역할 갈
등이란 조직 위계에서 지위에 기반한 서열을 생각해볼 때,
한 세팅에서 평등한 서열의 양립이 불가능하여 불편과 당
황을 불러일으킨다는 것이다. 짐멜과 고프만 모두 식사의
통합적 특징에 몇 가지 한계가 있다고 보는 듯하다.

캐스 우터스Cas Wouters(1992)는 20세기의 특징은 사회

---

2. 동료 크리스티안 스텐박 라슨(Christian Stenbak Larsen)이 짐멜의 두 논
   문 「식사의 사회학」과 「사회성」의 분명한 연관을 상기시켜주었다.

관계에서 더 많은 평등과 비격식informality이 증가하는 민주화 과정이라고 했다. 따라서 그 '비격식' 과정이 상이한 집단 간, 즉 항공 승무원과 고객, 고용인과 피고용인, 교수와 박사과정생 등의 비공식적인 상호작용을 더 편하게 할 것이라고 기대된다.

박사과정생·조교수·부교수·정교수는 비공식·공식 세팅에서 만난다. 그럼에도 학계는 주로 혼자서 자신의 연구 프로젝트나 강의 업무를 하고, 작업 과정에서 동료와 함께 일하는 것이 필수가 아닌 개인화된 세계이다. 따라서 대개 화기애애함은 신중하고 때로는 전략적인 고려로 행해지는 것으로서, 당연하게 생각될 것이 아니다.[3]

내가 수집한 질적 데이터에 따르면 극소수의 학과만이 지위에 상관없이 모든 집단이 정기적으로 점심을 먹는 공동체적 전통을 갖고 있었다. 그러나 특정 집단, 위계의 맨 아래에 있는 박사과정생과 박사후연구원에게는 같이 점심을 먹는 전통이 있다. 어떤 부교수들은 점심을 같이 먹고,

---

3. 내 연구는 연구자들이 비교적 개인주의화된 학과에 기반하고 있음을 밝힌다. 지방과 도시 연구 환경의 구분에 대해서 1장 베처와 트롤러(2001)를 참조하라.

어떤 이들은 동료와 점심을 같이하는 전통을 바란다고 말한다. 그러나 대다수의 전임교원은 동료와 같이 점심하기를 자제한다. 한 박사과정생은 "거의 대부분의 전임은 점심 먹으러 안 와요. 지적 수준이 가장 떨어지는 사람들만 그렇게 하지."라고 덧붙였다. 그 박사과정생은 조교수, 정교수가 점심 식사에 안 나타나는 것을 직급 차이 때문이라고 했다.

또 다른 박사과정생은 전임교원들이 커피를 마시거나 점심 먹는 세팅을 설명하면서, 전임교원은 그런 장에서 박사과정생을 상대로 보호적 경계를 긋는다고 했다.

우리 과에서는 커피 타임 대화에 낄 수가 없어요. 전임교원들이 의자 사이에 빈 의자를 두고 앉아 있거든요(이를 통해 그들은 이용 가능한 공간을 차지하고 타자를 배제한다).

박사과정생은 일반적으로 전임교원이 점심을 같이하지 않는 것을 그들의 우월감을 암시하는 행동이라고 해석한다. 그러나 짐멜과 고프만은 그들이 점심에 불참하는 이유는,

직급에 상관없이 사회적 관계에 참여하는 규범 요건이 있는 공동체적 점심에 따르는 수고로운 불편함에서 자신들을 보호하기 위해서라고 한다. 주로 박사과정생이 동료애를 낳는 장으로 점심을 기술했기 때문에 이 과정에 대한 분석은 대부분 그들의 서사에서 나온 것이다.

구내식당에서의 동료애

콜린스(Collins 1990, 2004)의 상호작용 의례와 감정적 에너지에 대한 이론은 점심을 통한 동료애 형성을 해석하는 하나의 분석 틀을 제공한다. 그는 연대를 만드는 상호작용 의례의 기본 형태에 관한 이론을 전개했다. 그 의례는 참석자의 신체적 공존, 비참석자와의 경계 구분을 포함한다. 이를 통해 모든 참석자는 그 집단에 포함되고 배제되는 구성원, 공동의 행동이나 공통 목적 및 활동에 대한 공유된 관심사, 그 관심사에 대한 상호 자각, 마지막으로 공유된 분위기나 감정적 경험을 알게 된다.

학교 구내식당은 상호작용 의례가 성공적으로 이뤄질 필수조건을 제공한다. 점심은 의자, 식탁이 있는 사원식당이나 구내식당 같은 물리적으로 구획된 공간에서 이뤄진다. 한 박사과정생이 말한 것처럼 다음과 같은 상황도 있다.

층계참landing에 작은 공간이 있는데 소파 세트를 이용할 수 있는 특권이 있어요. 거기서 주전부리를 좀 하거나 담배 피우는 사람들이 뻐끔거리고 있을 때 우리도 그냥 앉아 있죠.

따라서 점심은 참석자가 동석하고 물리적으로, 때로는 상징적으로 비참석자에게 선을 긋는 장이다. 한 예를 아래 박사과정생이 말했다.

진짜 웃긴 게 학과장이 가끔씩 우리한테 짜증을 내는데 우리가 좀 시끄럽게 떠들고 뭉쳐 있으니까. 학장은 우리가 (좀 더 넓은 학계 서클로) 통합되길 바라는데 우리는 안 그러고 싶거든요! 우리는 천천히 가고 우리끼리 좀 편안하고 싶거든요. 당연히 우리 과 것이지만, 그래도 딱 '우리 것'이라고 생각하는 커피 테이블이 하나 있어요. 그가 테이블에 사인을 하나 붙이더라고요, 우리가 즉각 복사해서 나머지 벽 전체에 걸었어요. 그가 떼라고 했고 우린 즉각 결집을 했죠. 그런 식이에요.

점심에는, 식음이라는 공통의 행위를 바탕으로 대화에 대한 특별한 규범이 있다. 짐멜은 식사 중에 나누는 대화는 사적인 것과는 거리가 먼 일반적인 관심사를 둘러싸고 이루어진다고 했다(Simmel 1997). 대화는 일반적이고 전형적인 대화 이상으로 나아가지 않으며, 식사 장은 지극히 개인적이고 일탈적인 의견을 자세하게 펼치는 자리가 아니다. 식사가 무리에서 공유되는 생리 현상인 것처럼 바로 이러한 대화 규범이 식사의 기본 전제이다. 아래는 박사과정생들이 기술한 식당에서 나눈 대화의 예들이다.

식당은 (즐거운 시간을 보내는) 완벽한 장소죠! 당신도 틀림없이 전에 들었을 거예요. 거기서 사람들이 연구위원회나 교육부, 다른 연구자들에 대해 비꼬는 논평을 들을 수 있어요. 그렇지만 그게 긍정적인 분위기 속에서 일어나고 긴장을 푸는 즐거운 대화의 일부죠.

엄청 웃죠(웃음). 점심 막간에나 실험 돌릴 때 앉아서. 정말, 정말 많이 웃어요. 개인사에도 웃고 학문이나 그냥 우스운 말, 농담에도 웃죠. 우리는 점심 테이블에서 다들 더러운 농담 전문가예요. 전부 다 웃음이 되죠. 그런데 길게 웃지는 않아요. 앉아서 더 심각한 일들에도 수다를 많이 떤다고 생각해요. 어찌 됐든 우린 정말 좋은 친구들이에요.

모든 것에 웃죠. 특히 미국 대통령 선거. 왜 그렇게 사람들이 이상할까? 그 이야기 엄청 많이 했어요. 집에서 일어난 일도 말하는데 괴상한 이야기 하는 남자친구라든가 영화 보러 간 이야기. 영화 이야기도 꽤 해요. 종종 교수가 와서 우리랑 같이 대화를 하기도 하죠. 그 사람도 그냥 와서는 소파에 털썩 앉아서 새집이나 어떻게 유머러스한 발명을 만들고 싶은지 그런 거 말해요. 결국 우리가 이 발명을 원하는지에 대한 준學학문적 토론을 하게 되죠. 보통은 다 바보 같은 짓이죠.

이 인용문들은 연구위원회, 교육부, 대통령 선거, 개봉 영화 등 모든 참석자와 관련된 가벼운 대화 주제라는 일반 규범을 보여 준다. 사생활을 이야기할 수도 있지만 더 일반적으로 관심을 가질 수 있는 즐거운 일화로 분위기 전환이 가능한 범위에 한한다. 남자 친구가 '괴상한' 뭔가를 말했다든가, 교수가 자신의 새집에 대해 '웃긴' 이야기를 했다든가 하는 정도이다. 대화는 개인의 요구와 느낌에 천착하기보다 일반적인 관심 수준의 대화로 이동한다. 아래 인용문이 이를 묘사한다. 점심 장에서 사적인 문제도 나오는지 물었는데 한 박사과정생이 이렇게 답했다.

이야기하죠. 그렇지만 그 이야기만 하는 것은 아닌데 글쎄요, 항상 자녀 얘기하는 사람들이 꼭 있어요. (대화 규범을 깨는) 나쁜 거라고 생각하진 않아요. 우리 모두가 가장 빈번하게 하는 이야기는 바로 어제 일어난 일이죠. 정말 그렇게들 많이 해요. 우리는 같은 유머 감각을 가진 코어 core 집단이에요.

이 인용문은 공통 관심 주제가 중요하고 어떤 주제는 집단이 공유하는 사회 현실의 기준을 충족시키지 못한다는

것을 보여 준다. 위 집단의 경우 자녀에 대한 주제가 그것
인데, 한 박사과정생이 바로 아래에서 말하는 것처럼 특정
유머 형태가 공유되지 않는 주제가 되기도 한다.

실험실 기술자들 중에 우리보다 약간 나이 많은 사람들
이 있는데, 그 사람들이 우리가 웃는 것에 항상 같이 웃는
건 아니에요.

사생활이나 갈등, 상처, 화와 같은 사적 감정을 식당에서
표현하는 것도 어울리지 않는다. 사기업에서 3년 장학금을
받는 한 박사과정생은 산업 장학생을 낮춰 보는 박사과정
생들의 대화에 상처를 받았다고 했다. 그는 구내식당 밖에
서 그 이야기를 꺼냈고 자신의 선택을 이와 같이 설명했다.

글쎄요, 식당에선 매우 신중해야 한다고 봐요. 사람이 너
무 많고 공통의 정체성을 개발하는 장소니까요. 나는 그
냥 정말 너무 이례적으로, 뭐라 부를 수 있을까요, 개인적
인 이야기를 꺼낸 거죠.

콜린스는 공통의 대상이나 행동에 대한 공유된 관심 즉 먹는 음식 같은 공통의 대상과 함께 이러한 대화 규범이 공동 관심사를 강화한다고 설명한다. 그는 공동 관심사가 감정적 전염emotional contagion의 재료가 되어 참석자들이 화·슬픔·의기양양함, 혹은 어떤 느낌을 같이 갖도록 한다고 보았다. 짐멜은 식사 시간에 나누는 대화의 느낌 규칙을 말하지는 않지만 가벼운 마음을 유지해야 한다는 규범은 암시했다. 위 인용문은 학교 구내식당에서의 적절한 즐거움, 시시한 농담, 유머, 웃음에 대한 느낌 규칙을 암시하기도 한다. 나아가 콜린스는 다 함께 웃는 행위가 집단적 열정을 낳는 가장 좋은 예라고 강조한다. 이로써 참석자는 깊고 온전한 상호작용을 물리적으로 흡수하고 연대를 느낀다(Collins 2004). 이러한 과정을 거쳐 집단 자체가 관심 주제가 되고 참석자에게 영향을 미치는 초-개인 구성체가 된다. 상호작용 의례의 실천이 개인 수위에서 자신감·의기양양함·열정·행위성과 같은 감정적 에너지를 낳을 뿐만 아니라 소속감과 집단의 연대감을 낳는 것이 바로 이런 방식이다.

식당에서의 동료애를 말한 이들은 주로 박사과정생이

었다. 신입인 그들은 공동체에 소속감을 갖길 원하며 신입
의 입장에서 직장을 바라본다. 아마도 이것이 그들 서사에
서 식당이 강조된 까닭일 것이다. 아래에서 한 박사과정생
이 이를 짚었다.

> 학과가 굉장히 파편화된 것을 감안하면 한 30분가량 되
> 는 점심시간이 사람들과 함께 어울리는 전체 장으로 엄청
> 나게 중요해요. 내가 말하고 싶은 건, 그러니까 같이 이야
> 기하고 웃음을 터트리는 그런 기회가 정말 중요하다는 인
> 상을 받았어요.

이 박사과정생은 학과 생활 전반적으로 얼마나 점심시간
이 중요한가를 말한다. 같은 맥락에서 한 부교수는 모든
피고용인이 지위에 상관없이 점심을 같이했던, 다른 과에
서 겪은 예전 경험을 기술했다.

> 내가 전에 있던 곳에서는 다 함께 점심을 했어요. 12시 30
> 분쯤 그날 시간 되는 사람들 전부가 점심을 같이했죠. 한
> 30분가량 시간을 보내는데 정말 즐겁고 좋았어요. 당연히

점심 자리에서는 온갖 신비한 일이 일어나죠. 교원들과 기술/행정 직원들 모두가 한자리에 있고 그래서 가끔은 관심을 어디에 두느냐에 따라 테이블이 두 쪽으로 나눠지곤 합니다. 그런데 여기서는 그런 일이 아예 없어요.

당연히 직급 차이가 없는 점심은 가능하고 가능해 보이기도 한다. 그러나 이 부교수가 지적한 것처럼, 대화 주제가 집단에 따라 갈라지는 등 층화된 현실 극복이 항상 가능한 것은 아니다. 짐멜의 관점에서 공동 식사는 공동체의 미적 느낌, 참석자끼리의 특별한 결속을 형성한다. 상호작용 의례와 연대 형성, 감정적 에너지에 대한 콜린의 이론은, 그 세팅에서 형성된 느낌을 분석해 구내식당이 식사 자체 이상의 의미가 있음을 설명하고 있다.

식당에서의 위계

위 인용문에서 부교수는 직급이 다른 피고용인이 있는 식사 테이블에서의 대화가, 모든 이에게 흥미를 일으키는 대화로 진행되지 못해 어떻게 두 집단으로 나뉘는지 기술했다. 그러나 상호작용 권리interaction rights가 불균등하게 분배되어 있어서, 상이한 대화 집단이 항상 나타나는 것은 아니다. 공식적으로 말하면 구내식당에서 모든 이는 조직의 동등한 구성원으로 참여한다. 그러나 식당에서 위계가 없는 것처럼 보인다고 공식적인 위계가 작동하지 않는 것이 아니다. 이 비공식 세팅에서 위계는 그 자체로 층화된 상호작용 권리로 드러나는데 예를 들어 다른 사람을 평가할 권리, 늦을 권리, 타자를 무시할 권리, 경청될 권리, 따라서 하급자를 희생시키면서 대화 주제를 결정할 권리 등을 포함한다. 높은 지위의 사람은 그 세팅에서 더 많은 상호작용 권리를 갖고 이를 통해 그들의 우월한 지위를 확인하고 강조한다. 지위가 낮은 사람은 낮은 지위를 자각하고 상호작용 권리가 더 적다고 생각한다.

위계에서 상급자는 대화 주제를 결정하고 모든 다른 참석자와 관련된 주제를 묵살하고 대화를 독점할 권리가 있다고 전제되는데, 이는 식당에서 그대로 나타난다. 아래 예에서 하급자는, 상급자가 식당에서 대화의 내용과 수준을 결정할 상호작용 권리를 활용하는 것으로 파악하고 있음을 알 수 있다. 한 여성 박사과정생의 서사이다.

글쎄, 동료들하고 나누는 대부분의 이야기는 지루하고 곤혹스럽죠. 음, 내 말은 점심시간, 오랜 시간 점심 테이블에 있으면 너무 지루해요. 유일한 이야기가 타블로이드 헤드라인에 있는 시시한 이야기 그런 게 주를 이루니까. 전체적으로 비분석적이고 독단적이죠. 남성스러운 기사騎士 몇이 있고 지적인 사람이 별로 없기 때문입니다, 실제로 가장 덜 세련된 사람들이에요. 그냥 기조를 정하고 대화를 완전 독점하죠. 텔레비전 프로그램, 빅 브라더 이야기할 때, 난 한 번도 본 적이 없는데 아무튼 사람들이 그런 이야기할 때 당황스러워요. 제법 고임금을 받는 학자들이 앉아서 그런 것에 흥미를 느끼고 이야기를 한단 말이죠. 게이, 이민자, 여성에 대해 기괴하고 반동적인 발언들을 해요, 진짜 참을 수가 없어요.

그녀는 계속해서 논점을 이어갔다.

공사 구분이 없는 동료들이 있어요. 그냥 성적 문제, 그러니까 어떻게 자기 부인이 이렇게 저렇게 눕혔는지 그런 이야기를 지껄여요. 그냥 막 쏟아내요. 당황스럽죠. 당황스러울 뿐만 아니라 내 삶을 지배하려고 한다고 봐요. 어쨌든 시도를 하는 거죠. 그 사람들은 내 삶에 대해서는 안 물어봐요. 전혀 신경 안 쓰고 그냥 내 공간을 침범해요. 우리 과의 미래, 공동 비전이나 진행 연구에 대한 흥미롭고 흥밋거리가 될 만한 대화를 나누기보다 그냥 막 아무 말이나 다 해요. 그들 개인적인 쓰레기 같은 생각이나 편견, 전날 본 텔레비전 이야기를 내 생활에 떨어뜨리죠. 어마어마하게 지배적이고 황당하다고 봐요, 화나죠. 그래도 보통은 우스운 말을 하면서 그냥 가볍게 떨치려 해요.

마지막 예로서 또 다른 여성 조교수는 이런 예를 들었다.

농담 좋아하는, 참 붙임성 좋은 교수가 한 명 있어요. 그런데 그 농담 속에 일종의 남성 우월주의 같은 게 있어서 나 같이 나이 든 페미니스트가 그런 이야기를 들으면 토할 것 같죠. 참을 수가 없어요, 21세기에 그런 이야기를 하다니 끔찍합니다. 그 사람이 지난 20년간 조금도 발전하지 않은 걸 보여 주는 거죠. 연구 스태프들은 아직 좀 어린 세대가 많고, 기술 스태프와 행정 스태프는 나 같은 중년

또래 여성이 여전히 굉장히 많아요. 그런데 그들은 "어, 웃기지 않나요!" 하면서 그 남자가 한 말을 너무 당연히 받아들여요. 그들은 작지만 뚜렷하게, 늘 존재하는 그런 남성 우월주의 권력의 전시를 도무지 뚫고 나갈 수가 없어요.

식당은 상호작용을 위한 공간, 사회화가 이루어지는 공간처럼 보이지만 위계가 교섭되고 전시되는 장이기도 하다. 위 인용문들에서 박사과정생과 조교수 모두 모욕을 느끼고 기분이 상한 것이 분명하다. 그러나 그들은 상황에 개입하지 않고, 특히 박사과정생은 그 상황을 '우스운 이야기'를 하며 빠져나오려고 한다. 하급자들은 그 교수의 성차별적 농담이 즐겁다고 여길 수도 있다. 그러나 보통 하급자가 상관의 농담에 웃는 이유는 그 농담이 참을 수 없을 만큼 우스워서가 아니라 상사가 말하기 때문이다(Pizzini 1991). 박사과정생과 조교수는 역겨움·화·당황스러움을 기술하지만 그 감정들을 표현하지는 않는다. 감정 표현은 구내식당의 느낌 규칙의 위반이며, 게다가 그들에게는 그렇게 할 수 있는 상호작용 권리도 없다. 그러나 점심시간 후에도 감정은 사라지지 않은 채 참석한 사람을 괴롭히며 식사 자리에 더 이상 참석하지 않는다는 결정에 영향을 끼친다. 여러 집단의 선호를 고려하지 않고 대화 주제를 결정하는 권력 이외에도, 전임교원에게 부여된 상호작용 권리는 '하급' 사람들을 비판하거나 낮춰 볼 권리도 포함한다. 아래 인용문들은 상급자가 행사하고 하급자가 인식하는 상호작용 권리를 보여 준다.

그렇죠. 다른 사람이 말할 때 고개를 젓거나 몸을 뒤로 돌린다거나, 아니면 점심 식사 자리에서 다른 사람들이 수다를 떨고 있는데 놀라서 아무 말도 안 나오는 그런 눈으로, 당황스럽게 노려보는 거죠. 어떤 사람은 자신의 생각을 정확하게 표현을 잘해요. 당신이 뭐라 부를지 모르겠는데 그걸 뭐라 부르든 간에, 학장은 기분 나쁘고 안 나쁘고를 분명하게 표를 내죠.

한 박사과정생의 이 인용문은 구체적이지 않지만 학장이 타자에 대해 판단할 권리를 가정한다는 사실을 강조하고 있다. 앞부분 다른 맥락에서 본 아래 인용문에서, 인터뷰이는 한 부교수가 자신에게 보인 경멸 담긴 톤을 이렇게 기술했다.

내가 커피 타임에 유기체에 이런저런 유전자가 있다, 이런 저런 이유로 그것이 중요하다는 걸 말하는, 평범한 상황이 었어요. 아무튼 그런 상황이 중요해요. 그때 내가 완전히 틀렸고 내 말이 개수작이라는 말을 들은 거예요. 곧바로 내가 말한 게 쓰레기였다는 걸 바로 알 수 있어서, 입을 다 물었죠. 정말 당황스러워요, 정말 이루 말할 수 없이 곤혹 스러워요.

또 다른 조교수가 지적한 것처럼, 이런 실수에 대한 상급자 의 거부 반응 즉 '토론 이후 계속 그냥 무시하는 상황'은 받 아들이기 힘들다. 이 예들은 구내식당에서 학계 위계가 상 호작용 권리 형태로 작동하는 방식을 보여 준다. 어떤 사 람에게는 다른 사람을 평가할 권리뿐만 아니라 무시하고 대화 주제를 결정할 권리도 있다. 어떤 이는 경청될 권리가 있지만 어떤 이는 그 권리를 즐길 수 없다. 한 조교수가 그 사항을 지적했다.

뭐라고 말하든지 간에 아무도 경청하지 않는 임시직 스태프들이 많이 있죠.

구내식당은 하급자와 상급자의 상호작용이 이뤄지는 비공식적 세팅이지만, 사회화라는 명분 속에서 위계가 작동하는 장이다. 하급자는 공동체의 일부가 되고 싶기 때문에 함께 식사하기를 원한다. 그러나 사회적 지위가 드러나는 장이 바로 점심시간이다. 다른 참석자들이 그 사람 이야기를 듣는가? 그 사람들이 발화자가 말한 것에 반응을 하는가? 위계에서 높은 직급과 낮은 직급 모두가 점심에 참석했을 때, 그것이 상호작용 규범의 패러디로 전개될 수 있다. 식당에서 직위가 높은 이가 사회적 양식에 무례를 범할 때 낮은 직위에 있는 사람은 수치와 분노의 느낌을 가질 수 있다. 그들은 이런 감정으로 인해 식당에 가지 않고 이상적인 공동체적 점심도 생각지 않게 된다. 직위가 낮은 사람은 계층화된 상호작용 권리의 위계적 규범에 동화해 예컨대 그들은 상사의 농담에 의무적으로 웃는다. 몇몇 박사과정생이 기술한 것처럼 그들도 적응을 위한 전략적 접근을 취하기도 한다. 예를 들면 커피 타임이나 식당에 상관이 나타날 때 경박한 말을 삼가거나 목소리 톤을 조정하거나 신중한 학자의 얼굴을 취한다든가 하면서 말이다.

위계와 동료애의 결합

동료애라는 느낌 형성과 위계의 자각이 식당에서 강화되는 것을 살펴보았는데, 이제 이 두 과정이 합쳐지는 상호작용 형태를 살펴보려고 한다. 앞에서 언급한 자료를 새로운 분석 초점으로 살피기 위해 다시 언급한다. 앞에서 무리 지은 식사에 수반된 느낌 규칙과 규범은, 대화가 일반적인 수준과 마음 가벼운 방식으로 진행되는 것임을 살펴보았다. 그러나 식사 참석자는 식당 밖에서도 삶과 느낌을 갖는다. 그 삶이 동료애 형성과 위계적인 지위의 공고화를 결합하는 방식으로, 식당에서 나타나는 몇몇 예를 살펴본다.

부르디외(1975)는 동료의 인정은 과학적 연구의 보상이지만 동료 간 경쟁 관계에서는 잠재적으로 한 사람의 성공이 다른 사람의 실패라고 했다. 이것은 어떤 사람이 성공을 드러내는 것은 화기애애함의 규범을 깬다는 의미이다.

한 박사과정생의 말이다.

남보다 한 발 앞서는 상황도 생각해볼 수 있어요. 내가 몇 차례 저널에 글을 실었는데, 다른 동료보다 많은 논문을 썼어요. 그렇지만 점심시간에 가만 앉아서 자랑을 해서는 안 된다는 걸 잘 알아요. 그런 걸 삼가는 태도를 가져야 해요. 학교에서는 즉각 행복에 빠져 들어서는 안 돼요. 언제나 다른 사람들 상황을 신경 써야 해요.

식당에서 부드럽게 대화를 진행하려면 동료의 취약성을 고려해야 하는데, 이 인용문은 사람들이 자신의 성공을 어떻게 감추는지 설명한다. 4장에서 복화술이 자신의 성공에 대한 자부심을 드러내는 문화적으로 허용된 방식이라고 했다. 복화술은 발화자가 다수에게 관심 있는 좋은 이야기나 재미있는 이야기를 하는 대화 규범을 따르면서, 저명한 학회에서 발표를 한다거나 중요한 초대를 받았다거나 논문이 게재되었다거나 하는 속 정보를 적당한 방식으로 전하는 것이다. 복화술의 흥미로운 특징은 즐거움이라는 공유되는 느낌이 동료애를 형성하는 한편, 발화자를 학문적 성공을 이룬 위치에 있다고 생각게 한다는 것이다. 당연히 이 복화술은 식당에서 선호되는 전략이다. 그러나 이것을 성공시키기 위해서는 행하는 이가 일반적인 이야깃거리를 꺼내고 자기중심적으로 들리는 관심에 빠져 있다고 보이지 않도록, 식당의 대화 규범을 따라야 한다. 한 조교수가 이를 잘 지적했다.

에피소드 선택이 중요해요, '빵집 가는 길에 재미있는 일이 있었어.' 그런 유의 이례적이고 재미있는 이야기를 하는 거예요. 이런 종류의 일화, 다른 게 아니에요. 획기적인 성과에 대한 크고 젠체하는 그런 이야기가 아니라는 거죠.

복화술사가 하는 것처럼 자신을 뒷배경에 두고 자신이 사용하는 다른 뭔가, 자료 같은 것을 전면에 내세우는 거예요. "흥미롭지 않나요?" 그런 말을 할 기회를 만드는 거예요. 그러면서 전체를 새롭고 환상적으로 흥미롭게 보는 통찰 있는 사람으로 자신을, 지금 뭔가를 발표하고 있다고 전시할 기회를 만드는 거죠.

선물 주기의 다른 한 방식이 오후 커피를 위한 케이크를 건네는 것이다.

만약 어떤 일이 정말 잘됐다면 예를 들어 연구 프로젝트 펀드 받는 거, 그런 것은 축하할 수 있어요. 성공을 말하는 좋은 방법이 케이크를 가져와서 커피를 같이 들면서 그 이야기를 하는 거예요. 그러면 모든 사람이 기쁨을 누리죠.

한 부교수가 말한 이 인용문에서 케이크는 동료의 성공 소식을 소화하면서 공동의 즐거움의 소스를 제공하는, 좋은 이야기 역할로 기능한다. 따라서 재미있는 이야기와 케이크는 식당과 마찬가지로 사회적 과정을 연결하고 나누면서 매개하고 뭉치는 역할을 한다.

식당에서 화기애애한 즐거움이 느낌 규칙이라는 것을 감안하면, 앞에서 남성 간의 '농담하는 사이'라고 이름붙인 상황을 이런 맥락에서 보게 된다. 조교수와 부교수가 갖는 이런 형태의 유머는 점심시간과 커피 타임에 전면에 나오곤 하는 화기애애한 가벼운 농담으로 표현된다. 한 부교수는 이런 종류의 유머를 다음과 같이 기술한다.

인터뷰이 : 그럼요. 다른 사람이 말한 걸 꽈요! 그런 걸 정말 잘하는 사람들 몇이 있어요. 가끔씩 커피 타임에 서로 농담 주고받고 놀리기도 하고 그러죠.

인터뷰어 : 놀림이나 농담, 그런 것에 성별 차이가 있다고 보시나요?

인터뷰이 : 글쎄요, 그런 것 같아요. 그런 걸 하는 건 "남자들뿐이죠!"

인터뷰어 : 남자들만요?

인터뷰이 : 네.

인터뷰어 : 단호하게 말씀하시는군요?

인터뷰이 : 네. 어, 어(멈춤), 어, 그런 거, 사람들이 말한 걸 꼬면서 놀리고 재치 있는 말을 하는 건, 그런 건 "남자들만 하죠!"

이런 종류의 유머는 6장에서, 자리싸움을 포함한 학계의 경쟁 관계를 유쾌하게 다루는 방식으로서뿐만 아니라 경쟁적인 노동 환경으로부터 일정한 거리를 두는 게임으로도 해석되었다. 전임교원 사이에서 이런 종류의 유머는 직급과 상대적 지위를 강화하는 동시에 단어 게임을 하면서 동료애 형성을 조정하는 상호작용의 한 형태이다. 식당에서 이것이 즐겁게 행해지는데 다만 남성이 주로 많이 한다. 복화술과 농담하는 사이는 학계 구조와 문화에서 발생할 뿐만 아니라 구내식당의 느낌 규칙과 대화 규범을 따르는 것이다.

요약

식사는 생리학적으로 모든 인간에게 필요하다. 짐멜에 따르면 식사는 일종의 의례로서, 참석자 간에 동료애를 형성하는 신속한 방법이다. 최근의 민주화 흐름에서, 근대 조직에서의 점심을 위한 사회적 세팅이 공동체적 간이식당이나 구내식당의 형태로 자리 잡았다. 나는 식당이 참석자를 분리하고 연결하는 사회적 과정임을 살펴보았다. 학계 생활의 공식적이고 위계적인 구조가 구내식당의 비공식 세팅에서 일어나고, 동료애 형성 과정과 집단 내 상호작용 형태는 참석자로 하여금 학계 구조에 의한 감정적 부담을 짊어지게 한다. 구내식당에서 생기는 사회적·감정적 과정에는 위계와 평등의 긴장에서 나오는 특별한 속성이 있다. 학계

행위자가 동료애, 위계적 구분, 상대적인 사회 지위를 느끼고 협상하는 곳이 바로 이 특별한 긴장의 장이다. 이 때문에 식당은 학계 조직에서 누가 어디에 위치하는가를 가리키는 중요한 지표이다. 이 장에서 기술한 것처럼, 특별한 감정 과정을 형성하는 식당은 학계를 포함한 여러 조직이나 회사에서 감정적 분위기의 지표로서 중요하지만, 여전히 소홀하게 다뤄진다.

8장

학계의
사회적 유대

나는 조교수·부교수·정교수·박사과정생의 서사를 바탕으로 두려움·불확실·화·시기·웃음·유머와 같은 여러 감정을 살펴보았다. 우리는 이런 느낌들을 통해 학계 생활에 대해 무엇을 알 수 있을까? 이 장과 다음 장에서는 학계의 사회적 관계에서 이런 느낌들이 갖는 함의와 감정이 다뤄지는 방식을 살피기 위해 감정 사회학 이론을 활용할 것이다. 이 분석은 앞 장들에서 제시된 자료의 메타-분석이기 때문에 앞에서 언급한 인용문 일부가 새로운 시각으로 재점검된다. 각 장 초반에 참고한 이론이 간략하게 언급된다. 관련 이론에 익숙한 것이 이후 해석을 이해하는 데 도움이 된다고 확신하지만 원치 않는 독자는 앞부분을 건너뛰어도 된다.[1]

미국 사회학자 토마스 쉐프Thomas Scheff(1990, 1994, 1997)와 수잔 렛징거Suzanne Retzinger(1991)는 느낌과 '사회적 유대'social bonds의 관계에 대한 이론을 전개했으며, 그들은 특정 느낌들을 유대의 지표로 보았다.[2] 여기에 기술된

---

1. 이 분석은 블로크의 논문들(2002a, 2002b)에서 이미 발표했다.
2. 렛징거와 쉐프 두 사람이 사회적 연대 이론을 제안했지만 작업을 계속 발표한 이가 쉐프여서 그만을 언급한다.

느낌들이 학계 내 연대와 상호 소통의 질과 관련하여 무엇을 함의하는가를 살피기 전에, 쉐프의 이론을 간략히 소개하겠다.

이론

느낌은 인간의 상호작용에 늘 존재한다. 모든 상호작용에는 내용의 소통뿐만 아니라 어느 정도의 존경과 순종이 있다. 이러한 감정이 부재한 소통도 있다. 존경이나 무시는 보통 비언어적 신호(환영의 웃음, 하품, 멍한 눈길)로 소통되고 거의 대부분은 의도적이지 않다. 무시의 표시는 상대에게 불안과 수치심을, 존경의 표시는 자부심과 안녕감을 준다. 따라서 수치심과 자부심은 모든 인간의 상호작용에 잠재적으로 내재되어 있다. 수치심은 당황·모욕·불안·불확실의 느낌을 포함하는 일련의 감정 상태이며, 각각은 타인이 자신을 거부하는 위협의 느낌을 암시한다. 따라서 수치심은 상호작용의 한 신호로서 무척 중요하지만 사회에서 금기시되는 감정이다. 우리는 거부당한 느낌을 잘 말하지 않는데 그것을 인정하면 개인은 강하고 자율적이라는 만연한 사고와 충돌하기 때문이다. 따라서 수치심은 (자신에게도 타인에게도) '잘 안 보이는' 감정이다. 우리는 사회적 존재라서 수치심이 저절로 일어나지만 그것이 의식에 닿기도 전에 우리는 그것을 억누른다. 이것은 수치심이 사라진다는 것이 아니라 인지되지 않는 수치심의 형태로 지속된다는 의미이다. 이 점에 대하여 쉐프는, 인지되지 않는 수치심을 두 종류로 분류한 정신분석학자 헬렌 블로크 루이스Helen Block Lewis(1971)에게서 영감을 받았다. 하나는 '분화되지 않은 노골적 수치심'open non-differentiated shame이다. 이것은 수치심과 유사한 불안의 느낌을 일으키고 자기경멸적 발언, 지리멸렬한 언어, 긴 멈춤으로 표현된다. 다른 하나는 '우회된 수치심'bypassed shame으로서, 여기에서는 수치심이 보다 미세한 방식으로 드러나고 빠르고/거나 응축된 언어 아래에 숨어 있는 것이다. 이 속에서 발화자는, 말하자면, 문제의 감정으로부터 도망치는 것이다. 인지되지 않는 수치심은 예를 들면 서로에게 분출하는 연속적인 느낌 상태인 감정 소용돌이spirals of emotion를 일으키는 계기가 된다. 또한 그 수치심은 대체로 화로 분출되는데, 자신이 거절당했다는 느낌을 갖는 것보다 타인을 향해 화를 내는 것이 더 견딜 만하기 때문이다. 그러나 화를 표출하면 타인이 더한 거부를 느끼고 결국 새로운 수치심을 낳는다. 따라서 이 수치심은 상호작용 표면 아래에서 작동하는 감정 소용돌이 형태로 고유의 동학을 가지며, 상호작용 과정에 영향을 끼친다. 수치심이 손상된 사회관계의 원천이라기보다 손상된 사회관계의 원천이 인지되지 않은 수치심이다.

모든 상호작용은 사회적 유대를 유지·강화·복구하거나 손상시킨다. 사회적 유대라는 개념은 자아와 타인의 관계를 일컫는 말로 애착 대 분리, 의존 대 독립, 타인에 대한 충성과 자아에 대한 충성 등으로 나타난다. 쉐프는 연대의 특징 및 이기주의적 사회와 이타주의적 사회의 구분에 대해 에밀 뒤르켐Emile Durkheim(1952[1905])의 이론에서 영향을 받았다. 또한 그는 가족 사회학, 특히 개인과 그룹의 구별에 대해서는 머리 보웬Murray Bowen(1978, 1988), '나-너' 관계 개념에 대해서는 마틴 부버Martin Buber(1958), '나-우리' 개념에 대해서는 노베르트 엘리아스Norbert Elias(1978)의 이론에서 영향을 받았다. 이에 기반해 쉐프는 세 유형의 유대를 구분한다. 1) 연대solidarity는 상호존중과 자신 및 타인의 충실integrity에 대한 감수성을 특징으로 한다. 이 형태의 관계는 갈등이 없다는 것이 아니라 갈등이 있을 때에도 자신과 타인의 목소리에 기꺼이 귀를 기울인다는 것이다. 연대의 유대는 심리적으로 자부심과 안녕감을 특징으로 한다. 2) 고립isolation은 타인의 목소리를 수용하지 않는 것이 특징이다. 타인을 피하고 타인의 말을 듣지 않고 자신에게만 귀 기울인다. '고립'에는 집단과의 분리와 타인으로부터의 소외가 뒤따른다. 이 유대는 심리적으로 인지되지 않는 수치심과 화 느낌이 특징이다. 3) 휩쓸림engulfment은 자신에의 충실을 버린 채 집단에 섞이고 순응하는 것이다. 말하자면 자신과의 관계가 끊어지고 자신에게서 소외된다. 이 연대 또한 인지되지 않는 수치심이 특징이고, 스스로를 억압하는 것도 위협이므로 수치-화 소용돌이에 처하게 된다. 관련하여 '이중 소외'bimodal alienation 개념이 있는데 이것은 자신의 집단에 순응하는 동시에 타 집단과의 관계는 '고립'인 유대이다. '이중 소외'는 현대 사회에서 가장 만연한 형태이다(Sheff 1994).

사회적 유대는 자신의 목소리에 귀를 기울이고 타인의 목소리를 듣는 소통에 대한 것이다. 소통은 자신에게만 귀 기울여 타인에게서 소외되거나, 타인에게만 귀 기울여 자신에게서 소외될 수도 있는 것이다. 수치와 자부심의 느낌은 사회적 유대의 특징을 가늠하는 즉각적인 지표이다. 따라서 유대의 특징을 알아보기 위해 분석 초점을 소통 관계에서 나타나는 인지되지 않는 수치심, 화, 기타 감정의 언어적·비언어적 표시로 옮긴다.[3] 그 표시들은 특정 감정이 존재한다는 결정적 증거라기보다 서사(혹은 다른 소통 형태)를 전개하는 맥락과 관련해 구체적인 감정이 존재한다고 해석되는 단순한 징표이다.

인지되지 않는 수치심과 감정 소용돌이의 몇 예를 제시하고 동료 간 유대 형태를 분석하려고 한다.

인지되지 않는 수치심과 감정의 소용돌이

---

3. 렛징거(1991)는 수치심과 화의 언어적·비언어적 표시 목록을 만들었다. 블록(1996)는 소위 말해 '긍정적인' 느낌의 표시 목록을 만들었다. 이 표시는 느낌의 특징과 사회적 연대를 해석하는 중요한 요소이다. 수치심의 언어적 표시는 자아에 대한 부정적인 서술어를 줄이거나 적게 사용하는 경향을 말한다. 수치심의 비언어적 표시는 더듬거림, 중얼거림, [대화 중간을 채우기 위한] 채움(filler) 단어 사용, 긴 멈춤, '웃음 짓게 하는 단어들', 빨리 말하기 등이다. 쉐프도 '나', '너', '우리', '그것'과 같은 인칭 대명사의 빈번한 사용을 포함하였다. 인터뷰이들은 주로, 쉐프가 분리 용어라고 본 나-어법을 사용했다. 이것은 인터뷰 형태의 결과일 수도 있기 때문에 이 후자의 양상은 내 연구 해석에 포함시키지 않았다.

인터뷰이들은 유달리 모욕감을 느낀 동료평가와 관련해 수치-화 소용돌이를 언급했다. 무시는 거부당한 느낌을 일으킨다. 이 느낌은 터부이고 의식에 닿기도 전에 억눌러질 만큼 불쾌하기 짝이 없다. 대신 이것은 인지되지 않는 수치심과 화 형태로 나타난다. 아래 예는 5장에서 나온 것인데 인터뷰이는 화와 수치심을 느꼈다고 말한다.

인터뷰어 : 동료에게서 무례를 경험했거나 '무시당한' 상황으로 어떤 예를 들 수 있을까요?

인터뷰이 : 한 위원회 미팅에 있었는데 체면과 관련한 엄청난 사안이 있었죠(15초간 멈춤). 내 책에 엄청 모욕적인 리뷰를 쓴 동료가 있었는데 진짜 화나고 돌아버릴 **뻔 했**어요. 이걸 무례라고 할 수 있을 것 같은데 내가 할 수 있는 일이 진짜 아무것도 없으니까. 그냥 일이 그런 방식으로…(약간 억지스런 웃음).

엄청 경쟁적인 환경이죠. 몇 차례 거절당하면 짜증 나고 실망스럽고, 화나서 팔짝팔짝 뛸 지경이죠.

인용문 마지막 문장에서 이 여성 부교수는 화가 났다고 분명히 명시했다. '짜증 난다'라는 말은 화가 났다는 표시로 읽을 수 있다. 수치심은 언급되지 않았지만 위 인용문에서의 '거절당하다'라는 단어는 수치심을 느꼈다는 언어적 지표이다.[4] 첫 번째 인용문에서 긴 침묵은 노골적인 수치심을 가리킨다.[5] 마지막으로 약간의 강제적인 웃음은 인지되지 않는 수치심의 징후라고 할 수 있다. 다른 예이다.

> 인터뷰어 : 어떻게 지금의 자리를 얻으셨나요?
> 인터뷰이 : 글쎄요, 약간 음울한 이야기에요(약간의 웃음). 박사과정을 거쳤고 어(멈춤), 조교수 임용 공지가 나서 지원했죠. 처음엔 떨어졌어요. 그런데 합격한 사람이 (엄청 빠르게) 취소를 한 거예요, 그리고 (더듬거림) 내가 된 거지(약간의 웃음). 그래서 된 거예요.

나중에 그녀는 이렇게 말했다.

---

4. '거절당하다'나 '버려지다'라는 단어는 렛징거(1991)가 말한 수치심의 언어적 표시 목록에 있다.
5. 긴 멈춤이 반드시 수치심의 지표는 아니다. 예를 들어 긴 멈춤은 질문에 답하기 전 깊게 생각하기 위해 나온 것이기도 하다. 이렇게 다른 지표들과 연관된 반응에서 구체적인 해석이 나온다.

평가위원회 자리에서 사람들이 내 논문을 읽지 않은 걸 알게 됐어요. 내 논문을 정당하게 평가하지 않은 거죠. 그냥… 내 느낌으론, "그래요, 글쎄, 이 여성이 우리 과에서 해야 할 일을 생각해보면 이 사람 전공 분야가 그렇게 주류가 아니야." 이미 그렇게 맘을 정했던데요. 진짜 비위 상하고 실망스러웠어요, 좌절도 되고. 뭐 그랬죠.

첫 인용문은 수치심의 언어적·비언어적 표시 모두를 포함하고 있다. '떨어졌다'는 단어는 수치심의 언어적 표현이며 채우는 단어, 멈춤, 급속히 빨라지는 말, 더듬거림, 어색한 웃음은 인지되지 않는 수치심의 비언어적 표시이다. 두 번째 인용문에서 '비위 상하다'는 화의 징후로 해석되지만 부정적인 자기 기술이기도 하다. '비위 상함'은 불만족스럽고 못마땅하며 적의를 담은 부정적 함의 ― '늘 뚱한 사람'이나 '오기'와 같은 표현에서처럼[6] ― 를 띠며 따라서 수치심의 언어적 표시로도 해석된다.

---

6. [옮긴이] 비위 상하다는 sour를 번역한 것으로서 파생된 단어인 sourpuss와 sour grape를 차례로 옮긴 것이다. 한국어로는 이러한 영어 어원이 보이지 않아 어울리지 않는 단어 용례로 보이지만 영어로는 맥락이 분명하다.

동료평가는 특별한 상호작용 형태이다. 동료들의 심사는 평가에서 가장 중요하지만 결코 순수하게 객관적인 평가라 할 수 없다. 그 이유는 평가의 톤과 비판이 표현되는 방식에 항상 평가 대상에 대한 동의와 존경 혹은 글쓴이에 대한 무시와 비동의가 어느 정도 작동하기 때문이다. 그뿐만 아니라 더 수월하게 감춰지는 여타의 기준들이 작용하기도 한다. 5장에서 기술한 것처럼 동료평가는 폄하당한다는 느낌이나 수치의 느낌을 경험할 수 있다. 위 인용문에 있는 이들은 부당한 취급을 받았고 모욕적이라고 느꼈다. 그들은 거절의 느낌을 받지만 말하지 않는다. 그러나 여러 수치심의 언어적·비언어적 표현과 함께 그들의 화를 들을 수 있다. 물론 이 순차적 행위들이, 기억하고 있는 사건들과 관련해 한 번 더 작동하는, 수치-화 소용돌이의 예인지 아닌지는 해석의 여지가 있다. 그러나 인터뷰이들은 과거의 에피소드를 회상하는 데서 강렬한 영향을 받은 것이 분명했다. 즉 이전의 사회적 관계에서 작동한 수치-화 소용돌이가 에피소드를 회고하면서 다시 한 번 되살아난 것이 틀림없었다.[7] 인지되지 않는 수치심과 수치-화 소용돌이는 유대의 특징, 따라서 동료 간 소통에 막대한 영향을 끼친다. 이제 구체적으로 유대의 종류로 넘어간다.

'고립'

살핀 것처럼 '고립'은 관련자들이 서로의 말을 더 이상 듣지 않는 것이다. 모욕감을 느낀 이는 타인의 목소리에 귀를 닫고 자신의 목소리만 듣는다. 내 연구에서 '고립'은 물리적·정신적 '침잠' 형태 아니면 공개적인 '전쟁' 형태 둘 중 하나로 나타났다. 이 두 고립 형태 '침잠'과 '싸움'은 상이한 종류의 화에 기반한다. '절망적 화' 경험은 침잠과 관계되고, 치욕의 분노rage of humiliation라고도 불리는 '폭발적 화'는 전쟁을 선포하는 경향이다. 이제 '침잠'과 '전쟁'을 살펴보도록 하자. 5장에서 본 아래의 예는 모욕적인 동료평가에 대한 반응으로서 침잠의 동학을 그리고 있다.

인터뷰이 : 그 심사평이 정말 역하고 저열한 수준이에요,

---

7. 내 연구의 초점은 경험의 구조이다. 반복되는 감정 소용돌이를 설명하기 위해 충분한 실증적 자료를 제공하는 데 시간 관점이 필요함이 강조되었으면 한다.

그냥 말 그대로 너무 나빴어요. 나는 결코! 그를 대면하지
않을 겁니다 ….

인터뷰어 : 안 한다고요?

인터뷰이 : 모르겠어요. 그 사람한테서 같은 경험이 있는
다른 사람들은 불편한 심기를 보였다고도 하는데, 나는
그 어떤 것도 하지 않을 거예요.

인터뷰이의 마음속에 그 모욕적인 심사자는 너무 혐오스
러워서 더 이상 어떤 연락도 하고 싶지 않은 존재로 새겨져
있음을 보여 준다. 인터뷰이의 세계에서 심사자를 지우려
는 노력에도 불구하고, '정말 역하고', '저열한 수준', '그냥 너
무 나쁜' 등의 표현은 인터뷰이에게 화가 여전히 자리 잡고
있음을 암시한다. 다른 예도 있다.

편집자한테 문제를 제기했어요. 관련자에게 편지를 쓰는
것도 엄청 고민했죠. 그 심사가 너무 어처구니없어서 앉아
서 그걸 쓰는 것조차 아까울 만큼 너무 형편없었어요, 상
황을 그냥 더 어처구니없게 만드는 셈인 거죠. 작년 여름
까지 몇 차례 시도를 하려고 했는데 그냥 머릿속에서 흘

려보내는 것이 유일한 길이라는 걸 그때쯤 깨달았어요.

여기서 우리는 절망으로 인한 화를 볼 수 있다. 이 인터뷰이는 어떤 행동을 하고 싶지만 그렇게 할 수 없는 무기력을 느꼈다. 이런 느낌에서 나오는 것이, 심사와 심사자를 '어처구니없다'라고 범주화하고 자신이 받은 평가를 쓰레기로 암시하는 것이다. 이 암시는 거절 통보를 '머릿속에서 흘려보낸다'고 표현한 데서 알 수 있다.

이 예들에서 타인으로부터의 '고립'은 모욕과 모욕한 사람의 정신적 분리를 통해 이뤄진다는 것을 알 수 있다. 이런 형태의 정신적 분리는 물리적 침잠도 수반한다. 몇몇 인터뷰이들은 실망과 분노로 인해 학과에 실제로 잘 나가지 않는 결정을 하게 되었다고 했다. 이 인터뷰이들 중의 한 사람이 집에서 수행하는 "부엌-식탁-연구"라고 이름 붙인 것을 위해서 말이다. 수치심과 화는 동료 사이에서 모욕감을 느낄 때 나온다. 이런 느낌 이외에, 하급자를 향한 상급자의 모욕적 행동도 두려움을 낳고 물리적 침잠을 이끌 수 있다. 한 박사과정생은 한 평가 세미나 시간에 자신의 작업과 관련해 받은 모욕적 평가에 대해 다음과 같이 반응했다.

네, 나는 더 이상 나가지 않아요. 누군가가 나를 등 뒤에서 칼로 찌르는 것 같았어요. 그냥 내 우편물만 픽업하고는 집으로 다시 돌아가죠.

침잠에 따른 '고립'은 절망적 화와 연관된 것이다. 불쾌를 느낀 쪽은, 모욕을 준 쪽을 위험하거나 혐오스럽다고 판단 내리고 그쪽과 어떠한 관계맺음도 하려 하지 않는다. 모욕을 느낀 쪽은 다른 사람의 견해를 듣지 않고 자신의 견해에만 귀 기울인다. 이것은 모욕받은 쪽의 사회적 공간에 심각한 제약을 야기해 외로움의 씨앗이 될 수 있다.

모욕적 평가는 폭발적 화(치욕의 분노)도 야기한다. 그 화는 학계의 느낌 규칙을 위반하는 것이다. 그래서인지 인터뷰이들은 폭발적 화를 주로 다른 사람 탓으로 돌렸다. 그런데 어떤 교수의 지적처럼 폭발적 화는 결코 드물지 않다.

보통 내 동료들은 다른 대학들에서처럼 무지막지하게 매

너가 좋아요. 감정 참는 법을 잘 알고 사물에 대한 접근이 되게 분석적이지. 그렇지만 내가 여기서 수년간 알고 지낸 동료들, 확신해서 말할 수 있는 그 사람들이 일단 안에서 감정이 휘몰아치면 뚜껑 열리는 그런 상황들이 있어요. 다 그래요. 압력이 너무 심해서 다른 사람들이 그런 걸 알게 되는 이런저런 상황들이 있죠.

일부분이 앞에서 인용되었고 이제 전부 소개하는데, 아래 인용문은 불쾌한 동료평가가 양측의 '전쟁' 형태에서 '고립'을 낳는 방식을 설명하고 있다. 평가자였던 한 부교수가 [임용위원회에서 추천받지 못한] 평가에 대한 동료의 반응을 이와 같이 설명했다.

그 사람이 엄청 분개해서는 거의 제정신을 잃었어요. 모든 동료에게 결과를 보여 주면서 돌아다니더라고요. 나는 그냥 유감을 표현하고 일 진행 상황을 말해 주리라 생각했어요. 그런데 말 그대로 내 몸을 물리적으로 방어해야 하는 쪽으로 흘러가는 겁니다(약간의 웃음). 분위기가 급박하게 돌아가더라고요. 결국 그가 나한테 두 번 다시 아무 말도 안 하겠다고 선언을 했어요. 몇 년 전 일인데 그때 이후로 나를 볼 때면 곧장 쭉 지나쳐버려요. 서로 한 번도 인사를 나눈 적이 없어요. 그 일이 있은 후 과를 좀 바로잡아가는 내 일들을 안 도우려 하더라고요. 과에서 이것 때문에 많은 논쟁과 엄청난 개인적 갈등이 있었죠. 여기 개인 관계에도 끼치는 심각한 결과를 낳았어요. 나를 포함해서 사람들이 비판하고 정말 분통을 터트린 에피소드들이 생기기도 했어요. 아마 그 사람하고 어떤 협력도 없을 거예요.

이 인용문은 치욕의 분노와 유대의 파괴 형태를 기술하고 있다. 갈등이 정점에 이르러 거의 신체 폭력의 지점까지 닿을 정도로 소통이 붕괴되었다. 결국 양측이 서로에게 인사를 하지 않는 상호 무시를 표현한 데서 알 수 있듯이 상대방의 이야기 '듣길' 거부했다. 양측이 서로 다른 시기에 상대편으로부터 거부당하는 느낌을 받았음에도 불구하고, 이 서사에서 수치심이라는 단어가 나오지는 않았다.

아래 예는 조금 다르다. 불쾌한 동료평가에 대한 것이 아니라 한 부교수가 지도교수 자리에 거부되어 전문 학자로서 거부당한 느낌을 설명한 것이다. 동료의 자리에 지도교수로 뽑힌 이가 [그 자리를 원했지만] 거부당한 동료의 반응을 이렇게 기술했다.

그때 동료가 완전히 폭발했어요, 설명이 불가능합니다. 내 전 생애에서 그런 걸 처음 봤어요. 말할 수 없이 불쾌했죠. 분노가 거의 반 시간 정도 지속된 것 같고 결국엔 씁쓸함, 의심, 내가 뭔가 꾸몄을 거라는 비난으로 끝나더라고요. 아무 짓도 안 했는데 그게 그렇게 오래갔어요. 그러니까 우리가 지금 이야기하고 있는 감정들… 그런 게 쫙 퍼지고 집단이 감염되더라고요. 모든 사람이 뭔가 일어난 걸 감지했고 아마 무슨 일이 있었는지 알았겠죠. 내가 몇 사람 한테 자발적으로 이야기도 했어요, 어쨌든. 그래서 경계하고 조심스러운 분위기가 일었어요. 여기 있는 우리 모두에게도 그럴 여지가 있다는 실용적 관점을 전부 잘 알고 있으니까. 그렇지만 어떤 생각을 드러내진 않아요, 다시 일이 어그러지는 것을 원하진 않으니까. 우리 모두 그냥 세미나에서 잘 어울려요. 관련된 세 사람(지도교수, 박사과정생, 지도교수로 거부당한 교수), 과 사람 모두가 며칠간 다 같이 잘 지냈어요. 그 일이 있은 후 대략 1년 하고도 반, 아니 한 1년 정도 무난하게 잘됐어요. 전체적으로 사람들이 용감한 얼굴을 하죠. 그렇지만 서로에게 말하지 않는 것들이 있지요.

이 인용문은 인지되지 않는 수치심의 파괴적 힘과 두 부교수의 감정의 소용돌이 효과를 보여 준다. 거부당한 쪽은, 그 성공한 부교수를 향해 화를 폭발하고, 그 성공한 부교수도 부인되는 느낌과 함께 아마 그의 동료의 반응에 화도 났을 것이다. 깨진 유대는 서로 말을 하지 않는 관계로 유지되었다. 인용구 마지막 부분에서 일시적인 정전이 보이긴 했지만 깨진 관계가 다른 동료들에게 영향을 끼친 것은 분명해 보인다. 이 전개는 말하자면 한쪽 집단에 '휩쓸려' 다른 집단과는 '고립'하는 '이중 소외'의 근간이 된다. 이런 종류의 '고립'은 반복되는 논쟁이나 갈등 형태에서 표현되지만 대학 세팅에서의 '전쟁'은 좀 더 순화된 공격 형태로 전개되기도 한다. 한 부교수가 이 지점을 잘 설명했다.

많은 학문적 토론이나 갈등은 복도, 방, 사무실에서 일어나는 게 아니라 신문에서 일어나죠. 종종 정말 불쾌한 것을 읽게 돼요. [상대방] 비판에 한계가 없어요. 실제로는 더 심하게 하죠.

또 다른 조교수도 이렇게 말했다.

당신이 그걸 뭐라고 부르든 간에 복수하는 여러 방법이 있어요. 공공연하게 일어나죠…. 한 사람이 다른 사람 연구를 비판하면 그 두 사람은 오랫동안 서로 말을 하지 않아요. 싸움은 없어요. 그렇지만 예를 들면 그들 중 하나가 사안을 밝히는 리뷰를 쓰면 갈등이 간접적으로 나타나죠.

이들은 '학문적 토론'과 연구 '비판'이라는 도시적 표현을 썼지만 핵심은 그 평가가 매우 불쾌한 방식으로 행해진다는 것이다. 동료 간 대화는 상대방 연구에 대한 공적 공격으로 대체되고 복수의 성격을 띤다.

몇몇 서사는 동료들이 서로 인사를 나누지 않는 상황을 설명한다. 스웨덴 사회 심리학자 요한 아스플룬드Johan Asplund(1987)가 주장한 사회적 감수성social responsiveness 이론에 따르면 이 '인사 안 하기'는 반사회적 무감수성이 학습된 형태로서 권력 행사의 기초적 형태로 이해된다. 우리는 '인사 안 하기'를 통해 타자의 존재를 부정하는 동시에 자신의 존재를 인정하고 확인하는 능력을 상대방에게서 빼앗는다. 이 '인사하지 않음'은 타인의 목소리를 부정하는 강력한 표현으로서, 양측의 인지되지 않는 수치심의 근간이며 이를 통해 양측의 지속적인 '고립'을 가속시킨다. 자신에게 '인사하지 않는' 동료가 있다고 자발적으로 이야기한 인터뷰이는 거의 없었다. 그렇지만 대다수의 인터뷰이는 자신의 학과에 서로 인사하지 않는 다른 동료들이 있다고 말했다. 이런 식이다.

그래요, 서로 인사 안 하는 사람들이 있어요. 그런 사람들이 있다는 걸 분명히 잘 알고 있어요.

한 동료와 '인사하지 않음'을 인정한 사람은 극소수인데, 그중 한 사람이 이렇게 말했다.

우리가 서로 인사를 안 한 때가 있었는데 내가 아무개(여성 실명)와 엄청 긴장 관계가 있었어요. 10년 동안 만날 때나 헤어질 때 안녕하세요, 안녕히 가세요, 그런 말을 나눈 적이 한 번도 없어요.

동료평가, 경쟁적 동료 관계, 경쟁 집단의 갈등은 인지되지 않는 수치심과 지속적인 감정의 소용돌이를 일으키는 무례한 행위의 근원이다. 타인의 목소리를 듣지 않고 자신의 목소리에만 귀를 기울인다(타인에게서 소외된다). 다른 사람에게 존경을 보이지 않고 자신의 감정을 숨기며 타인의 감정도 무시한다. 이런 종류의 상호작용은 유대에 지속적인 영향을 끼치는데, 침잠이나 — 정전과 공개적 전쟁으로 번갈아가면서 나타나는 — 적대감으로 인한 '고립'을 낳는다.

미팅에 앉아 있으면 갑자기 뭔가 짠 하고 일이 생겨요. 어떤 사람이 뭘 이야기하면 싸움이 일어나요. 곧 다시 잠잠해져요. 그 집단 밖에 있는 사람들은 도대체 무슨 일이 일어나고 있는지 이해를 할 수 없죠.

학계 구조는 동료 간의 손상된 사회적 유대 형태인 '고립'의 원인이며 '휩쓸림'은 또 다른 손상된 사회적 유대이다.

'휩쓸림'

언급했듯이 '휩쓸림'은 자신의 판단·가치·느낌을 배제하고 집단 규범에 자신을 동일시하는 것이다. 자신의 것을 버리고 집단에 순응한다. '고립'과 마찬가지로 '휩쓸림'의 유대는 수치심과 불안감을 일으킨다. 이유는 자아를 억압하는 것이 스스로에게도 위협이기 때문이다. 학계는 구성원이 ― 내부 에티켓과 불문의 규칙을 포함한 ― 주류 가치와 규범에 동화할 것을 요구한다. 어떤 이는 대부분이 불문인 규칙에 동화하여 자아를 그것에 순응시키고, 어떤 이는 규칙으로부터 비판적 거리를 유지하려고 한다. '휩쓸림'은 자신의 느낌과 감각을 버리고 집단의 목소리와 자신을 동일시할 때 일어난다. '휩쓸림'은 대개 '이중 소외'와 관련해 일어난다. '이중 소외'를 통해 보면 휩쓸림은 자신의 감정을 집단 가치와 감정 규칙에 완전히 동일시하는 반면 집단의 가치와 코드에 익숙하지 않은 사람들과는 거리를 두는 것이다. 후자의 인물에 예컨대 학생, 박사과정생, 신입이나 여성 동료가 있다.

쉐프는 '이중 소외'가 근대 사회에 만연하다고 말한다. 살핀 것처럼 학계에는 유머 감각, 우정, 공통의 학문적 관심에 기반을 둔 동료애를 가진 응축된 박사과정생 집단을 포함하여, 여러 상이한 공동체가 있다.[8] 모든 공동체의 개별 구성원은 집단이나 충성을 맹세하는 동료애에 휩쓸린다. 느낌과 느낌 규칙의 긴장을 다루기 위해 앞에서 기술된 전략들인 '친하기 정치', '속이기 게임'은 '휩쓸림'과 '이중 소외'가 서슴없이 작동하여 상호작용하는 형태이다. 사람들은 '친하기 정치'를 펼 때 타인을 향한 친근함이라는 단순한 가면 뒤에 화와 짜증을 숨긴다. '속이기 게임'을 할 때는 확실성과 통제의 겉모습 뒤에 타인에 대한 불확실과 두려움을 숨긴다. 두 양태에서 학계의 느낌 규칙에 순응하기 위해 자기 자신의 느낌을 감춘다. 그러나 이런 종류의 순응이 항상 불쾌한 긴장을 없애는 것은 아니다. 4장에서 몇몇 인터뷰이가 '속이기 게임'을 기꺼이 행하기를 주저한 것처

---

8. 비공식 공동체, 형제애, 남성 집단은 학계에서 잘 알려진 범주들이다. 교수들의 '깡패 집단', '씨족' 같은 구조에 대한 분석은 쉐프(1995)를 참조하라. 이런 공동체는 정체성으로서의 동료애 같은 감정적 측면에서 중요할 뿐만 아니라 장학금 분배, 임용, 작업 인정 같은 물질적 면에서도 중요하다.

럼, 몇몇 조교수가 '친하기 정치'에서 양심의 가책을 느꼈다. 집단 규범과 개인이 갖는 느낌의 부조화 경험은 집단 규범 (말하자면 학계의 느낌 규칙 혹은 '에티켓')으로의 무조건적 동일시를 통해 극복된다(Ashforth and Tomuik 2000). 이런 종류의 동일시가 '휩쓸림'을 낳는다. 자아의 목소리는 학계 규범에 순응하기 위해 사그라진다. 친하기 정치와 속이기 게임은 학계에서 인정받고 생존하기 위한 열망에서 나온다. 두 전략은 자신의 즉각적인 느낌을 억누르는 희생을 대가로 당연하게 여겨지는 것이다. 이로써 학계로의 사회화는 성공하지만, 자기 느낌에서 나오는 도덕적 신호-가치를 부정하는 대가를 치를 때에만 가능하다.

연대

연대는 자신의 목소리와 타인의 목소리를 모두 듣는 능력이 특징이다. 이 유대는 자부심·즐거움·안녕감과 관계있다. '복화술'과 유머는 연대의 유대의 표현으로 볼 수 있다.

자부심은 인정에서 생긴다. 대부분 학문적 성취를 이뤘을 때 기쁨과 자부심을 느낀다. 학회 기조 연설자로 초대받고 저명한 학술지에 논문이 게재되고 연구비를 받는 것은, 개인이 연구 공동체 및 전반적인 학계에 연대감을 강화하는 인정의 형태들이다. 그러나 동료에게 자부심을 보이는 것은 허용되지 않고 대신 그 규범을 우회하는 '복화술'만이 허락된다. '복화술'은 연구자가 숨긴 자부심을 인지하고 지속하는 한에서 연대에 기여하지만, 복화술사의 방식으로만 그 느낌을 표현함으로써 동료 간 경쟁 관계라는 힘든 문제를 신경 써야 한다. 성취가 자랑스러운 학자는 복화술로 자신의 성공을 타인에게 드러내고, 동시에 재미있는 이야기나 흥미로운 정보를 공유하면서 청자를 풍요롭게 만든다. 이렇게 사회적 유대가 유지된다.

유머도 연대의 유대라 할 수 있다. 앞에서 이미 유머를 사회적 긴장을 완화하는 수단으로 해석했다. 유머는 공유된 웃음으로 적개심을 누그러뜨린다. 여기서 모든 이가 인정된 참여자이다. 유머는, 웃음이 공유될 때 모든 목소리가 들리기 때문에 다 함께 의식을 상승시킨다.

그러나 복화술과 유머는 사회적 관계 면에서 모호성이 잠재되어 있다. 복화술이 자기 자랑으로 바뀌거나, 과시하는 방향으로 전개되면서 오로지 자신의 목소리만 들리기도 한다. 마찬가지로 유머에는 보통 대상이 있다. 다른 사람을 비웃거나 아웃사이더로 규정된 집단을 대상으로 삼으면서 자신들이 동료라는 소속감을 확인한다. 한 조교수는 아웃사이더 입장에서 그녀의 한 동료에 대한 논평을 했다.

그 사람이 식당에서 성적 농담을 하는 겁니다, 전부 웃고! 어떤 때는 정말 토할 것 같아요.

유머가 항상 포섭적인 것만은 아니다. 웃음과 유머는 연대를 형성하지만, 한 집단에 '휩쓸리고' 타 집단과는 '고립'을 취하는 '이중 소외'의 표현이기도 하다. 박사과정생의 '맨 밑 단계 웃음'은 연대를 형성하지만 학계, 교수 등이 대상이 된다. 전임교원끼리의 '농담하는 사이'도 연대를 만들지만 여성을 대상으로 삼는 '이중 소외'의 형태이다.

'풍요롭거나 소모적인 관계'

나는 쉐프의 이론에 기반하여 느낌과 주류 감정 문화가 학계의 사회적 유대에 끼치는 영향을 설명하려고 했다.

그런데 조교수·부교수·정교수는 그들 자신의 동료와의 관계를 어떻게 설명할까? 나는 매 인터뷰에서 마지막 질문으로 그들 직장에서의 사회적 관계와, 전반적인 학계와의 관계를 물었다. 구체적으로 어느 정도까지 '풍요롭거나 소모적인 관계'[9]인지를 물었다. 이제 인터뷰이들이 말한 관계 방식을 점검하고자 한다.

대부분의 인터뷰이는 학계 생활의 어떤 면은 풍요롭고 어떤 면은 소모적이라고 했다. 긍정적이고 풍요로운 요소로 가장 빈번하게 강조된 것은 연구 행위와 연구 문제를 깊게 연구할 수 있는 자유를 꼽았다. 이 맥락에서 신뢰하는 가까운 동료와의 일상적 연락과 좀 더 넓게는 학문적 환경에서 받은 영감과 함께, 열정으로서의 연구와 학문적으로 질적 향상을 도모할 수 있는 관계가 언급되었다. 인터뷰이들은 일상생활의 긍정적이고 풍요로운 측면으로 시작해 가장 소모적이라고 표현한 양상을 이야기하는 것으로 전환했다. 이는 상호 무관심, 서로의 작업에 대한 관심 부족, '체념한', '적대적인' 혹은 '전쟁 같은' 표현이 나오는 일

---

9. 2장에서 언급한 것처럼, 이 두 개념은 덴마크에서 운율이 맞는 짝이고 일상 대화에서 익숙하다.

터 분위기가 특징인 관계이다. 특히 부교수들이 일상의 동료 관계를 '손상된' 것으로 기술하는 경향이 두드러졌다. 두 남성이 그 관계를 이렇게 표현했다.

누군가 머뭇거리면서 내가 무슨 연구를 하는지 물어온 게 여기서 일한 지 한참 만이었어요…. 아무도 내가 무슨 연구를 하는지 물어본 적이 없다는 게 굉장히 놀랍죠. 그냥 믿을 수가 없어요. 물어본 사람이 거의 없다는 게. 저쪽 다른 과는… 더 심각하다고 봐요.

내가 좀 전에 말한 것으로 다시 돌아가고 싶은데, 누군가 논문이나 글을 써도 아무도 피드백을 안 해요. 그냥 '각자가 자신만을 위해서' 그런 꼴이죠. 다른 동료가 연구하고 있는 — 아마도 약간 다른 길에 있는 — 문제들에 신경을 안 쓰는 게 불가피해요. 그리고 어(멈춤), 음(약간의 헛기침), 아니 무례라고 말할 수는 없고 그냥 일종의 관성이죠. 그래서 어, 우리 과에서 그리워하는 것 중의 하나, 유일한 것인데 그게 그중 하나예요.

후자의 부교수는 '경청'되길 원했지만 그의 동료들이 서로의 작업에 무관심하고 타인의 작업에 시간을 내고 싶어 하지 않기 때문에 아무도 듣지 않았다. 그의 작업 환경은 '각자도생'各自圖生이다. 어떤 이들은 다른 사람의 이야기를 '듣지' 않는 전반적인 학과 분위기를 말한다. 또 다른 부교수는 이렇게 말했다.

> 화가 난 거죠, 그런데 그걸 그렇게 부를 수 있을지. 그러니까 그게 화인지 아니면 내가 순종하고 있는 대학 기조에 대한 전반적인 불만족인지 잘 모르겠어요. 일어서서 화났다고 말할 수도 없죠. 그래서 '화난다는' 것이 이 상황에 꼭 맞는 것 같지는 같아요. 그렇지만 내가 행복하다는 말은 아닙니다. 그냥 더 '체념하고 따르는 거죠.' 여기 우리 과 분위기 싫어해요. 그렇지만 바꾸려고 뭔가를 할 수도 없어요. 좀 더 어린 사람들은 그렇게 할 수도 있겠지요. 그래서 내 에너지를 잘 될 일에나 내가 좋아하는 것에만 쓰길 원해요.

'고립'은 '고립'을 낳는다. 이 부교수는 자신의 에너지를 동료들에게 쓰지 않는다. 그녀는 더 이상 그들의 목소리를 듣지 않는다. 또 다른 부교수는 그의 동료들이 서로를 생각하지 않고 각자를 그저 개별자로만 본다고 설명했다.

내가 거의 매일 여기[학과에] 있는 사람 중 하나예요. 여기서의 삶이 내 전부라는 이야기입니다. 어제 당신이 점심 먹으러 같이 가는지 물었을 때 이야기한 것처럼, 우리는 점심을 같이 하지 않아요. 만약 어떤 사람을 만나면 그 사람도 식당 가는 길에 만난 완벽한 우연일 뿐이에요. 그렇게 점심을 같이할 수도 있고, 그렇지만 보통은 그렇게 안 해요. 학계 맥락에서 연락을 하는, 지속적으로 관계를 가진 몇 사람이 있어요. 그런 식으로 더 깊이 서로를 알아가고 아이들이 어떤지 주말에 어디를 가는지 그런 걸 묻죠, 아무도 모르는 거. 우리 과 사람 대부분은 내가 휴일에 어디를 가는지, 내가 아이가 있는지 없는지도 모를 겁니다. 절망스러워요.

뭔가가 일어나질 않아요, 젠장. 동료들이 다 함께 의식이 없다니까요. 동료의 아이들이 아픈지 어떤지 아니면 휴일에 어딜 놀러 가는지, 안 가는지 그런 걸 아무도 몰라요.

아마 학생들은 알 수도 있어요. 그런 식으로 학생들이 그
역할을 채울 수 있어요.

이 부교수는 사적 레벨에서 무관심과 서로에 대한 흥미 결
여가 특징인 작업 환경에 놓여 있다. 다른 조교수도 동료들
과의 관계를 묻자 분명하게 이런 반응을 보였다.

그 점에 대해서라면 나는 확실히 무관심해요. 글쎄요, '무
관심하다'고 표현하는 게 약간 사악하게 들리지요? 실제
로 우리한테 공통점이 없는 것이 분명하니까. 아무런 공
통점이 없어요, 전혀.

그러나 동료 간 소극적인 무관심은 그들이 자원 분배에 대
한 분쟁이 있는 세팅에서 만났을 때 성격이 바뀐다. 이 세
팅에서는 '고립'이 다른 특징으로 나온다. 한 조교수는 이
렇게 말했다.

교수들이 종종 미팅을 하지만 글쎄, 즐거울 만한 게 없어
요. 그어진 선, 파인 참호들만이 분명하게 보이죠. 웃음을

만들기 위해 누군가가 거기 들어가진 않아요. 만약 그렇게 하면 나쁜 징조죠, 대부분이(웃음). 그렇죠, 어떤 사람이 뭐 이런저런 일로 때우려는 거니까. 그래서 웃음이 냉소가 될 거예요, 특별히 유쾌하다면 안 그럴 수도 있겠지만. 근데 진짜 아니에요. 여기가 그런 식이에요. 시도하는 그룹이 있긴 한데….

그 싸움이 그럴듯해 보이지만, 많은 부교수는 미팅이 매우 불쾌하고 극도로 긴장된다고 했다. 한 부교수가 좀 더 온건하게 기술했다.

네, 글쎄, 일반적으로 관계의 톤은 당연히 우호적이죠. 그런데 우리가 지금 이야기하고 있는 바로 그 톤이죠. 내가 막 말한 것처럼 미팅에 온 사람 대부분은 엄격하게 말해 이기적이에요, 그들의 패를 작동시키려 한다는 의미에서.

이 부교수는 동료와의 일상적 만남에서 친하기 규범을 강조한다. 그러나 그는 이런 우호적인 톤의 관계와 자원을 얻기 위한 투쟁에서 결국 드러나는 실제 관계를 구별했다. 이 세팅에서 개인 이득을 극대화하려는 카드가 작동한다. 다른 사람을 배려할 여지가 없으며 자신의 이익만 중요하다.

이 인용문들은 학계가 동료가 서로의 말을 듣지 않고 동료를 연구자나 인간으로 관심을 갖지 않는 직장으로 그리고 있다. 말하자면 '고립'이 특징인 직장이다. 이 특징은 학과마다 정도가 다르다. 게다가 위계에서의 지위도 이 관계에 분명 영향을 끼친다. 예를 들면 박사과정생이나 조교수는 대체로 방관자 시각에서 그런 관계를 이해한다. 한 조교수가 이를 잘 정리했다.

그 모든 전략적인 것, 계략, 음모가 이 시스템에 돌아다닙니다. 나도 그 속에서 그냥저냥 살 수 있어요. 좋아하는 다른 일들이 있으니까.

동료 간 '고립'을 가장 많이 기술한 이가 바로 부교수들이었다.

요약

사회적 관계의 특징과 상호작용 소통을 다룬 쉐프의 이론은 특히 자신에게 '귀 기울이고' 타자/집단에 '귀 기울이는' 정도를 다룬다. 나는 주로 부교수의 서사를 분석의 출발점으로 삼아 사회 구조, 주류 감정 문화, 학계 구성원의 느낌과 사회적 유대의 얽힘을 살펴보았다. 나는 쉐프의 이론을 분석 틀로 활용해, 특정 감정과 관련된 에피소드들이 일으킨 역동적인 감정 소용돌이가 시간이 흘러도 동료와의 소통에 지속적인 영향을 끼치는 방식을 기술했다. 왈드론Vincent R. Waldron(2000)은 조직에서 가장 강렬한 느낌을 주는 것은 동료 간 사회적 관계라고 주장한다. 이런 느낌은 노동관계와 조직 생활에도 절대적인 영향을 끼치지만 조직 연구에서 소홀하게 다뤄진다. 느낌은 질적 용어로 사회적 관계의 특징을 점검하고 탐구할 때 활용가능한 중요한 분석 도구이다. 쉐프의 이론이 이 점을 위해 내 연구에서 활용되었다.

엔과 로프그렌(2004 : 27)은 "학계와 같은 이성적 조직이 개인적이고 감정이 배인 관계들의 씨앗을 뿌린다."라는 생각에 놀라움을 표한 바 있다. 그러나 나는 학계에서 느낌과 유대의 특징은 개인 차원의 역학을 표현하는 것이라기보다 학계의 사회적 구조와 주류 문화가 이러한 느낌을 되새기고 반복적으로 발생시키고 이로써 학계 내 사회적 유대를 형성하는 탄탄한 근간이라고 보았다. 학계의 사회적 유대 형태에는 '연대', '고립', '휩쓸림'이 있고 이 중 '고립'이 가장 지배적이며, 이러한 사회적 유대가 비교적 안정적으로 작동하고 있다.

9장

감정의
미시정치와
젠더

앞 장에서 동료 간 소통과 유대의 특징을 밝히기 위해 쉐프의 이론을 활용했다. 이 장에서는 캔디스 클락의 이론을 살피면서 일상생활의 미시적 위계에서 타인과 관련된 사회적 입지social place 1 문제를 다룬다.

학계에는 다양한 맥락의 경쟁과 지위 투쟁에서 실력주의의 속성이 있다. 클락의 이론은 일상의 상호작용에서 감정 관리가 입지를 차지하는 데 어떻게 활용되는지 밝힌다.

---

1. [옮긴이] 입지는 place를 번역한 것이다. 사회과학에서 place는 대개 지위, 장소로 번역되고 자리, 입장도 무난하다. 클락은 어빙 고프만(Erving Goffman)의 입지 감각(sense of place)이라는 개념에서 이를 빌렸고 다음과 같은 맥락에서 사용했다. "네 주제(분수/처지)를 알아라"(You know your place), "그녀는 (그가 분수를 지키도록) 코를 납작하게 했다"(She put him in his place), "~할 입장이 아니다"(It is not my place to~), "그는 자신이 어떤 위치라 생각하는가?"(What place does he think he occupies?), "그는 자신이 누구라고 생각하나?"(Who does he think he is?). 따라서 위신, 권력, 특권, 면대면 지위(status), 사회적 거리 등으로 다양하게 불린다고 설명한다(Candace Clark, "Emotions and Micropolitics in Everyday Life," in Theodore D. Kemper (ed.), *Research Agendas in the Sociology of Emotions*, NY : State University of New York Press, 1990, p. 306에서 인용). 즉 place는 미시적 관계에서 위계를 만들고 유지하려는 일상적인 상호작용을 전제로 한다. 클락은 자신의 글에서 place와 유사한 표현으로 특권이나 권력 등을 들었지만 옮긴이는 기 싸움, 세 다툼이 한국 상황에 더 어울린다고 생각해 번역어로 사회적 입지를 택했다. 사회적 지위나 자리로 할 경우 status와 구별이 되지 않고 신분이나 직업을 바로 연상시키기 때문이다. 그리고 문맥에 따라 위상, 위신, 처지 등으로 조금씩 바꾸어 표현하였다. 강조하건대 이 책에서 place는 신분, 직업의 의미가 아니며 관계에서 위계나 권한의 밀고 당기는 상호작용·영향력을 가리킨다.

다시 말하면 감정의 미시정치 이론이다. 나는 '속이기 게임', '복화술', 화 관리, 유머의 활용을 포함해 학계에서 느낌이 다뤄지는 많은 방법을 살펴보았다. 이 전략들을 클락의 감정의 미시정치 이론의 견지에서 다시 분석할 것이다. 감정 문화에서 속이기 게임, 복화술 등이 학계 구성원이 가장 흔히 인정하는 전략이다. 그러나 미시정치 전략을 실제로 활용할 가능성은 지위와 젠더에 따라 결정되기 때문에, 모든 이가 그 전략들을 활용한다는 의미는 아니다.

9장의 초점은 감정의 미시정치와 젠더 간 상호작용과 그에 따른 위계와 젠더 불평등 재생산 과정이다.[2] 이 메타-이론은 앞 장에서 나온 이론과 유관하기에 여기에서는 앞에서 활용한 일부 인용문을 재분석한다. 캔디스 클락의 감정의 미시정치 이론이 바로 아래에서 간략하게 소개된다.

이론

클락(1990, 1997, 2004)의 분석은 사회적 입지 개념에

---

2. 이 장의 초고는 내가 2003년에 쓴 글이다.

서 출발한다. 그 '입지 감각'sense of place 개념은 본래 고프만 (1951)에게서 나온 것이다. 이 개념은 타인과의 면전 상호 작용에서 나오는 상대적 권력, 신분, 사회적 거리감 면에서, 매 순간 개인의 입지에 대한 상황적 인식을 가리킨다. 클락의 요점은, 상황적 자아의 한 측면인 입지 감각이 수치심·불확실·두려움·기쁨 등의 느낌과 같은 감정들로 우리에게 주관적으로 다가온다는 것이다. 따라서 사회적 입지는 주관적 수준에서 위상에 대한 감각을 뜻하고 객관적 수준에서 인정과 특권의 파생물이다. 높은 입지를 누리는 사람은, 낮은 입지를 가진 사람에 비해 다양하고 더 많은 상호작용 권리를 갖는다. 평가할 권리, 의견이 경청될 권리, 늦을 권리, 타인을 무시할 권리 등이다. '사회적 입지' 개념은 미시적 수준의 상호작용에서 나타나는 것으로, 거시적 수준의 구조에서 '신분 지위'status position 개념에 상응한다. 양자의 차이점은 신분 지위가 광범위한 합의 속에 이루어진 사회 구조의 안정성을 가진 반면, 사회적 입지는 미시적 수준의 상호작용에서 항상 불분명하게 정의되고 변화하며 상황에 따라 달라진다는 것이다.[3] 당연히 대체로 입지 파악은 상당히 불확실하다. 신분 지위는 우리에게 허용된 권리와 의

무를 통해 비교적 지속적으로 인식되는 한편 사회적 입지에 대한 정보는 무엇보다도 일상의 구체적인 상호작용에서 느끼는 불확실·두려움·경멸·경외·존경 등의 느낌에서 알 수 있다.

사회적 입지는 항상 협상의 문제이기 때문에 클락은 우리가 입지를 구하고 교환하거나 혹은 타인에게 그것을 주는 사회적 실천을 설명하기 위해 '미시정치' 개념을 소개한다. 우리는 일상생활의 미시적 위계에서의 사회적 입지를 느낌을 통해 알 수 있기 때문에, 자신과 타인의 느낌 관리 방식이 입지 협상에서 중요하다.[4] 감정의 미시정치는 입지 협상에서 감정을 자연스럽게 혹은 전략적으로 다룬다는 것이다. 미시정치는 타인의 입지를 마련하거나 자신이 입지를 차지하는 쪽으로 가는데 따라서 두 전략, 나 먼저 전략Me

---

3. 신분은 사회적 입지에 영향을 끼치지만 그 관계가 완벽하지는 않다. 즉 신분과 입지 간에 인과적 관계는 없다(Clark 1990 : 300). 신분이 같을지라도 다른 입지를 가질 수 있고, 낮은 신분일지라도 예컨대 특별한 카리스마가 있는 임시직 선생이라면 높은 사회적 입지를 얻을 수 있다.

4. '입지 표시'(markers)로서의 감정과 '입지 주창'(claimers)으로서의 감정 구분이 있다. 전자는 사회적 입지를 가리키는 긍정적이거나 부정적인 자기-감정이다. 후자는 타자를 향한 감정으로서, 타인에게 화를 표출하여 우월한 지위를 표시하는 것이다(Clark 1990 : 310~316).

First Strategy과 너 먼저 전략You First Strategy이 있다. 이 감정의 미시정치 전략들 각각에는 입지 협상을 하면서 느낌을 다루고 활용하는 많은 방법이 있다.

타인과의 상호작용에서 느낌을 이용해 자신의 입지를 구하거나 주창하려고 하는 것이 바로 '나 먼저' 전략이다. 예를 들어 우리는 자신감과 우월감을 풍기거나 타인에게 화·짜증·성마름을 표현함으로써 입지를 구할 수 있다. 또 타인이 스스로에게 확신을 갖지 못하도록 상대를 놀리거나 조롱하면서 혼란스럽게 만들기도 한다. 또한 상관에게 아부하거나, 다른 사람의 상대적 열등감뿐만 아니라 자신의 우월성과 참을성이 뒷받침된 인내심 같은 '긍정적인' 감정을 보임으로써 지위를 얻으려고도 한다. '나 먼저' 전략의 전제가 경쟁하는 관계이며, 상호 경쟁 관계를 생각해 다른 사람을 자신의 사회적 입지를 강화하는 데 어떻게 이용할까를 고려하는 것이 이 전략의 핵심이다. 반대로 '너 먼저' 전략은 자신의 입지를 낮추거나 타인의 입지를 높이거나, 혹은 둘 다 병행하면서 타인에게 입지를 제공하는 것이다. 이것은, 예컨대 칭찬과 존경 같은 긍정적인 감정을 보이거나 다른 사람을 혼란케 하거나 당황스럽게 만드는 행동을 피하는 것으로 나타난다. '너 먼저' 전략에는 관계가 동등한 이들의 팀워크team spirit에 기초한 협동 ― 이를 통해 타인에게 이로운 것이 공공 이익에도 부합한다 ― 이라는 전제가 있다.

'나 먼저' 전략과 '너 먼저' 전략에는 각각 입지를 주장하는 일반적이고 광범위한 방법이 있다. 즉 자신의 입지를 주장하거나 타인에게 입지를 주거나 혹은 자신의 입지를 주장하는 타인을 만나기도 한다. 이런 전략은 효과적이지만, 거부당하거나 협상의 여지를 낳고 의도와 다르게 해석될 수도 있다. 예를 들어 동료 연구에 대한 공격적 논평은 불편함·불확실·침잠의 느낌을 일으키지만 화와 반격도 불러일으킨다.

학계에서의 권력과 신분은 객관적 업적을 통해 공식적으로 얻는다. 대조적으로 미시정치는 사회적 입지가 작고 거의 눈에 띄지 않는 표시와 단서로 협상되는, 상황적인 상호작용 저변에서 암묵적으로 소통하는 세계이다. 이 협상은 위계적·수평적 관계 모두에서 일어난다.

클락의 이론은 감정 관리와 입지의 상호작용에 초점을 둔 사회적 관계에 대한 것이다. 그러나 통상적인 느낌 규칙도 상호작용에서 일어나는 감정 관리 방식을 결정한다. 예를 들어 화가 감정 에티켓을 위반하는 것으로 인식되므로 화를 드러내는 것은 부절적한 미시정치 전략이다. 더 나아가 어떤 연구(Shields 2002 ; Pierce 1995)는 감정 관리 방식이 지배적인 남성성과 여성성 개념과 연관된다고 주장한다. 느낌 규칙은 젠더화되어 있고, 느낌 표현 방식도 행위자가 남성이냐 여성이냐에 따라 다르게 평가된다. 다시 말해 맥락과 젠더가 특정 상황에서 어떤 전략이 가능하고 타당한지를 결정한다.

젠더화된 느낌 규칙은 젠더 개념에서 비롯되기 때문에, 쇠네르고르와 하빈드의 젠더 이론과 부르디외의 이론에 기대고자 한다.[5] 최근 젠더 연구(Søndergaard 1994, 1996 ; Haavind 1998)에서 핵심은 여성성과 남성성이 본질적으로 고정된 이분법이 아니라 구성적인 구분으로서 협상에 열려 있다는 점이다. 당연히 이 연구는 한편에서는 남성적인 신체나 여성적인 신체 사인[sign]이 특징인 행위자와, 다른 한편에서 개인 수준과 지배 문화 면에서 해석과 실천 정향의 주요 원칙으로서 문화적으로 구성되는 젠더를 구

---

5. 부르디외의 젠더 이론은 1998년 작업에 나온다. 그의 학계 관련 이론에 대한 설명은 블로크(1999)를 참조.

분한다. 쇠네르고르, 하빈드, 부르디외(1998)는 문화적으로 구성되는 젠더의 유동적이고 다양한 특징을 강조한다. 부르디외(1998)는 상징적 젠더 구분이, 어떻게 생물학적 특징에서 분리되게 되었고, 많은 맥락에서 부지불식간에 우리의 분별에 영향을 미치는 동종 구분 형태로 퍼지게 되었는지를 설명한다. 반면 쇠네르고르는 젠더화된 코드의 문화적 차이를 강조한다. 이미 암시된 것처럼 그 과정에 한계가 있더라도 그러한 코드의 내용은 협상 가능하다.[6] 또한 쇠네르고르와 하빈드 모두, 여성과 남성은 자신의 정체성 구성에서 남성성과 여성성의 표현을 다른 코드로 결합할 수 있다고 강조한다.

따라서 최근 젠더 연구는 문화적 코드의 맥락-의존적 특징을 강조한다. 즉 코드는 협상 가능하고 남성과 여성 모두 여성성과 남성성을 내포하는 표현 모드를 결합할 수 있다. 이론적 수위에서 감정 관리에도 젠더화된 특성이 있으며, 그 전략은 행위자가 여성이냐 남성이냐에 따라 다르

---

6. 부르디외는 이 협상의 제약을 남성성과 여성성 간 위계 관계로 보고 쇠네르고르는 그녀가 '메타코드'라 부른 것으로 구성된다고 한다. 그러나 내 경험 자료는 메타코드에 의한 제약의 확증이나 마땅한 분석 근거가 없었기 때문에, 이 부분에 대한 논의를 더 이상 진척하지는 않는다.

게 평가된다. 그러나 제약이 있긴 하지만 여성이 남성성을 내포한 전략을 활용하고 남성이 여성성을 내포한 전략을 활용할 수 있는 것처럼, 최소한 젠더화된 감정 관리 방식에 는 협상의 여지가 있다.

수치심/의심·자부심/기쁨·화·웃음이라는 네 영역의 감정과 감정 관리 방식을 클라의 이론, 미시정치 전략의 두 전략을 중심으로 토론할 것이다. 초점은 여성과 남성이 감 정을 다루는 방식과 관리 전략, 젠더의 문화적 코드, 사회 적 입지 간의 상호작용이다.

수치심, 두려움, 의심

활동으로서의 연구는 불확실과 의심뿐만 아니라 동료 의 비판에 대한 두려움도 낳는다. 모든 인터뷰이는 두려움 과 의심에 익숙하고, 그런 느낌을 다루는 '정확한' 방식은 내가 '속이기 게임'이라고 이름붙인 행위라는 것을 잘 알 고 있었다. 이 게임은 의심과 불확실을 명민함·통제·권위 와 같은 학계의 합당한 겉치레로 감추는 것이다. 속이기 게 임은 자신을 노출하지 않고 약함을 보이지 않는 것이다. 그러나 이 게임은 개인 수준에서 느낌을 관리하는 것일 뿐만 아니라 타인과의 관계에서 생기는 관계적 주도권으로서, '나 먼저' 전략으로 해석된다. 우리는 불확실·의심·실패를 숨기고 대신 자신감·우월감·타인에 대한 권위를 전시한다. 이것은 경쟁적인 관계에서 사회적 입지를 유지하고 강화하려는 것이다.

속이기 게임은 젠더 중립적이라 생각되지만 아래 인용문이 보여 주듯이 그렇지 않다. 나아가 속이기 게임은 의심과 불확실을 다루는 유일한 전략이 아니다. 다음의 두 조교수는 차례대로 남성과 여성인데 실패를 다루는 그들의 방식을 이와 같이 말했다.

[동료들과] 강의에서의 절망을 공유할 수는 있죠. [그렇지만 내 강의 능력에 대한 절망은 아니에요. 학생들의 이런저런 태도에 대한 좌절을 말하죠. 항상 그런 이야기를 들어요, 모든 선생은 학생들이 나태하고 수업 준비 안 하는게 어떤 건 줄 아니까요. 그래서 다들 그런 이야기를 하는거예요. 새로운 건 아니지만 "그렇지 그런 일이 종종 있지." 그런 반응이 나오게 돼 있어요. 뭔가를 공유하는 느낌, 같

은 느낌의 좌절을 갖는 겁니다. 그렇지만 학문적 좌절, 그걸 내 동료들한테 말하진 않아요. 막다른 골목에 있어, 일이 잘 안 돼 등의 말은, 안 합니다. 안 하죠, 그런 건 말하지 않아요.

이 조교수는 선생이자 연구자 입장에서 자신의 능력에 대해 '나 먼저' 전략을 택했다. 학문적 절망을 자신만 알고, 잠재적 경쟁자·동료로부터 그의 사회적 입지를 보호한다. 그러나 숙제를 하지 않은 게으른 학생들에 대한 성가심은 동료들과 공개적으로 이야기할 수 있다. 실패를 동료에게 공개적으로 이야기하느냐는 질문에 아래의 대답은 조금 다르다.

제한적으로 실패한 경우를 이야기하는 것은 괜찮죠.… 예를 들면 만약에 한 달 동안 도서관에서 엎치락뒤치락 뭔가를 하면서 시간을 보냈는데, 찾을 거라 예상했던 걸 못 찾았을 때 시간 낭비하고 일을 망칠 지경에 이르렀어요. 이런 식으로 말할 수 있겠죠, "말이지." "다시 잘 끝냈어." "그게 전혀 좋지 않아." "이제 뭘 하지?" 하지만 내 자신의 심오한 가치에 대한 진정한 회의 — 항상 생산적인 연구 과정의 한 시점에서 나타나는 — 그건 절대 발설할 수 없죠. [말하면] 사람들이 그냥 그렇게 믿을걸요. 내가 여성이니까 뭔가 잘못된 것처럼 보이죠. 아, 이 환경에서는 나와 관련된 모든 것이 잘못이에요. 사람들이 그걸 기꺼이 믿고, 만약 내가 해결이 안 된다고 말하면 그 사람들은 내가 뭘 많이 해결하지 못한다고 생각할 거예요. 그래서 사람들이 그런 식으로 생각할 틈을 안 줘요. 여긴 남성을 위한 직장이고 약점을 보이면 안 되니까. 그래서 나도 내 약점을 안 보입니다.

이 조교수도 자신의 학문적 능력에 대한 깊은 존재론적 회의를 동료들과 공유하길 꺼렸다. 이 지점에서 그녀는 속이기 게임을 한 것이다. 그러나 앞 인용문에서 남성이 속이기 게임을 당연한 전략으로 삼는 한편 이 젊은 여성은 근무지가 속이기 게임이 규범인 '남성을 위한 직장'이라는 사실을 근거로 그 전략 사용을 정당화한다. 그 게임을 잘못하는 '약점'을 드러내면 여성의 '약점'은 연구를 잘못한다는 생각으로 이어진다. 이 조교수는 그녀가 해결할 수 없다는 것을 인정하면 동료들이 자신이 할 수 있는 것이 그렇게 많지 않다고 생각할 것이라고 했다. 따라서 그녀는 학계에서 회의와 불확실을 감추는 경계 준수가 유독 여성에게 필수적이고 중요하다고 믿는다.

남녀 모두 속이기 게임을 한다. 그러나 박사과정생 중에서 일부 어린 여성이 그 전략에 대한 대안을 찾기 위해 노력했다. 그들의 서사에서 그 거짓 행위를 불편하고 이상하게 생각함을 알 수 있었다. 몇몇 사례에서 그들이 회의와 불확실을 의도적으로 드러내기로 결정한 상황을 말했다. 아래 인용문은 이러한 '너 먼저' 전략이 어떻게 수용되었는가를 보여 준다. 이 젊은 여성은 박사학위과정 세미나에서 공개적으로 자신의 자료, 질문, 불확실을 드러냈다. 그녀는 세미나가 다른 사람과 함께 일할 기회이자 마음을 열고 다른 사람에게서 연구에 대한 의견을 들을 기회로 보았다. 달리 말해 그녀는 협동을 중요하다고 보는 '너 먼저' 전략을 따른 것이다. 그런데 그녀는 다음과 같은 사실을 발견했다고 한다.

이것을⋯약점으로 보더라고요. 강함을 증명해야 하는데, 내가 그걸 못 한 거죠. 왜냐하면⋯내 방식은 의도적으로

'약한' 방식이었어요. 항상 그냥 들으려 하고 궁금해하고 내 자신을 '약하다'고 드러내요. 그런 식으로 사람들을 더 잘 알아야 한다고 생각하니까요. 그게 내가 취하는 방식이에요. 내겐 정상적인 행동이 정확하게 내가 약하고 속내를 내보인다는 것을 드러낸 셈이죠. 이게 정확하게 여성의 영역이라는 거고. 그게 여기서 완전 잘못 이해되고 있죠. 절대 그렇게 해서는 안 됐어요.

이 서사에서 자신의 해석과, 그녀의 회의와 불확실을 다루는 방식에 대한 동료들의 해석 사이를 오락가락하는 것을 볼 수 있다. 그녀는 자신의 평소 태도를 의도적이고 타인과의 교류에서 타당하며 생산적이라고 기술한다. 그러나 동료들의 인식 프레임에서는 자신의 방식이 약함, 강함의 부재로 인식됨을 알게 되었다. 그녀는 자신의 방법을 긍정적 의미를 띤 여성적인 것이라고 분류하지만 동료의 눈에 여성성은 학자로서의 약점으로 보인다고 명확하게 했다. 말하자면 그녀는 여성성과 약함의 등치 관계를 여성성과 개방성의 등치로 전환하려고 노력한다. 그러나 나머지 서사에서, 동료들이 그녀를 학문적으로 혼란스러워하는 젊은 여성이라고 보는 그들의 판단을 반복하고 확증한다는 것을 보여 준다. 그녀는 사회적 입지를 잃고 동료들은 그것을 얻는다. "내 입장을 알려 하지 않고 그냥 그들의 틀로만 읽죠." 그리고 잠시 멈춘 후 그녀는 자신을 동정하는 발언을 들었다고 했다.

한 '남자'가 다가와서 볼을 툭툭 치더니 나중에 그게 뭔지 자신이 설명해 줄 거라 하더군요. 인터뷰 시간을 맞추자고 제안을 하더라고요. 그리고 그의 접근법에 따라 어떻게 내 이론적 시각을 고쳐야 할지 설명했어요.

그녀의 개방적인 전략에 대한 동료들의 반응은 '나 먼저' 제스처이다. 그들은 그녀의 시각에서 상황을 고려하지 않고 그녀의 연구 프로젝트를 언급조차 하지 않는다. 대신에 그들 자신의 관심사를 이야기하고 위로와 동정을 보이면서 박사과정생인 그녀의 열등감을 부추기고, 이로 인해 그녀의 입지 상실을 초래한다. 그런 개방적인 전략을 시도하고 속이기 게임의 대안을 위해 노력하는 이는 박사과정생 중에서도 다름 아닌 젊은 여성들이었다. 그러나 몇몇은 자신도 경험을 통해 지금부터는 속이기 게임을 익히고 적극적으로 활용할 것을 고려 중이라고 했다.

속이기 게임의 반대는 위계 반대편에 있는 부교수와 정교수 여성들에게서도 나타났다. 이들 중 일부는 회의, 불확실, 실패를 집단적으로 공개하면서 대항 문화를 적극적으로 만들려고 했다. 한 조교수는 그녀의 교수(여성)가 연구 실패를 공개하는 문화를 만듦으로써 이런 노력을 한다고 했다.

시도해요. 우리가 실제로 몇 미팅에서 해봤어요. 연구 실패 [말하기]를 원합니다, 우리 분야에서는 그런 걸 잘 말하지 못하니까요. 그런데 우리가 일단 시도를 하긴 한 거죠. 내 자신의 실패, 묻혀 있는 프로젝트 몇 가지를 말했어요. 이게 말할 수 없이 잘 진행됐어요, 모든 사람이 다 실패를 하니까요(웃음)!

이 시도는 협동 관계에 기반한 '너 먼저' 전략을 암시한다. 이것의 목적은 우리 모두가 실패에 괴로워하고 큰 실패를 만나기도 한다는 사실을 집단적으로 인정함으로써 회의와 불확실 느낌을 정당한 것으로 만드는 것이다. 그 '묻혀 있는' 프로젝트를 기꺼이 드러내는 사람은 동료들을 위한 입지를 마련한 것인데, 동료들이 막다른 골목에 있는 프로젝트를 도와 앞으로 나아가게 서로 도울 수 있기 때문이다. 한 여성 부교수는 이와 같이 말했다.

> 모두가 성공과 실패를 공개하진 않죠. 모든 사람이 똑같이 분명한 신호를 보내길 바라진 않아요. 하지만 그걸 꺼내서, 언제 뭔가 출판할 것이 있다고 다른 사람에게 말하는 사람들도 있어요. 마찬가지로 실망할 때도 말을 해요. 내 생각엔 여기 많은 사람은 그들이 뭔가 거부당할 때 누구에게도 말을 하지 않아요. 서로를 동료로 대우하지 않아요. 너무 수줍어하거나 너무 야망이 크거나 그런 거겠죠. 인정컨대 나는 그런 것에 낯을 가리는 편은 아니에요.

그러나 개방성은 한계가 있는데 위계에서의 지위가 그 한계를 결정하는 요소이다. 예를 들어 한 여성 교수는 이렇게 정리했다.

글쎄, 큰 실패를 말하는 데 문제는 없어요. 반대로 내가 한 모든 것이 그렇게 큰 성공은 아니란 걸 보이려고 합니다. 나도 학회 발표 거절당하고 이런저런 일들이 있죠. 그렇지만 어떤 상황이나 미팅에서 나 자신을 바보로 만드는 것을 다 말하진 않아요. 내가 사람들에게 말하지 않는 게 정확하게 바로 그거예요, 수치스러움은 개인적인 느낌이니까. 스스로 그런 느낌을 안 갖도록 해야 한다고 봐요.

지금까지의 분석을 요약하면 연구 과정에서 생기는 회의와 불확실을 다루는 여러 방법이 있다. 남녀 모두 이런 느낌을 다루기 위한 공인된 전략으로 속이기 게임을 한다. 이것은 '나 먼저' 전략이고 그것 자체로 젠더 중립적이다. 그러나 이 전략에서 벗어난 것이 약함의 징후로 읽히고 여성이 그런 약함을 표현할 때, 학문적 약점과 여성성 개념을 가동시킨다. 속이기 게임은 남성성 개념과 노골적으로 연결되지는 않는다. 그러나 안티테제인 약함의 전시는 여성성과 연관되고 이로써 속이기 게임은 간접적으로 남성성의 함의를 띤다. 여성이 속이기 게임을 하지 않는다는 말은 아니다. 그러나 남성과 비교할 때 여성은 이 게임 실천에서 더 모호하고 성찰적인 태도를 보인다. ('너 먼저' 전략을 활용하여) 회의와 불확실을 공개적으로 표현함으로써 속이기 게임에 저항하는 이도 다름 아닌 여성이다. 학계의 경쟁적인 관계에서 속이기 게임의 대안을 만들려는 시도는 여성의 입지 상실을 초래하는 학문적 약점으로 보이거나 더 큰 학문 세계에서 작은 반[反]-문화적 섬으로 생존하는 것이다.

자부심

동료의 인정은 연구의 보상이고 앞에서 언급했듯이 자부심은 인정에 잇따르는 느낌이다. 거의 모든 인터뷰이는 학문적 성공의 여러 경험과 관련해 자부심과 기쁨을 기술했다. 그러나 학계에서 자부심은 금지된다. 자부심을 드러내면 학자에게 부적절한 제 자랑으로 생각된다. 이 금지가 '복화술'로 우회되고 이를 통해 자부심은 즐거운 이야기나 유용한 정보를 건네며 전시된다.

남녀 모두 학문적 성취와 관련해 자부심을 느끼고 복화술 전략에 익숙하다. 복화술은 '나 먼저' 전략이다. 복화술사는 자신의 성공에 주목하고 다른 이(경쟁자)를 상대로 사회적 입지를 주창한다. 그러나 자부심과 복화술은 모호한 것이다. 자부심은 자기 존경과 기쁨의 표현이지만 거만과 자만이기도 하다. 복화술은 동료 간 선물 주기 형태로 이해되지만 그 행동은 자기홍보로 해석될 수 있다.

여성은 자부심 같은 긍정적인 자기 느낌을 표현하리라 예상되지 않는다. 남성도 마찬가지이지만 남성과 달리 여성은 그 금기를 수용한다(Stoppard and Gruchy 1993). 내 연구에서 나온 일반적 경향은, 남성은 이 패턴에 잘 맞는다는 것을 확증한다. 남성은 그들이 당연하다고 보는 복화술 전략으로 재빠르게 자부심 전시의 금기를 우회하고, 여성은 자부심을 몇 가지 다른 방식으로 표현한다. 어떤 이는 복화술 전략을 취하지만 순화된 형태로 한다. 또 어떤 이는 주류 느낌 규칙을 잘 따르고 자부심을 잘 감춤으로써 그 금기를 준수한다. 마지막으로 복화술의 대안적 전략을 취하는 여성들이 있다. 아래에 자부심을 다루는 그 상이한 방법이 기술되었다.

나는 밖에서 한 일을 다른 사람들이 알게 될까 봐 엄청 신경 써요. … 모든 걸 막 알릴 필요는 없어요. 내가 언제

학술지에 논문 게재를 했다거나 내 전문 동료들을 위해 뭘 했다는 것을 말하지 않아요. … 그들도 당연히 그걸 잘 알고 있어요. … 누가 이런저런 학회에서 있었던 한 재미있는 에피소드를 말했는데, 내가 거기 있었고 기조 연설자 중 한 명이었다는 게 나왔어요.

이 젊은 여성은 복화술을 활용하지만, 그것의 목적과 한계에 대한 정확하고 전략적인 자각 속에서 이를 사용했다. 그녀는 복화술을 특별한 종류의 일에만 사용한다고 강조하고 같은 학과 남성들의 행동을 부정적인 사례로 이야기했다.

뻔뻔스럽게 자화자찬들을 하죠. 항상 뭘 했고 왜 했는지 말하는데 진짜 황당해요. 여기 남자들 말하는 거예요, 거의가 다 그래요. 다들 그 사람을 엄청 역겨워해요. … 정말 기괴하다 싶을 정도로 그리 하는 사람들이 있다니까요. 나만 그렇게 생각하는 게 아니에요. 세상 일이 다 그렇죠, 뭐.

이 인용문은 복화술의 모호한 속성을 기술하고 있다. 그녀가 보기에 '기괴한' 남성들은 선을 넘어 복화술을 적당하게 활용하는 한계를 지키지 않은 것이다. 따라서 그녀는 남성 동료들의 사회적 입지에 대한 권리주장을 거부한다. 그러나 다른 여성들은 그 경계를 만들지 않는다. 그들의 전략은 자부심을 완전히 감추는 것이다. 그들은 자신의 성공을 침묵함으로써 자부심 금지를 준수한다. 이 방식은 '나 먼저' 전략도 '너 먼저' 전략도 아니다. 그런데 이것의 비의도적 결과는, 복화술을 쓰는 이들에 비해 그 여성들을 상대적으로 눈에 띄지 않게 만들어, 그들의 입지 상실을 가속한다는 것이다. 이런 이유 때문에 자부심 전시 금지를 받아들이는 것은 대체로 양면성을 띤다. 자신의 성공을 오로지 과 연례보고서와 같은 공식 채널을 통해서만 드러내는 한 부교수는 다음과 같이 그 양면성을 표현했다.

아니요, 우리에게 '과시의' 만남은 없지요! 아마 하긴 해야 할 텐데, 그렇지만 안 하죠. 글쎄요, 자신을 광고하면서 돌아다니는 데 얼마나 많은 시간을 써야 할지, 한계가 있어요. 나는 못 하는데, 글쎄요.

그녀는 '스스로를 광고한다'는 생각을 경멸하지만 그것을 충분하게 하지 않은 것도 인정했다. 더 젊은 한 여성이 비슷한 이중 감정을 간접적으로 암시한다.

인터뷰어: 학회 같은 데서 성공을 경험할 때 다른 사람에게 말해요?
인터뷰이: 글쎄요, 전에는 그렇게 많이 하지 않았어요, 그게 중요하다고 생각하지 않았으니까. 그런데 지금은 해요. 지금은 정말로 그럴 의향이 있어요.

예전에 그녀는 자부심과 업적 전시를 하지 않았지만, 이런 행동이 성공을 알리는 다른 동료들보다 자신의 존재감을 약화시킨다는 것을 깨달았다. 그런데 왜 자부심 표현을 주저하는 것이 그 누구보다도 여성인가? 아래 한 부교수의 서사에서 그 이유를 알 수 있다.

좋은 학술지나 뭐 그런데 게재가 되면 시기猜忌를 느껴요. 기쁨이 공유되지 않는 느낌을 받습니다, 간접적으로요. 논문 게재를 엄청 많이 하면 자료를 재분석해야 할 수도 있다니까요. 나는 [동료들과의 일의 분담에서] 등록된 기존 데이터의 세트를 연결하는 작업을 하는데 가만 앉아서 자신의 질문지만 보내는 이들이 있기도 해요. 실은 내가 [질문지를 받아] 앉아서 분석하는 것에 문제는 없어요, 나는 그런 질문지를 보내지도 않고 강좌도 별로 없으니까. 내가 말하고 싶은 것은 사람들이 계속 이것을 어떤 기여로 보기보다는 폄하할 구실을 찾고 있다는 거예요. 종종 한쪽에서는 속사정을 잘 모르는 가십이 돈다고 느끼기도 하고, 어떤 때는 뭘 출판하면 말보다 더 큰 침묵이 돈다는 생각이 들기도 하고요.

또 다른 한 여성이 성공을 잘 말하지 않는 이유를 이렇게 설명했다.

"자신의 성공을 퍼뜨리지 말라"는 문화 때문이죠. 그래서 나도 안 해요. 내겐 이미 학과장급 사람 중 하나가 나를 '고공비행 출세 지향형'이라고 부르는 이미지가 있는걸요. 그래서 더 악화시키고 싶지 않아요. (다른 사람의) 사기를 저하시키는 그런 종류의 인간이 되고 싶지 않거든요.

남녀 모두 동료로부터 시기를 경험한다. 문제는 성공한 여성은 성공한 남성과 다르게 평가되는가이다. 앞에 언급된 두 여성은 매우 능력이 뛰어났다. 첫 번째 여성은 자신의 작업이 폄하되고 업적은 무거운 침묵을 맞았으며, 두 번째 여성은 다른 이들로부터 기괴한 '출세 지향형'이라고 다소 경멸적으로 분류되었다. 위 인용문들에서는 젠더의 중요성이 분명하게 드러나지 않았다. 다른 한 부교수가 다음과 같이 그것을 드러냈다.

  학계에서 성공한 여성이 되는 것이 얼마나 어려운지 모를 거예요. 기괴하게 보일 뿐만 아니라 거만하다고 봐요. 마치 스스로를 다른 사람보다 훨씬 더 가치 있다고 생각하는 것처럼 말이죠.

이 견해는 여성이 긍정적인 자기 느낌을 드러내고, 성공을 보이기 위한 전략으로 복화술을 사용하는 것 모두가, 학계의 젠더 문화 코드와 충돌한다는 것을 보여 준다. 학계에서 성공한 여성은 자신이 의심받는다고 느끼고 그래서 그들의 성공과 자부심을 잘 감춘다. 그러나 이 전략을 추구하는 한 그들은 복화술을 쓰는 이들과 비교해 눈에 덜 띄고 사회적 입지를 잃을 위기에 처한다.

여성이 속이기 게임의 대안적 전략을 발굴하는 노력을 하는 것처럼 복화술의 대안을 찾으려는 이도 여성이다. 다시 한 번 대안 문화 – 이 경우 자부심 표현을 하는 것 – 를 만드는 노력을 한 이들이 부교수와 정교수 레벨이었다.

뿌듯함과 기쁨을 말하는 이가 드물게 있긴 해요. 뭔가 게재했을 때 나와서 사람들한테 말을 합니다.

위 인용문은 한 부교수의 이야기이고, 다른 한 여성 조교수는 그녀의 교수(여성)에 대한 다음의 이야기를 해 주었다.

나는 우리 교수가 과에서 자부심을 높이려 한다고 생각해요. 사고방식이 우리가 한 일을 자랑스러워해야 한다는 거예요. 작업에서 느끼는 기쁨을 조금 더 높은 수준에서 갖도록 노력하는데, 말할 수 없이 좋은 것이라고 생각합니다. 그 분은 여러 일에 우리가 기여한 바를 정확하게 인정해 주세요. 그래서 자신이 하는 일에 더 많은 긍지를 갖도록 하는 거죠.

다음 인용문에서 한 교수는 감정과 자부심의 공개적 표현을 허락하는 문화와 이 가능성에 저항하는 다른 사람들에 대한 자신의 느낌을 기술했다.

> 자신의 일이나 학과 일에 거의 자랑스러움을 느끼지 않아요. 표현하는 걸 관용하는 문화가 아니에요. 우리 과만의 특성인지 아니면 덴마크 정신문화의 문제인지 잘 모르겠어요. 그런데 우리가 아무리 극도로 조심하고 또 조심한다 할지라도 성취를 자랑하는 것은 허용되지 않아요. 사람들이 등 뒤에서 토닥토닥해 주거나 당자가 된 것처럼 기뻐하는 모습이 그립습니다. 서로의 성공을 기뻐하는 것이 단체정신을 높이는 일이니까요.

이 교수는 연대 의식과 협동에 기반을 두고 개인의 성공이 전체 팀의 성공에 기여한다고 보는 '너 먼저' 전략을 경쟁적인 관계의 대안으로서 열망한다.

요약하면 남녀 모두 자부심 전시를 위한 정통의 전략

으로 복화술을 취하지만 전략의 한계에 대한 인식은 다르다. 복화술의 적절한 활용은 '나 먼저' 전략이지만 그것의 성공은 경계를 어디에 두느냐에 달려 있다. 어떤 여성은 남성들이 상식적인 경계를 지나치게 넘어서는 경향이 잦고, 그 경계의 위치가 남성보다 여성에게 더 좁게 주어진다고 말한다. 학문적 성공과 여성이라는 조합은, 젠더 기준에서 문화적 코드를 거스르는 것이기 때문에 그것 자체로 의심스러운 것이다. 이런 이유로 남성은 복화술이라는 정통의 방식으로 그 금지를 우회하는 한편, 여성은 남성보다 자부심 전시 금지를 훨씬 더 준수해야 한다. 복화술의 예술을 구사하는 남성에게 따르는 보상은 더 많은 가시성, 더 강한 자기 존경, 더 높은 사회적 입지이다. 특히 여성 부교수나 정교수가 여성이 복화술을 적절히 활용하기 어렵다고 강조한다. 그러나 더 젊은 여성들은 복화술을 기꺼이 배우고 실천할 의사를 표명하는데, 다시 말하면 전통적인 젠더 코드에 따른 경계를 넘어설 의지를 표현했다. 자부심을 드러내는 문화는 한편에서 자부심 전시와 성공, 다른 한편에서 여성성 전시가 양립하기 어려운 문화에서, 대항 문화적인 반응이라 할 수 있다. 오직 여성만이 이런 종류의 대항 문화를 기술했다.

화

학계는 강렬한 수치심·괴로움·화를 낳는 조직이다. 그러나 화를 드러내는 것은 학계의 느낌 규칙을 어기는 것이다. 한 인터뷰이가 말한 것처럼 "너무 원시적이다." 그럼에도 이 연구에 참가한 모든 이는 남녀 불문하고 인정, 자원, 종신 재직권을 위한 투쟁에서 수치심과 화를 느낀 에피소드를 말하며, 불공정하고 불쾌한 대우로 인한 화를 언급했다. 그런데 그 느낌들과 그것들을 다루는 방식은 다르게 표현된다. 아래 인용문은 남성이 화를 다루는 예이다. 한 조교수는 동료들이 고려 중인, 지금까지 이어진 조교수직과 부교수직에 대한 지속성 원칙을 깨는 한 제안에 얽힌 상황을 기술했다.[7] 그에게 개인적 영향을 끼쳤고 "그 상황 때문에 나를 포함해 몇 사람이 상급 기관에 문제 제기를 했다."고 덧붙이며, 자신이 몹시 화가 났다고 했다. 또 다른 조교수는

---

7. 이 '지속성' 원칙은 조교수 임용이, [현] 조교수도 지원할 수 있는 부교수 임용공지 다음에 항상 이뤄지는 정책을 말한다.

과내 임용공지 연기에 대한 당시 반응을 이같이 말했다.

정말, 너무 너무 너무 화가 났어요. 몇 모임에서 분명히 말했어요. 내게만 그랬던 건 아니에요, 다른 직급도 연기됐어요. 내 직급 공지가 아니라 그냥 일반적인 광고였어요.

이 조교수들은 부당한 대우로 인한 화를 회상하며 이를 어떻게 말이나 글로 표현했는지 말했다. 화를 이런 식으로 다루는 것이 '나 먼저' 전략이다. 이해 갈등에 대한 인식이 화 느낌의 출발 지점이고 그다음에 위협, 불평, 타인을 향한 권력 전시로 표현된다. 이 불쾌한 화는 면전에서의 격돌, 문제를 제기하는 편지, 협박 이메일 등의 형태로 협상을 요구하는 그들의 몇몇 서사에서 등장했다. 화를 내거나 협박 이메일을 보내는 것은 남성의 소통 방식이기도 하다. 조금 덜 공식적인 상황에서 일어난 이런 종류의 화와 그에 대한 반응을, 한 부교수가 자신이 조교수였을 때 겪은 에피소드를 통해 설명했다.

내가 방을 예약하는 책임자로 되어 있었는데 서면으로 엄청 질책을 받았어요. 질책을 받은 사람이 나라는 게 불공정했어요. 정당하게 화가 났죠. 들어가서 학과장하고 정말로 끝장을 본 거 기억하고 있어요. 상황이 진짜 성질나게 했거든요. 들어가서 말도 안 되게 비이성적이라 하고 사과를 요구했어요. 그 사람은 할 수 없다고 했고. 그래서 몇 주 동안 냉랭한 분위기가 계속됐어요. 결국 나중에 정상으로 다시 돌아왔는데 둘 다 조금씩 양보를 했거든요.

그는 [자신의 화에 마땅한 원인이 있다고 스스로를] 정당화한 화를 냈고 그렇게 화를 다룸으로써 사회적 입지를 잃지 않았다. 그가 말한 것처럼 정상적인 관계를 곧 회복했기 때문이다. 또한 이 에피소드에서 문제가 있던 동료와 그때 이후로 동지가 된 내용이 인터뷰 후반에 나온다. 화를 드러내는 것은 존경을 강제하고 결국 입지를 얻는 데 기여한다.

남성과 마찬가지로 여성도 그들이 불공정하고 비합리적인 대우라고 생각한 것에 대한 화를 기술했다. 어떤 이는 공식적 상황에서 화를 어떻게 드러내는지 말했고, 또 어떤 이는 화를 참을 필요가 있음을 무엇보다도 강조했다. 아래 인용문은 후자의 방법을 기술한 것이다. 평가위원회에서 부정적인 평가를 받은 한 조교수는 자신이 매우 불공정하고 부정확하게 평가받았다고 느꼈다. 그녀는 지극한 분노를 느끼고 이렇게 반응을 묘사했다.

그렇죠, 화를, 너무 많이 말하지 않아야 해서 화를 눌러야 해요. 안 그러면 자신을 너무 내보이는 거니까.

이 인용문은 그녀가 동료에게 화를 내는 것이 위험하다고 봄을 보여 준다. 그녀가 말한 것처럼 동료들에게 그녀의 화와 화의 대상에 대해 '너무 많이 말하지 않아야' 하는 것이 중요하다. 동료들이 다음에 그녀의 공격자가 될 확률이 높기 때문이다. 그 외에도 이 조교수는 화 표현이 위험하게 많은 것을 노출시킨다는 믿음을 보인다. 그렇지만 화를 통제하는 것이 항상 가능하지는 않으며 이후 자기 책망과 불안감도 낳는다. 한 부교수가 이 지점을 말했다.

종종 그냥 화를 참고 학과장에게 무턱대고 동의해서 완전 멍청이가 된 것 같아요. 나는 어떤 일이나 역할에 능란한 능력을 발휘하는 사람을 존경해요. 그 사람들은 해본

적 없는 어떤 일을 성취했다는 인상을 주니까요.

그녀는 화를 드러내는 것이 부적절한 방법이라고 느끼지만
왜 그런지는 설명하지 않았다. 그러나 아래 인용문은 학계
에서 여성이 화낼 때 어떻게 인식되는지를 잘 보여 준다. 그
녀는 화를 낸 것이 얼마나 안 어울리는가를 회고했다.

> 왜 그런 상황이 있었는지 기억을 못 하겠는데 아무튼 한
> 상황이 있었어요. 그러니까 과 미팅에서 내가 화, 신경질이
> 나고 짜증스러운 상황이었는데 동료 몇이 이 센 여성(자
> 기 자신)이 감정을 표현할 수 있다는 것에 엄청 충격을 먹
> 은 거예요. 그런데 내가 그런 식으로 폭발할 때 대부분의
> 동료가, 내가 대처할 수 없거나 다룰 수 없는 어떤 것이 있
> 다고 생각하는 것 같았어요. 그래서 아주 교묘한 방식으
> 로 대응하더라고요. 어쨌든 학과장이 좀 더 차분하게 스
> 스로를 표현해야 한다고 몇 차례 조언을 했어요.

이 여성은 화를 항상 참지는 않는다. 동료들은 그녀를 주
어진 상황에 대처를 못 하는 사람으로 딱지 붙이고 화 표

출에 모호하게 반응하고, 학과장은 그녀에게 어떻게 행동해야 할지 조언했다. 말하자면 그녀의 화 표출은 입지 상실로 이어진 것이다. 또한 화가 난 여성을 '신경질적이고', '성마르고', '까다롭다'고 인식한 것은 남성의 서사에서 나온다. 한 남성 부교수는 그 견해를 이렇게 표현했다.

화를 내는 쪽은 주로 여성이에요. 우리도 몇 명 있어요, 한 사람은 까다롭고(웃음), 다른 한 사람은 진짜 무뚝뚝해요. 부당한 대우를 받았다고 느낄 때 그러는데 다른 사람 앞에서 분노를 표출합니다!

남성은 화난 여성을, 통제력을 잃고 약하고 무기력하며 여성성이 부족하다고 생각하는 경향이 있다. 이것은 여성이 화를 표출할 때, 여성은 사회적 입지를 잃을 위험이 있음을 뜻한다. 이 때문에 여성은 화를 통제하려 한다. 그러나 자기 통제와 화의 억누름은 어떤 대가 없이는 불가능하다. 수치심과 화의 억누름은 사회적 침잠을 이끌 수 있다. 침잠과 소외를 낳는 절망적인 화를 말한 이는 거의 대부분 여성이고 폭발적 화를 말한 이들은 남성이었다. 폭발적 화는 주류 느낌 규칙을 위반한 것이지만 사회적 비가시성을 낳지는 않는다.

요약하면 화는 원칙적으로 학계에서 금지된 감정이지만 그럼에도 모든 이에게 익숙한 감정이다. 쉴즈(Shields 2002)에 따르면 여성은 그들의 화 통제 상실에 좀 더 초점을 맞추고 남성은 화의 정당화에 초점을 맞춘다. 내 연구에서도 같은 패턴을 보인다. 학계에서 남성은 그들의 화를 강함의 전시로 기술하고, 여성은 화를 통제할 필요성을 기술하는 경향이 있었다. 이러한 화 관리 전략은 여성과 남성 측의 화 표출에 대한 해석으로 뒷받침된다. 화난 여성은 성질 고약하고 신경질적이며 약하고 무력한 존재로 보는 반면, 남성이 표출하는 화는 강함의 전시로 인식된다. 한 여성 박사과정생이 이런 화, 강함, 젠더의 상호작용을 아래 인용문에서 잘 표현한다.

남성, 나이가 더 많은 동료들이 남성 박사과정생에게 했던 것과 달리 나를 정면으로 공격하진 않았어요. 그래서 그냥 고개를 이쪽에서 저쪽으로 왔다 갔다 했어요. 내가 화를 냈다면 그 사람들이 나를 더 많이 존경했을 거라 생각해요.

이 인용문은 학계에서 화와 젠더의 복잡한 작용을 가리킨다. 화는 남성 간 교착상태의 다툼이나 학문적 논쟁에서도 나온다. 여성과 학문적 지위는 이런 종류의 전투로 넘어가지 않는다. 여성은 학문적 논쟁에서 폭발적 화에 노출되지도 않고, 화를 표현할 것이라 예상되지도 않는다. 위 박사과정생이 기술한 방식처럼 그들은 무시되고 비가시적이며, 그들 연구를 토론하는 상황에서도 관망자로 인식된다. 그녀는 자신이 화를 냄으로써 더 많은 존경을 받을 수 있었을지 궁금해한다. 그러나 이것이 그녀에게 도움이 되었느냐가 문제다. 그녀가 화를 내는 것은 무기력과 약함의 표시로 해석되었을 것이다. 이 때문에 여성은 화난 감정을 통제하려고 한다. 그러나 화는 우리가 쉽게 통제할 수 있는 것이 아니다. 화는 다른 형태의 느낌으로 전환되며 사회적 침잠, 비가시성이라는 의도치 않은 효과, 다시 말해 사회적 입지 상실을 초래할 수 있다. 내 연구에서 나오는 패턴 역시 남성은 화를 냄으로써 입지를 얻지만 여성은 어떠한 전략으로 화를 다루든 입지를 잃을 가능성이 높은 것으로 나타났다.

웃음

앞에서 이미 웃음과 유머는 갈등과 긴장을 다루는 해방적 방법으로 묘사되었다. 유머가 즐거움이라는 느낌을 공유하여 긴장을 완화하기 때문에 이는 '너 먼저' 전략으로 해석된다. 유머는 학계에서 가치 있는 능력이고 당연히 사회적 입지를 얻도록 한다. 그러나 공유된 즐거움의 전제조건은, 사람들이 ─ 유머의 대상이 되는 ─ 공통의 사회현실을 구축하도록 교류하는 것이다. 학계에서 동료들이 서로를 깊게 만나지 않더라도, 유머가 공유되는 비공식 공동체로 '맨 밑 단계 유머'나 '농담하는 사이'를 볼 수 있다.

네, 실험실에서 매일 웃죠. 자주 그래요. 실은 매일 그래요. 농담을 항상 던지죠. 환한 웃음과 유쾌함이 늘 가득합니다. 작은 실험실이 무수하게 있고 그중 한 실험실에 남자애들이 우글거리는데, 하루 종일 앉아서 음담패설도 하고 그러죠(웃음). 우리 모두가(웃음) 음흉해서가 아니라…(웃음).

이 남성 박사과정생은 음담패설의 공동체를 '남자애'들만 독점한다고 암시하지만 같이 웃고 농담하는 이들이 남성 박사과정생만은 아니다. 아래에서처럼 여성 박사과정생들도 그렇게 한다.

> 엄청 웃죠(웃음). 점심 막간에나 실험 돌릴 때 앉아서. 정말, 정말 많이 웃어요.
>
> 개인사에도 웃고 학문이나 그냥 우스운 말, 농담에도 웃죠. 우리는 점심 테이블에서 다들 더러운 농담 전문가예요. 전부 다 웃음이 되죠. 그런데 길게 웃지는 않아요. 앉아서 더 심각한 일들에도 수다를 많이 떤다고 생각해요. 어찌 됐든 우린 정말 좋은 친구들이에요.

남녀 박사과정생 모두 '음담패설'을 공유하는, ─ 남녀가 같이 있거나 따로 있는 상황에 상관없이 ─ 다 함께 웃는 상황을 기술한다. 남성 중 일부는 여성이 있을 때 농담은 조금 다르다고 회상한다. 그러나 남녀 박사과정생 모두 공통의 현실을 경험하고, 위계에서 아래 직급이라는 동일한 지위가 공동 웃음의 근간이 된다. 그들은 학계 규범과 교수를 비웃고 음담패설을 하며 더러운 농담을 주고받는다. 이런 종류의 유머가 박사과정생에게 일종의 공동체 의식을 조성하는 것이 분명하고 '너 먼저' 전략으로 해석된다.

이런 장면은 위계의 윗단계로 넘어가면 달라진다. 조교수나 부교수가 되는 것은 개인주의화와 전문화를 따르는 것이고, 사회적 관계의 특징이 당연히 변한다. 6장에서 기술한 것처럼, 내가 '농담하는 사이'라고 부른 특정의 유머러스한 상호작용이 전개된다. 한 남성이 다음과 같이 그 양상을 기술한다.

그럼요. 다른 사람이 말한 것을 좀 꼬지! 그런 걸 진짜 잘하는 사람들이 있어요. 커피 타임에 자주 놀리고 서로 조롱하고 그러죠.

농담하는 사이는 점심, 커피 타임, 복도나 사무실에서 일어난다. 그것은 놀리기, 비꼬기, 정치적으로 부당하거나 도발적인 언사를 하기, 혹은 희롱과 비슷한 형태이다. 농담하는 사이는 긍정적 의미의 친목을 증진시키는 '너 먼저' 전략이다. 그러나 '나 먼저' 전략과 맥을 같이하는 경쟁적인 요소도 있다. 사람들은 서로 놀리고 도발하는데, 이 인용문에서 알 수 있듯이, 어떤 사람은 그것을 다른 사람보다 더 잘한 다. 게다가 이런 종류의 유머는 젠더화된 내용이 있으며 남 성이 더 거리낌 없다. 한 부교수는 "남성의 농담은 (여성들 과 있을 때의 상황과 비교하면) 톤이 더 역하고 더 상스럽 다."고 말했다. 많은 인터뷰 서사는 농담하는 사이에서 나오 는 소통 형태가 남성에게 독점적이고 대개 남성에게 마련된 것이라는 의견을 뒷받침한다. 남성들 발언의 예이다.

그래요, 남자들만 하는 걸 봤어요. 일종의 우월감의 증거 죠, 아시죠? 상황 통제에 관한 것이니까, 안 그런가요? 농 담을 그럴 때 할 수 있는 거예요. 하하하, 어쨌든 (여성들 이 있을 때 하는 우스갯소리와 비교하면) 내용에서 놀라 운 젠더 차이가 있어요(웃음). 분명히 넘지 않는 젠더 장벽 이 있습니다.

재미와 가벼운 농담이 느낌이라면(웃음) 어쨌든 내가 우 리 과에서 보는 남성들이 여성보다 그것(재미와 가벼운 농담)을 더 쉽게 표현하죠.

같은 견해가 아래 대화에서도 분명하게 드러난다.

> 인터뷰어 : 놀림이나 농담, 그런 것에 성별 차이가 있다고
> 보시나요?
> 인터뷰이 : 글쎄요, 그런 것 같아요. 그런 걸 하는 건 "남자
> 들뿐이죠!"
> 인터뷰어 : 남자들만요?
> 인터뷰이 : 네.
> 인터뷰어 : 단호하게 말씀하시는군요?
> 인터뷰이 : 네. 어, 어(멈춤), 어, 그런 거, 사람들이 말한 걸
> 꼬면서 놀리고 재치 있는 말을 하는 건, 그런 건 "남자들
> 만 하죠!"

남성들에게 여성은 경쟁적으로 치닫는 농담 관계에서 비껴
있다. 그러나 여성끼리의 유머 공동체도 언급되는데, 예를
들면 내 연구에서 거의 대부분의 지위에 여성이 있는 유일
한 학과의 한 조교수는, 그녀와 동료들이 얼마나 다 함께
웃는지, 그중에서도 얼마나 남성 교수들을 대상으로 희화
화를 즐기는지 말했다. 다른 과의 한 남성 조교수도 여성끼

리의 유머 공동체를 이렇게 이야기했다.

글쎄요, 훌륭한 내 여성 동료들 이야기를 들을 때면, 그러
니까 내 생각엔 우리 과는 남녀 수가 비교적 비슷한데 최
고 자리는 아니지만 그래도 실제 부교수 레벨에서도 그 수
가 비슷해지기 시작했거든요. 어찌 됐든 박사과정생이나
조교수 레벨에서도 그래요. 거의 반반이고 전체 여성이 여
성 지원자를 위한 연구 주도권에 관련돼 있어요. 그래서
이 젠더[여성]에 속하는 것이 전제조건이에요. 남성들이 함
께 있을 때처럼 그들이 함께 있을 때도 일이 생생하게 돌
아가는 걸 들을 수 있어요.

여성들은 같이 웃고 남성 교수를 패러디한다. 앞에서 인용
한 구절을 다시 살피면, 이는 남성의 특권에 대한 것만은
아니다.

강의 시간에 분위기를 흐리는 한 무리 남자애들이 있었어
요. 한번은 그런 분위기가 아침 내내 가는 바람에 끝내 질
문을 던졌어요. "그 애(실명)가 여자라면 뭐라고 했을까?"

어린 여학생 하나가 학생들을 대표해서 답을 하더라고요. "아마도 생리전증후군이라고 했겠지요(웃음). 항상 형편없이 구니까요." 그렇게 한 학생이 막았어요. 그리 사적으로까지 가고 싶지는 않았는데 여학생들이 다 같이 크게 웃었죠. 모두가 그 남자애(실명)와 그 무리가 보인 해로움에 이름을 붙였으니까.

유머와 웃음에는 포섭과 배제의 속성이 있다. 박사과정 수준에서의 '맨 밑 단계' 유머는 남녀 모두를 포함하고 협동과 연대의 근간이 된다. 그러나 남성 조교수와 부교수는 경쟁적 경향의 '농담 관계'가 남성에게만 주로, 독점적으로 마련된다고 기술했다. 그들의 '농담하는 사이'는 남성 간에는 '너 먼저' 전략이지만, 여성은 그런 관계에 진입하지 않기 때문에 여성과의 관계에서는 '나 먼저' 전략이 된다. 여성은 그들끼리의 '농담하는 사이'를 말하지 않았지만 여성이 주류이거나 다수인 상황에서는 웃음과 유머를 언급하였다. 그러나 내 인터뷰 자료에서 남성끼리의 '농담하는 사이'에 대한 기술과 달리 이런 상황에 대한 기술은 무척 드물었다. 몇몇 여성은 남성이 놀림과 유머러스한 발언을 더 잘한다고 한다. 또 어떤 여성 부교수는 학계에 웃을 일이 거의 없다고도 했다.

그래요, 웃음… 내가 여기서 하고 싶은 것은 아니에요(웃음)! 그런데 이 장소의 특유한 점으로 이것을 생각해 보긴 했어요. 예를 들어 모든 다른 맥락에서 나는 뛰어난 유머 감각을 발휘해서 정말 재미있는 이야기를 할 수 있어요. 그렇지만 여기서 해본 적은 없어요, 이 장소가 내 유머감 각을 자극하는 곳이 아니니까.

요약하면 이 분석은 사회적 입지 차지에 기여하는, '나 먼 저'와 '너 먼저' 전략 모두를 담고 있는, 경쟁적이고 유쾌한 유머 형태를 강조한다. 이 '농담하는 사이'의 형태와 내용 은 주로 남성을 위한 것이다. 여성도 웃음과 유머를 표현 하지만 여성의 유머에 대한 서사는 내 자료에 거의 등장하 지 않았다. 그 이유는 학계에서 여성은 그 수가 적고 남성 이 대다수인 세팅에서 일하기 때문이다. 유머의 필수적인 전제조건은 사람들이 활동하며 공유하는 현실이다. 여성 은 ― 특히 고위직에서 ― 드문데다 산발적으로 자리 잡고 있어서, 남성이 유머 공동체와 여러 감정적 보상에 대한 접근 기회를 얻는 것만큼의 동일한 조건이 여성에게는 없다. 이런 이유로 학계에서 일하는 여성은 유머 감각이 부족한 것으로 보이고 입지 손실이 따른다.

젠더와 사회적 입지

나는 학계에서 미시위계와 젠더 불평등이 구성되고 재생산되는 방식에 따라 사회적 미시과정이 어떻게 나타나는지 알아보기 위해 클락의 이론을 활용했다. 이 과정은 학계의 감정과 주류 감정 문화에서 일어난다. 이 문화는 감정 관리에서 특별한 전략을 선호하고 그런 전략 선택이 사람 간의 차이와 위계를 만든다. 게다가 그 전략들은 젠더 중립적이지 않다. 남성은 게임 규칙으로 그 전략들을 당연하게 생각하지만, 여성은 그것들을 활용하는 데 훨씬 더 성찰적인 편이다. 게다가 여성에게 무의식적으로 허용된 감정 관리 방식은 입지 상실 다시 말해 가시성, 인정, 상호작용 권리의 상실을 낳는다. 이것은 모든 남성이 복화술, 속이기 게임에 능숙하다거나 그 전략들을 성공적으로 활용하는 여성이 없다는 말이 아니다. 그보다 내 분석은 남성과 여성에게 사회적 입지가 다르게 할당되는 과정을 보이는, 질적으로 뚜렷하게 구분되는 패턴을 확인한 것이다.[8]

켐퍼는 권력과 신분에서의 차이가 특정 감정을 낳는 방식을 밝히고 클락은 그 반대 축, 즉 일상 상호작용에서 감정 관리가 권력과 신분 차이를 낳는 방식을 밝혔다.

학계의 일상 상호작용에서의 입지와 위계에서의 지위는 결코 같은 것이 아니다.[9] 그럼에도 감정의 미시정치의 총합적 결과는 대개 거시 구조의 지배적인 권력 관계 재생산에 기여하는, 미시적 수준에서의 사회 질서를 재생산한다

---

8. 젠더 장벽을 연구한 아스마(Asmar 1999)의 분석에서 높은 수행 능력에도 불구하고 어린 여성 연구자는 스스로에 대한 믿음, 자신감, 경력에 대한 믿음이 부족하다고 한다. 그녀는 장벽에 대한 논의를 통해 학계에서 여성이 어떻게 그들의 상황을 '느끼는지'에 대한 연구의 필요성을 주장한다. 내 분석은 학계에서 여성이 그들 상황을 '느끼는' 방식 기저에 흐르는 과정 일부를 확인한 것이다.

9. 학계에서 사회적 입지 요소가 '자본'/사회적 지위로 전환되는 것에 대한 더 상세하고 전망 있는 연구가 필요하다. 예를 들어 어떤 이는, 학계에서 지위를 얻을 때 어떤 도움이나 경력 쌓기에 도움이 되는 기회 없이, 개인의 [순수한] 능력만으로 존경과 사회적 입지를 성취했다고 생각한다. 진정한·명백한 학문적 전문성에 기반하여 사회적 입지를 성취한 사람이 있을 수도 있고, 사회적 입지가 지위로 전환하는 조건이 예를 들면 선호 연구 분야에 대한 학과 정책과 같은 다른 수위의 요소들 때문에 제약을 받기도 한다. 사회적 입지, 학문적 지위와 조건의 상호작용에 대한 후속 연구가 필요하다.

(Clark 1997). 사회적 입지는 일상의 미시위계에서 자신의 처지에 대한 상황적 협상에 대한 것이다. 그러나 사회적 입지는 삶에서 변동을 거듭하는 상황인 것만이 아니다. 입지는 우리 감정을 통해 파악되고, 상대적인 안정성을 얻어 당연하게 생각되는 자기 강화 동학이 되기도 한다. 입지는 상호작용 권리와 인정으로 확증되면서, 학계의 지지·자원·네트워크를 얻는 길을 제공하므로, 높은 사회적 입지는 경력을 강화한다. 반면에 주변적이고 종속적인 입지는 경력 개발에 거의 도움이 되지 않는다.

클락의 감정의 미시정치 이론은 감정과 감정 관리 방식이 실력주의, 위계적 구조의 재생산에서 적극적 역할을 한다는 것을 규명한다. '나 먼저' 전략은 경쟁과 위계에 기반한 실력주의 구조 재생산의 미시적 수준에 기여한다. 따라서 그 분석은 여성 임용이 부족하고 위계에서 여성이 더 느리게 나아가는 이유이기도 한(Henningsen and Højård 2002) 미시적 메커니즘을 확인하는 데도 기여한다.

10장

결론과 주장

우리는 감정과 떼려야 뗄 수 없는 존재이다. 인간의 감정은 사회적 삶의 매 측면에 퍼져 진행되는 흐름이다.

지금까지 박사과정생·조교수·부교수·정교수가 말한 대학 생활의 감정 부분을 설명했다. 그들은 감정과 관련된 구체적인 일화를 말하고, 나는 그들이 감정을 다룰 때 활용하는 전략을 '분절된 감정 작업', '친하기 정치', '속이기 게임', '복화술', '맨 밑 단계 유머', '농담하는 사이'로 이름 붙여 확인했다.

감정은 문화 규범에 동화되고 그 규범을 의식하며 조절된다. 그러나 감정은 사람 관계에서 일어나고 관계를 만드는 힘이기도 하다. 나는 특별한 감정이 학계의 '고유한 구조'에서 나오는 방식과 그 감정들이 집단 간 소통을 손상시키고 동료 관계를 해치는 무의식적인 감정의 소용돌이로 변하는 방식을 살펴보았다. 또한 실력주의 구조, 감정 관리, 비공식적 위계의 상호작용을 강조했다. 이것의 기능 중 하나가 젠더화된 느낌 규칙과 연계되어 남성의 포섭과 여성의 배제를 뒷받침하는 것이다.

나는 이러한 분석을 통해 학계의 사회적-감정 세계의 임시 지도를 그려보았다. 학계에는 매우 다양한 감정이 있다. 나는 그중 일부를 이 책에서 다루었지만 그 외에도 여러 감정이 있다. 따라서 점검하여 그리지 못한 많은 영역이 있는, 이 지도는 아직 미완성이다. 게다가 내 분석은 질적 연구이다. 나는 일정한 패턴을 확인했지만 그 패턴의 일반화를 주장하지는 않는다. 따라서 내 분석이 학계 감정에 대한 완전한 이야기는 아니라는 점이 강조되었으면 한다.

서문에서 이야기했듯이 나는 연구결과를 국제학술회의나 스칸디나비아의 여러 대학과 기관에서 발표했다. 몇몇 참가자는 내가 기술한 느낌과 감정적 역동을 그들 기관에서도 본다고 말했다. 내 목적은 특정 종류의 사회 구조가 특정 감정을 생산하는 방식을 밝히는 것이었다. 그러나 손상된 사회적 관계와 '나 먼저' 전략이 결코 대학 세계에만 있는 것은 아닌 것처럼, 실력주의와 위계 구조도 학계 조직에만 있는 것이 아니기 때문에 다른 조직에서도 시기·화·자부심·유머를 발견할 수 있다. 나는 이 사실을 인지하고 있지만, 학계에는 다른 조직과 구별되는 몇몇 특징이 있다고 주장한다. 그 특징에는 연구를 하는 활동에서 나오는 열정의 감정뿐만 아니라 역사적으로 뿌리박힌 감정 문화와 '고유한 구조'가 있다.

내 분석에 따르면 학계는 다소 불유쾌하고 독살스러운 직장이다. 그런데 역설적으로 대개의 학계 성원이 떠나고 싶어 하지 않는 곳이라는 사실도 우리는 잘 알고 있다. 일터에 대한 구성원의 이러한 감정적 양면성을 엔과 로프그렌(2004)의 연구에서 확인할 수 있다. 그들은, 구성원의 대학 생활에 대한 느낌을 설명하면서 여러 '느낌의 공존'mixed feeling이라는 용어를 사용한다. 연구자는 한편에서 연구와 동료와의 생산적인 협동에서 나오는 기쁨·열중·열정을 표현하고, 다른 한편에서 학계 삶의 또 다른 일부인 화·실망·체념·시기·슬픔·우울도 이야기한다. 내 책의 제목이 『열정과 망상』*Passion and Paranoia*인 까닭이기도 하다. 그런데 나는 사회적·감정적 수위에서 학계 삶의 좀 더 어두운 측면의 구조적·문화적 근간에 초점을 두었다. 그러나 학계에는 강렬하고 더 밝은 기분의 다른 감정도 있다. 이러한 긍정적인 감정이 내 연구에서 덜 다뤄졌지만, 아마도 학계의 감정적 톤은 정확하게 여러 '느낌의 공존'일 것이다. 이것 때문에 연구자들이 체념·실망·화라는 감정에도 불구하고 학계에 머무르는 것이다.

내 연구는 감정 과정에 대한 질적 연구이며, 사회 구

조와 특정 조직 문화에 뿌리내려 자리 잡은 감정을 분석한 것이다. 이 이론적 접근에서 나온 분석 틀은 결과 확증에 기여하지만 동시에 그 과정이 얼마나 만연한가는 밝히지 않았다. 이 때문에 덴마크 교육 연구자 보 야콥센[Bo Jacobsen](2001a, 2001b)[1]의 덴마크 대학의 양적 연구를 살피면서 내 분석결과를 보충하고자 한다. 야콥센은 감정과 사회적 관계에 대한 연구를 한 것이 아니라 그가 '학과 분위기'라 일컬은 것을 설명했다.[2] 야콥센에 의하면 과 '분위기'는 모든 인터뷰이(한 과에 고용된 연구자들)가 이 현상과 연결되어 있다는 의미에서, 분명 사회적 현실이다. 그의 연구에서 40퍼센트의 연구참여자가 그들의 학과 분위기를

---

1. 이 연구가 수집한 샘플은 덴마크 12개 대학 학과의 모든 피고용인(258명)을 포함한다. 학과는 다양성을 최대한 고려하여 선택되었고, 자료는 반-구조화 질문지로 수집되었다.

2. 야콥센의 '분위기'(atmosphere) 개념은 독일 현상학자 오토 프리드리히 볼노브(Otto Friedrich Bollnow)의 '기분'(stimmungen, mood)에 기초한 것이다(Bollnow 1974, 1989). 연관된 개념이 구조적·현상학적 영역이 있는 '감정 기후'(emotional climate)이다. 이 개념은 본래 레나토 타이그라(Renato Taigura 1968)의 작업과 관련되지만 이후 조셉 드 리베라(Joseph de Rivera)가 전개하였다. 감정 기후는 한 집단 내 감정적 분위기의 집단적 경험이다. 이 경험은 공유하는 구조적 조건과 구성원 간의 특별한 감정적 관계에 기반한다(Rivera 1992). 감정 기후 개념이 내 이론적 작업과 더 잘 조응하지만, 현상학 측면에서 '분위기'와 '감정 기후' 두 개념에 별 차이는 없다.

'보통'과 '열악함'으로 평가했다. 이 지수는 상당수의 구성원이 그들 학과의 '분위기'를 다소 문제적으로 본다는 것이다. 그런데 이러한 문제적인 학과의 분위기가 왜 중요한가? 야콥센의 연구는 92퍼센트의 연구자가 과 분위기가 일정 정도 그들의 기분과 안녕감에 영향을 끼치고, 62퍼센트는 자신의 연구 행위에 영향을 끼친다고 했다(2001a). 야콥센은 학과 분위기 평가와 연구결과의 질의 상관관계도 조사했다. 다양한 국가의 유사한 학과를 비교했을 때 '분위기' 평가와 '연구 질' 평가의 분명한 상관관계가 발견되었다. 말하자면 학과 분위기나 감정 기후는 피고용인의 안녕뿐만 아니라 연구의 질에도 틀림없이 영향을 끼친다는 것이다.[3] 왜 그럴까? 그리고 정확히 어떻게 과 분위기가 연구의 질에 영향을 끼치는가? 호주 사회학자 잭 바바렛Jack Barbalet(2004, 2009)이 제기한 자기-단언self-asserting과 자기-초월self-transcending 감정의 구분이 이 문제를 밝히는 데 도움을 준다.

바바렛에 의하면 자기-단언적 감정들은 자신의 욕구·

---

3. 작업 환경과 연구 질의 관계에 대해서는 굴브란센(Gulbrandsen 2000), 싱과 크리쉬나이어(Singh and Krishnaiah 1989), 노르·미테메이어·아이치홀저·월러(Knorr, Mittermeir, Aichholzers and Waller 1979)를 참조.

선호·이익과 관련해 우리가 어떤 상황인지를 말해 준다. 그 감정들은 개인의 연관성을 기준으로 외적·내적 자극을 식별·판단하며, 의식적 자각conscious awareness을 좁히도록 한다. 그 집중된 측면이 개인적 요구와 자기 이익을 실현하는 데 도구적·실용적으로 쓰인다. 두려움·수치·화·자부심 같은 감정이 자기-단언적 감정의 사례이다. 예를 들어 논문 게재가 거부된 사람은 자신의 이익을 반하는 그 위협에 화가 난다. 의식이 온통 거부에만 집중된다. 정확하게 뭐라고 쓰였나? 심사자가 의미하는 바가 뭔가? 심사자는 누구인가? 다른 동료들에게 말하거나 편집자에게 불평할 욕구를 느낀다. 그러나 경험으로 배운 바에 따라 화를 누르는 것으로 끝날 것이다. 자기-단언적 감정은 대체로 분명한 생리적 양상이 있고 구체적인 행동도 이끈다.

그러나 또 다른 종류의 감정인 자기-초월적 감정은 자기 욕구를 내세우거나 자신을 보호하려는 의도가 없다. 이 감정은 대체로 의식적으로 인지되지도 않고, 눈에 잘 띄지도 않는다. 게다가 자기-단언적 감정이 의식적 자각을 좁히는 반면, 자기-초월적 감정은 자의식에서 벗어나, 인지하는 대상의 특징·구조·맥락에 집중함으로써, 자각 범위를 넓히는 경향이 있다. 바바렛은 과학 연구에서 자기-단언적 감정과 자기-초월적 감정의 구분이 감정 역할을 이해하는 데 핵심이라고 한다. 특별히 그는 새로운 지식을 창조하는 중요한 힘으로서 심미적 느낌aesthetic feeling의 역할을 강조한다. 심미적 느낌은 자기-초월적 감정으로서 이것은 탐구 중인 대상의 외양이나 구조에만 온전히 집중한다는 의미에서 객관적disinterested이다. 이 객관적 집중의 결과로 – 보다 직접적으로 자기 단언의 욕구와 관련된 – 그 대상의 도구적·실용적 특징이 초점에서 벗어난다. 이런 방식으로 대상의 본질적 특징이 감정적으로 이해된다. 따라서 과학 연구에서 심미적 느낌은 의식의 확장과 연결의 기대를 낳고, 이것은 방법론적 결정과 타당성 평가에서 나타난다. 이런 식으로 명백한 카오스가 온전함·고유함·생동감이 특징인 새 질서로 변화될 수 있다. 매슬로Maslow는 정확하게 이러한 가치들이 심미적 경험에 필수적이라고 한다.[4] 카오스가 새 패턴으로 변화되는 것이 성취라는 즐거운 느낌과 심미적 환희를 일으키는 과정이다. 우리는 이어서 연구결과에

---

4. 매슬로(Maslow), 켐퍼(Kemper 1978 : 303)에서 재인용.

기쁨을 느끼지만, 연구 과정 자체에 필수적인 미적인 감정 과정은 거의 깨닫지 못한다.[5]

바바렛의 구분은 다양한 종류의 감정이 주어진 전 연구 과정에 끼치는 영향을 이해하도록 한다. 심하게 경쟁적인 학과 분위기는 연구 과정에서 편협한 자기 이익을 뒷받침하는 자기-단언적 감정을 낳고, 연대의 분위기는 새로운 통찰과 지식이 나오는 조건인 자기-초월적 감정을 일으킬 가능성이 높다. 따라서 이 두 종류의 감정 구분은 감정 수준에서 학과 분위기와 연구 질의 연관성을 가리킨다. 연구 공동체는 어느 정도 이러한 감정 동학을 알고 있다는 점도 언급되어야 한다. 따라서 연구 공동체는 연구 과정에 자기 이익이 끼치는 불편한 영향도 인지하고 있다. 이것은 제도화된 요구인 객관성 규범 ─ 머튼Robert K. Merton의 네 원칙인 공동체주의, 보편주의, 객관성, 조직적인 회의론[6] ─ 에 잘 표현

---

5. 바바렛(2011)은 이 감정을 '배경 감정'(background emotions)이라고 한다.
6. 대부분의 연구자는 훌륭한 과학적 연구의 기준으로 머튼의 규범 세트를 참고한다. 첫 글자를 따서 CUDOS라 일컫는데, D는 객관성(disinterested-ness)의 D이다(Anderson 2000, Anderson, Martinson and Vries 2007). [그 네 요소는 머튼의 저서 *The Sociology of Science*(The University of Chicago Press, 1973) 나오며, 내용은 다음과 같다. 1) 공동체주의(commu-nalism) : 모든 연구자는 집단적 협동을 위해 과학적 재산(지적 재산권)의

되었다. 그러나 자기 이익의 위험에 대한 연구 공동체의 반응은, 객관성 가치 준수 요구를 공식화할뿐만 아니라 학계와 연구에서 감정을 더욱 보편적으로 금지하는 것이다. 이는 연구 공동체가 자기-초월적 감정이 새로운 지식을 만드는 데 얼마나 중요한지 모를뿐더러 학계 구조가 자기-단언적 감정을 풍부하게 만드는 장이라는 사실도 간과하는 것이다.

최근 수십 년 동안 전통적인 대학에서 '현대화' 요구가 급증했다(Baert and Shipman 2005, Bourdieu 2005). 반복적으로 요구되는 주제가 대학을 고질의 인력 양성과 기업 및 대중 사회의 요구를 충족시키는 효용성을 높이는 지식 개발에 기여하는 조직으로 효율화하는 것이다. 이런 현대화 노력은 고위 관리 수위에서부터 개별 구성원의 내적인 정신세계에 이르는, 전 수위에서 진행 중이다(Krejsler 2011). 신 공공관리public management가 이런 면에서 중요한

공동 소유를 가져야 한다. 이 규범의 반대가 비밀이다. 2) 보편주의(universalism), 3) 객관성(disinterestedness) : 연구 기관은 개인 이익보다 과학 공동체의 이익을 위해야 한다. 4) 조직적인 회의론(organized skepticism) : 과학적 주장은 수용되기 전에 비판적 조사를 거쳐야 한다. 출처: https://en.wikipedia.org/wiki/Mertonian_norms]

도구이다. 관리 수위에서, 신 공공관리는 학자를 전문 관리자와 관리주의로 대체하는 것이다. 나아가 연구 생산성의 질적 평가를 위한 수단으로 무수한 평가시스템이 개발되었다. 여기에는 연구 생산성 평가를 위해 고안된 계량서지학 지수biblometric indicator 시스템, 치르는 시험 수, 대학원생과 학위를 마친 박사학위자 수, 교육 과정을 마치는 데든 시간 등으로 효용성을 측정하기 위한 교육 통계 데이터 등이 있다. 이런 지수는 이어서 대학교, 교원, 학과, 학계 관련자의 수준을 검증하는 데 사용되고 펀딩을 배분하는 기준이 된다. 나아가 국가 이익과 기업 이익에 맞는 연구 주제에 영향을 끼치고 통제하려는 노력이, 기초연구를 위한 펀드를 줄이고 응용연구 펀드를 늘리도록 국가 장학금 시스템이 재구성됨으로써, 좀 더 일반적으로는 외부 연구 지원에 대한 의존을 늘림으로써 이뤄지고 있다. 이런 경향은 기초연구를 희생시키고 응용연구 논리를 지지하며, 자유로운 연구를 희생시키고 공리주의와 상업적 목적 논리를 지지하는 것이다. 현대화 과정에서의 핵심어는 경쟁과 양이다. 경쟁적 결과의 논리가 잘 기록되지는 않지만 사실 경쟁 자체에는 문제가 없다(Ågård 2011). 그러나 모든 수위에서 나타나는 경쟁은 전 영역에서 경쟁적 투쟁을 증가시킨다. 자리싸움은 아래쪽에서 위계적 구조의 형성을 강화하고, 특권을 유지하려는 싸움은 위쪽에서 위계적인 구조의 중요성을 강화한다(Schoug 2004). 여기서 쟁점은 강화된 경쟁이 경쟁하는 이들의 감정적 삶을 이끈다는 점이다. 현재 우리는 이 주제를 거의 알지 못한다. 그러나 앞의 논의에 따라 강화된 경쟁은 자기-초월적 감정을 무시하고 자기-단언적 감정을 낳는다는 것을 알 수 있다. 말하자면 연구자의 의식적 자각은, 새롭고 선진적인 연구를 희생시키고 자기-이익의 목적으로 좁혀지고 제한된다.[7] 이런 경향은 대학교에서 논쟁으로, 그리고 소위 말하는 '현대화'가 연구에 끼치는 영향을 강조하는 연구자들 중 질적 연구에서도 논의된다. 예를 들어 연구자는 '살라미 방법'salami method(분절 출판 방법)을 말한다. 이것은 연구 결과를 널리, 그리고 빠른 속도로 최대한 많은 수의 논문으로 게재하는 것이다(Wright 2009). 연구자는 유행하는 영역과 주류 과학 연구 틀 안에

---

7. 앤더슨(Anderson) 외에 따르면 협동은 좋은 과학적 실천 규범을 따르는 행동과 틀림없이 연관되고, 경쟁은 그 반대 규범과 틀림없이 연관된다(Anderson, Martinson and Vries 2007).

서 연구 주제를 정한다. 대안 전략은 시간이 너무 오래 걸려 빠르고 잦은 게재 요구를 충족시킬 수 없기 때문이다. 학술지 논문 게재가 선호되어 책 출판을 잘 하지 않으려 하는데, 그 이유는 논문 게재가 더 높은 점수를 받기 때문이다(Krejsler 2011, 2007). 끝으로 연구 부정행위와 조악한 수준의 연구라는 문제가 점점 더 많은 주목을 받고 있다(Martinson, Anderson and Vries 2005). 금지되거나 조악한 연구 형태의 발생률에 대한 체계적인 기록은 없지만 불법행위(데이터 조작, 표절 등)는 경쟁이 심한 연구 환경에서 나온다(Fanelli 2010). 크레즐러는 연구자가 자신의 연구에 대한 접근 방식에서 보이는 이러한 전개를, 프로젝트로서의 연구에서 연구자가 프로젝트 자체가 되는 데서 기인하는 변화라고 짚었다.

학계는 독립적인 고전적 대학의 주창자들과 기업 및 대중 사회의 요구에 따라 대학을 효율적으로 만들려는 이들의 강렬한 정치 투쟁의 장이다. 이 책은 고전적 대학의 방어를 의도하지 않는다. 이 책의 목적은 감정 이론의 시각에서, 고전적 형태의 대학을 포함한 학계의 구조와 문화 속에 내재된 모순과 함정을 강조하는 것이다. 그러나 내 분석은 소위 말하는 대학의 현대화 추세가 십중팔구 그 경향을 가속하고, 특히 연구에 대한 자기-초월적 감정을 희생시키고 자기-단언적 감정을 양산함을 제시하고 있다.

이 책의 목적은 학계 생활의 감정적 영역과 그것의 중요성을 강조하려는 것이다. 내 분석은 사회 구조, 주류 감정 문화, 사회적-감정 관계와 연구 생산물의 특징의 상호작용을 밝히려 했다. 그러나 사회 제도로서의 학계의 전개에 대한 방대한 분석과 토론이 필요한 모든 구조적 양상을 말하지는 않았다. 그럼에도 감정 과정을 다룬 내 분석은 학계의 양상과 미래를 토론할 때 확인할 수 있고 확인해야 하는 현상들을 설명하는 출발점을 제공할 수 있을 것이다.

학계는 감정이 없는 곳, '느낌이 없는' 문화라고 한다. 그러나 이 책에서 설명한 것처럼 학계에 느낌은 넘쳐난다. 최근 '감정 지성'emotional intelligence이라는 개념이 조직 이론과 현대 관리 이론에서 중요한 개념으로 부상하였다. 심리적 수준에서 감정 지성은 느낌을 자각하고 평가하고 표현하는 능력, 인지 활동을 추동하는 느낌을 활용하는 능력, 감정 관련 개념을 이해하고 감정 관련 언어를 사용하는 능력, 끝으로 계발, 안녕, 기능적인 사회적 관계를 고양하면서 자신과 타인의 감정을 다루는 능력을 뜻한다(Barrett and Salovey 2002). 조직 이론에서 감정 지성은, 조직이 감정을 실제 정보로 인정하고, 조직의 행위에서 감정의 중요성을 인정하는 능력을 고려하는 것이다.

따라서 감정 지성은 소위 말하는 현대화 과정에서 악화되고 있는, 고전적 대학 내의 감정적 위험에 대한 통찰을 얻기 위한 도구로 볼 수 있다. 또한 전 세계에 걸쳐 거의 모든 대학에서 발견되는－젠더 편견 생산의 적극적·미시적 수준의 힘인－젠더화된 느낌 규칙을 해체하는 도구가 될 수 있다.[8] 학계 문화는 감정을 금지한다. 감정 지성은 감정을 금하지 않고 그것의 역할을 인정하며, 이를 통해 감정이 부재하다는 현 학계의 감정 문화를 문제시하고 현재 주류의 느낌 규칙에 도전한다. 문화적 변화는 구조적 변화 없이 생기지 않는다. 하지만 기존 문화는 시간이 흐르면서 지배 구조를 질문하고 도전하는 형태가 될 수 있다.

감정은 중요한 신호이고 대개 도덕적 양상을 띤다. 감정

---

8. 학계의 젠더 불평등은 일반적이고 뿌리박힌 현상이다. 호주(Currie, Thiele and Harris 2002), 미국(Collins, Chrisler and Quina 1998), 이스라엘(Toren 2000)의 경우도 참고하라.

은 에너지, 특별하고 본질적인 동학을 가지며 대부분 무의식적으로 일어난다. 나는 학계 내부의 여러 집단의 도움을 받아 학계 생활에서 작동하는 다양한 감정을 확인하고, 사회적 관계의 특징에 감정이 중요한 역할을 한다고 강조했다. 또한 나는 감정이 획기적인 연구를 생산해야 하는 학계의 존재 이유에 기여하거나 혹은 기여하지 못하는 방식을 논함으로써 내 분석의 함의도 찾으려고 노력했다. 이 부분에서 주류 구조와 문화의 의도하지 않은 몇 가지 결과를 살펴보았다. 이미 언급한 것처럼 감정에 대한 내 분석은 학계의 전체 이야기를 담고 있지 않지만 지금까지 사회학에서 간과된 영역을 중요하게 다루고 있다. 감정은 무시된 채로 있지만, 학계 발전에 대한 이해와 토론에 통합되어 미래를 위한 정치적 투쟁에 분명한 역할을 할 것이다.

학계, 하얀 질서의 양상
이전투구泥田鬪狗와 탐구

1.

이 책은 옮긴이가 학계와 시기·열등감 문제를 연구하던 중 접하게 된 책들 중 하나이다. 구체적인 지위와 상황에 따라 입장과 평가가 다르겠지만, 이 책은 학계에서 활동하는 이들에게 매우 익숙한 풍경이다. 그리고 학계 외부에 있는 이들에게는 다소 낯선 풍경이 될 것이다. 모든 조직에 대한 이야기가 그러하듯이 내부자가 아니면 대개 관심이 없고 잘 모르기 때문이다. 또 기본적으로 학계는 진리의 상아탑이라는 믿음이 깊게 자리 잡고 있기 때문이다.

한국 사회에서 학계가 중요한 이유는 고등 교육의 가치, 대학 서열, 지식 생산과 연구라는 대학의 사명 때문일 것이다. 그런데 저자의 표현으로 최고 수준의 과학적 연구를 생산한다는 학계의 목적과 겉모습은, 학계 또한 구성원의 이익, 경쟁, 자기와 닮은 이들의 포섭과 닮지 않은 이들의 배제를 통해 재생산되는 '조직'이라는 사실을 잘 가리고 있다. 내부자가 그 사실을 외부에 밝히면 배신행위가 되는 것 같고, 인적 재생산에서 (대체로 비언어적으로 감지하고 소통되는) 두려운·안전하지 않은 이들은 애초 내부자로 편입되지 않는다.[1] 또한 그것을 설명하는 내부자의 경우에도 막연한 수위의 비판은 가능하지만, 학계의 규범에 어긋나는 쟁점이나 상황의 본질을 꿰뚫는 비판은 드물고 어렵다. 예컨대 타 공간의 인종주의는 비판하지만 자신이 속한 집단의 인종주의는 간과하거나 침묵하는 것과 유사하다.

이런 상황에서 학계가 조직이라는 사실, 구성원은 다른 조직과 크게 다르지 않은 동일한 욕구를 가진 이들이라는 사실이 자각되지 않은 채, 학계를 둘러싼 계급화된 지식·담론이 꾸준히 재생산되고 있다. 여기서 계급화된 지식이란 유·무형의 지식이 객관적이라는 전제, 전문가 집단에 대한

---

1. 너멀 퓨워, 『공간 침입자』, 김미덕 옮김, 현실문화, 2017(원서 출판년도 : 2004)을 참조하라.

무의식적 믿음, 학계의 인적 재생산이 업적·실력주의로 작동한다는 전제, 말과 글로 표현된 사회 비판적 내용을 글쓴이의 정체성 자체와 동일시하는 경향 등을 포함한다.

2.

최근 『한국일보』 박지연(2018년 9월 17, 18일) 기자의 "아침엔 교수 아들 등원, 밤엔 대리운전, 오늘도 '노비'가 됩니다", "상아탑 횡령의 온상 '연구비 공동관리' … 돈은 교수 주머니로", "조교들 '우리는 공부하는 노동자' … 실상은 쥐꼬리 장학금·해고 통보"라는 제목의 기사들이, 대학원생의 생활과 교원들의 부당한 권위 행사를 지적하였다.

퇴직 이후 명예교수 임용을 어긋나게 했다고 동료의 멱살을 잡는 교원, 작은 질문에 교정 한복판에서 자신에게 대드는 것이냐며 동료에게 고래고래 고함을 치는 박사, 동료·후학·학생에게 젠더 위계에 따른 비가시적/가시적 폭력을 행하는 남성 교원, 회의 시 쳐다보는 동료의 눈초리가 마음에 들지 않는다며 화를 내고 나가 버리는 교원, 탈락된 논문 게재 결정을 바꾸어달라고 해당 기관장에게 전화

를 거는 교원, 타인의 프로젝트에 자신이 지도했던 석사과
정생의 이름을 무람없이 넣는 교원, 그런 일에 부끄러움을
느끼지 못하는 신입 박사, 연구보조원으로서 참여한 프로
젝트의 연구책임자로 보이도록 이력서에 정확하게 정보를
기록하지 않는 박사과정생, 박사과정생의 논문을 통과시
키지 않고 자신의 논문으로 발표하는 지도교수, 교원임용
에 자신이 내정되어 있다고 말하는 박사, 자신보다 높은 직
위의 사람에게는 서슴없는 존경의 몸짓을, 자신의 경력 쌓
기에 도움이 되지 않는 낮은 직급의 사람에게는 가감 없는
경멸을 보내는 학내 구성원들, 글을 직접 쓴 고도로 섬세
한 작가가 아니면 대부분의 독자는 알아채지 못하기 때문
에, 핵심 사상의 단어와 주장을 다른 사람의 글을 통해 숙
지했음에도 그 영향받은 글을 읽지 않은 것처럼 포괄적인
서구 이론으로 대체하는, 날림 인용을 하는 글자를 다루
는 사람들.

　매우 흥미롭게도 사람살이는 그 외양이 아무리 달라도
내용, 특히 자본주의적 가부장제에서 추동하는 감정의 동
학에는 별 차이가 없다. 저자가 인용한 표현으로 "멍청함
은 (학계에서) 일어날 수 있는 최악의 것으로서"(79쪽) 명

민함·통제·권위의 외양으로 감추려고 하지만 내부 미시적 관계에서 그 사실이 드러나는 데는 오랜 시간이 걸리지 않는다. '친하기 정치'는 진실 없는 말솜씨나 자기 입지 강화의 사교이고, '속이기 게임'은 부족한 능력을 말, 허세 혹은 교만한 겸손으로 감추는 것이며, '복화술'은 간접적이고 계급화된 자기 자랑에 다름 아닌 경우가 많다. '나 먼저 전략'은 경쟁 사회에서 선하고 현명한 사람을 제치고 내 구복 채우기 바쁜 평범한 세속의 질서를, '너 먼저 전략'은 학문의 원칙(배움, 과정, 진리)을 견지하는, 학계의 주류 규범에서 벗어난, 그리고 사람들에게 거의 인지되지 않은 채로 진행되는 지극히 드문 소수자에게서 볼 수 있는 경우를 가리킨다. -정치, -게임, -술, -전략이라는 중립적 언술이 쓰였지만 풀어쓴 내용들을 달리 표현한 것과 크게 다르지 않다.

그렇게 학계는 과하게 신비화된 제도로 남아 있다. 전문성, 업적·실력주의 신화가 재생산되는 이유는 잘 드러나지 않는다. 신화로 유지되어야만 관련자들이 물리적인 것이든 심리적인 것이든 그에 따르는 이득을 누릴 수 있기 때문이다. 무척 쉽고 간결한 답이지만 누가 누구인지 호명되지 않기 때문에 모두들 자신은 아니라고 생각한다. 2017년

6월 대학 내 인권 문제를 다룬 한 발표장에서, 너무나 노골적인 부정행위를 하는 대학교 재단의 문제를 신랄하게 비판하는 이들은 많았지만 소속 교원에 대한 비판은 거의 부재했다. "교수들은 티끌만 한 손해라도 볼라치면 그걸 놓치지 않으려고 발버둥 친다."라는 말이 어느 한 남성 교원이 그 자리에서 한 유일한 비판이었다.

3.

이 책을 읽은 후 처음 든 생각은, 이 책이 '감정'에 대한 논의이며 인터뷰를 바탕으로 한 연구임에도 중립적으로 보인다는 것이었다. 객관적으로 들리는 사회과학 언어와 이론들로 인해 촘촘한 현실과 인간 군상에 대한 사실적 묘사가 상대적으로 줄어든 느낌이었다. 아마도 저자가, 자신이 참조한 기존 연구의 중요성과 수용 여부를 진솔하게 정리하는 과정에서 감정 사회학 이론 자체에 무게감이 더해진 까닭이 큰 것 같다.

위에서 언급했듯이 학계 구성원의 많은 감정 표현과 동학은 익숙한 풍경이기 때문에 저자가 그린 감정의 지도에 대부분 동의하고 놀라운 것은 없었다. 다만 저자가 '무심결에', 이 정도는 사회에서 합의되는 것이라고 전제하면서 쓴 부분에 동의를 하지 않는 부분들이 있다.

예를 들면 다음과 같은 구절이다. (학계에서 여러 감정 발생이) "개인의 성격에서 비롯되기보다 특별한 사회 구조와 사회적 관계의 특성 때문에 발생한다."(13쪽), 부르디외가 포섭과 배제 관행이 실력주의 원칙이 아니라 "사실 다른 기준들에 의한 것이라고 지적한 바 있다."(26쪽)라고 언급하지만 저자에게 학계는 객관적인 업적에 의한 경력 쌓기로 작동한다는 전제가 있다. 그런데 누가 포섭되고 배제되는가라는 문제에서, 2015년 한겨울 2호선 지하철 대기실에서 들은 한 대학원생의 비평, "대학 교원임용에서 자신보다 능력 있는 학자는 절대로 뽑지 않는다, 그게 마지노선인 것 같다."를 가볍게 흘려들을 수 없는 맥락이 있다. 이런 맥락은 이 책이 살피는 감정 문화의 핵심은 아닐지라도 그 문화를 형성하고 영향을 끼치는 요소이므로 숙고해볼 필요가 있다. 그리고 다양한 감정 발생의 원인을 학계가 갖는 고유한 구조에서 찾음으로써, 실제로 감정을 표현하고 결정하는 구성원의 실질적인 책임을 망각케 한다.

동일한 구조와 환경에서도 주체의 결정에 따라 다른 결과가 나온다.

그리고 학계 내 젠더 차이가 조금 강조된 면이 있는 것 같다. 이 책에서 묘사된 젠더 변수로 인한 불평등, 그로 인한 감정 문화는 중요하고 실제적이다. 그런데 인적 재생산 과정에서 젠더 변수의 취약성은 예컨대 그들의 이해관계(출신 학부, 친분, 섹슈얼리티, 계급 등의 다른 변수로 인한 상쇄)나 학계의 표준 규범에 대한 순응의 정도에서 이미 포섭될 만큼 안전한 동료라는 점이 검증되었기 때문에[2], 이 책에서 그려진 것보다는 더 적은 젠더 차이를 보인다. 일면 학계 내 남성 교원과 여성 교원의 차이보다 여성 교원과 다른 환경에 있는 여성과의 차이가 훨씬 더 크다는 이야기이며, 양성의 공통적인 감정 문화를 상기하는 방법으로도 적은 젠더 차이를 확인할 수 있다는 것이다.

끝으로 "연구자는 연구 자체를 위해 연구한다. 그럼에도 사실상 인정은 연구자에게 중요하다. 인정이 얼마나 중요한가는 예상된 인정을 받지 못할 때 공개적인 적대감으

---

2. 너멀 퓨워, 『공간 침입자』, 2017 참조.

로 나타나는 반응에서 명확해진다."(118쪽)라는 부분이 있다. 학계에서 인정은 지위 획득, 추천, 연구 펀드 수주, 논문 게재 등 다양한 형태로 나타난다. 그런데 주류 규범과 대표 감정이 존재하는 학계에서 그 규범을 넘어서거나 그것을 비판하는 내용은 어떻게 인정받을 수 있을까. 이러한 경우 인정은 애당초, 그리고 거의 일어나지 않는다. 무척 드문 경우로서 인정이 불가하거나 필요치 않은 상황도 고려되어야 하는데, 그 이유는 그런 경우에 패러다임을 바꾸는 지식 창출의 가능성이 역설적으로 높기 때문이다. 그런 저서들 및 학자들을 두고 "말보다 더 큰 침묵"(276쪽)이 도는 것도 같은 맥락이다.

그럼에도 옮긴이는 『공간 침입자』(2017)에 이어 두 번째 번역서로 이 책을 작업했다. 바로 앞에서 기술한 것처럼 다른 의견들이 있음에도 이 책은 한국 학계에 대한 여러 토론거리를 던지고 있기 때문이다. 덴마크의 사례이기 때문에 한국과는 공간적 거리가 있어서 유사점이 없을 것이라는 이유가 한 출판사로부터의 출판 거절의 원인이 되었지만, 옮긴이는 예컨대 유사한 이야기를 2014년 남아프리카공화국에서의 한 학회 발표장에서도 들을 수 있었기 때문에(한 외국인 남성 석사과정생이 학생의 논문을 자신의 것으로 발표한 교원의 이야기를 들려 주었다), 이 책에서 다뤄지는 학계의 구조와 감정 문화의 보편성을 확신할 수 있다.

이 말이 한국 학계의 특수성이 없다는 말은 아니다. 박사과정생, 조교수 단계로 이어지는 덴마크의 과정과 달리 한국은 박사과정생과 조교수 사이에 많은 박사학위 연구자가 다양한 직위로 존재하는 것이 덴마크와 다르며, 조교수 또한 정년 트랙이라는 것이 다르다. 이 점은 강사를 포함한 박사학위 연구자들에게서 덴마크 학계의 조교수 감정 문화에서 두드러진, 경력을 위한 가시성 투쟁이 치열하게 일어난다는 차이점도 낳는다. 그리고 이 책에서는 복화술 양상에서 금지하는 항목으로 "자기 자랑, 다른 사람 제치기, 지배력과 다른 사람보다 더 낫다는 느낌"(104쪽)을 들었는데, 한국 학계에서 직급이 높은 이의 원시적인 화 표출, 이득 추구와 입지 강화를 위한 타인 비판과 깎아내리기, 노골적인 제 자랑이 그렇게 드문 것이 아니라는 점도 다르다고 느껴졌다. 그럼에도 여러 국가의 학계의 감정 문화가 유사한 것은, 저자도 지적한 근대 대학 시스템의 유사성과 함께 그에 대한 인간 반응의 보편성 때문일 것이다.

4.

절실히 경험되지 않고 철저히 진실되지 않으면 기존의 지식과 실천은 그 외양이 아무리 바뀐다고 하더라도 그 본질은 답습된다. 관습, 관례라는 단어가 이 점을 표현한 것이다. 옮긴이는 페미니즘 지식을 논한 책 『페미니즘의 검은 오해들』(2016)에서 사회를 보는 기본 시각이 사실주의 분석이라고 밝힌 적이 있다. 『열정과 망상』은 잘 설명되지 않은 학계의 편린을 보이며, 학계가 최소한 구성원들의 선택과 규율에 의해 작동하는 조직(저자의 한국어판 서문에 따르면 '사회적 제도')이라는 사실을 확인하는 계기가 되는 것만으로도 큰 역할을 할 수 있을 것이다. 학계는 여느 개인의 욕망과 다르지 않은 감정을 가진 구성원이 모여 겉모습의 규범을 만들고, 여느 삶과 다르지 않은 활동으로 규격화된 질서를 재생산하는 제도이다. 영어판의 추천자들이 언급했듯이, 이 책은 학계와 조직을 공부하는 이들에게 좋은 참고 자료가 될 것이다.

글을 다듬는 데 도움을 주신 정희영 님, 작은 질문에도 정확한 답변을 주신 저자께 고마운 마음을 전하고 싶다. 이 책이 탐구의 정신을 알고, 어려운 상황일수록 정도正道를 걷지 않을 수밖에 없는 이들에게 쓰임이 있기를 바란다.

2019년 6월

옮긴이

:: 참고문헌

Aagaard, K. 2011. *Kampen om basismidlerne*. Århus Universitet: Center for forskningsanalyse.

Abu-Lughod, L. 1991. Writing Against Culture, in *Recapturing Anthropology: Working in the Present*, edited by R. G. Fox. Santa Fe: School of American Research, 137-62.

Albrow, M. 1992. Sine Ira et Studio — or Do Organizations Have Feelings? *Organization Studies*, 13 (3), 313-29.

———. 1997. *Do Organizations Have Feelings?* London: Routledge.

Anderson, M. S. 2000. Normative orientations of university faculty and doctoral students. *Science and Engineering Ethics*, 6(4), 443-61.

———. Martinson, B. C. and Vries, R. 2007. Normative Dissonance in Science: Results from a National Survey of U.S. Scientists, *Journal of Empirical Research on Human Research Ethics*, 2, 1-14.

Appel, M. 2000. *Kreativ konkurrens eller hämmende hierarki. Rapport om akademins arbetsmiljö ur forskarstuderandes synvinkel*. Umeå Universitet: Centrum för folkhälsoforskning.

———. 2003. *Forskarhandledning. Möte med vandrare och medvandrare på vetenskapens vägar*. Stockholm: Högskoleverket.

Arber, A. 1954. *The Mind and the Eye: A Study of the Biologist's Standpoint*. Cambridge: Cambridge University Press.

Ashforth, B. E. and Tomiuk, M. A. 2000. Emotional Labour and Authenticity: Views from Service Agents, in *Emotion in Organizations*, 2nd Edition edited by S. Fineman. London: Sage, 184-203.

Asmar, C. 1999. Is there a gendered agenda in academia? The research experience of female and male PhD graduates in Australian universities. *Higher Education*, 38, 225-73.

Asplund, J. 1987. *Om hälsningsceremonier, mikromakt och asocial pratsomhet*. Göteborg: Bokförlaget Korpen.

Baert, P. and Shipman, A. 2005. University under Siege. *European Societies*, 7(2), 157-87.

Barbalet, J. 2002. Science and Emotions, in *Emotions and Sociology*, edited by J. Barbalet. Oxford: Blackwell Publishing, 132-51.

———. 2004. Consciousness, Emotions, and Science, in *Advances in-Group Processes: A Research Annual*, edited by J. Turner. Amsterdam: Elsevier Science, Vol. 21, 245-72.

———. 2009. Consciousness, Emotions, and Science, in *Theorizing Emotions*, edited by D. Hopkins, J. Kleres, H. Flam and H. Kuzmics. New York: Campus Verlag, 39-73.

———. 2011. Emotions beyond Regulation: Backgrounded Emotions in Science and Trust. *Emotion Review*, 3(1), 36-43.

Barnes, B. (ed.) 1972. *Sociology of Science*. London: Penguin Books.

Barrett, L. F. and Salovey, P. (eds), 2002. *The Wisdom in Feeling*. London: The Guilford Press.

Becher, T. and Trowler, P. R. 2001. *Academic Tribes and Territories*. Buckingham (UK) and Philadelphia (USA): SRHE and Open University Press.

Ben-Ze'ev, A. 2000. *The Subtlety of Emotions*. London: The MIT Press.

Bloch, C. 1996. Emotions and Discourse. *Text*, 16(3), 323-41.

———. 1999. Køn i Akademia, ud fra Bourdieus blik. *Køn i den akademiske organisation*. Arbejdspapir nr. 8.

———. 2001. *Flow og Stress. Stemninger og følelseskultur i hverdagslivet*. København: Samfundslitteratur.

———. 2002a. Managing the emotion of competition and recognition, in *Emotions and Sociology*, edited by J. Barbalet. Oxford: Blackwell Publishing, 113-32.

_____. 2002b. Følelser og sociale bånd i Akademia. *Dansk Sociologi*, 13(4), 42-61.

_____. and Dålsgard, A. L. 2002c. Om kriterier for anerkendelse i Akademia — fra adjunktens synsvinkel. *Køn i den Akademiske Organisation*, Arbejdspapir nr. 11. København: Specialtrykkeriet Viborg a/s.

_____. 2003. Følelsernes skjulte spil i Akademia, in *Akademisk tilblivelse*, edited by L. Højgård and D. M. Søndergård. København: Akademisk forlag, 121-59.

Bollnow, O. F. V. 1974. *Das Wesen der Stimmungen*. Frankfurt: Vittorio Klostermann.

_____. 1989. *Mensch und Raum*. Stuttgart: Verlag W. Kohlhammer.

Bourdieu, P. 1975. The specificity of the scientific field and the social conditions of the programs of reason. *Social Science Information*, 14(6), 19-47.

_____. 1988. *Homo Academicus*. Cambridge: Polity Press. [피에르 부르디외, 『호모 아카데미쿠스』, 김정곤 옮김, 동문선, 2005.]

_____. 1998. *La domination masculine*. Paris: Seuil. [피에르 부르디외, 『남성 지배』, 김용숙 옮김, 동문선, 2003.]

_____. 2005. *Viden om viden og refleksivitet*. København: Hans Reitzels Forlag.

Bowen, M. 1978. *Family Therapy in Clinical Practice*. New York: J. Aronson.

_____. and Kerr M. K. 1988. *Family Evaluation*. New York: W. W. Norton & Company. [M. E. Kerr · M. Bowen, 『보웬의 가족치료이론』, 남순현 외 옮김, 학지사, 2005.]

Buber, M. 1958. *I-Thou*. New York: Scribners.

Clark, C. 1990. Emotions and Micropolitics in Everyday Life: Some Patterns and Paradoxes of Place, in *Research Agendas in the Sociology of Emotions*, edited by T. D. Kemper. Albany: State University of New York Press, 303-33.

_____. 1997. *Misery and Company*. London: University of Chicago Press.

_____. 2004. Emotional Gifts and 'You First' Micropolitics: Niceness in the Socioemotional Economy, in *Feelings and Emotions*, edited by A.S.R. Manstcad, N. Frijda and A. Fischer. Cambridge: Cambridge University Press, 402-22.

Cole, S. 1983. The hierarchy of the sciences. *American Journal of Sociology*, 89(1), 111-39.

Collins, L. H., Chrisler, J. C. and Quina, K. 1998. *Career Strategies for Women in Academe*. Thousand Oaks: Sage.

Collins, R. 1990. Stratification, emotional energy and the transient emotions, in *Research Agendas in the Sociology of Emotions*, edited by T. D. Kemper. Albany: State University of New York Press, 27-57.

_____. 2004. *Interaction Ritual Chains*. Princeton: Princeton University Press.

Collinson, D. 1992. *Managing the Shopfloor*. Berlin: Walter de Gruyter.

Coser, R. L. 1960. Laughter among Colleagues. A Study of the Social Functions of Humour among the Staff of a Mental Hospital. *Psychiatry*, 23, 81-95.

Craib, I. 1998. *Experiencing Identity*. London: Sage Publications.

Currie, J, Thiele, B. and Harris, P. 2002. *Gendered Universities in Globalized Economies*. Lanham: Lexington Books.

Damasio, A. 2000. *The Feeling of What Happens: Body and Emotion in the Making of Consciousness*. London: William Heinemann.

Daston, L. 1995. *The Moral Economy of Science*. OSIRIS, 10, 3-24.

Douglas, M. 1975. *Implicit Meanings*. London: Routledge & Kegan Paul.

Durkheim, E. [1905] 1952. *Suicide*. London: Routledge. [에밀 뒤르켐, 『에밀 뒤르켐의 자살론』, 황보종우 옮김, 청아출판사, 2008.]

Ehn, B. and Löfgren, O. 2004. *Hur blir man klok på universitetet?* Lund: Studenterlitteratur.

Elias, N. 1978. *What is Sociology?* London: Hutchinson.

Fanelli, D. 2010. Do Pressures to Publish Increase Scientists' Bias? *PLoS ONE*, 5(4), e10271.

Fineman, S. (ed.) 1993. *Emotions in Organizations*. London: Sage.

_____. (ed.) 2000. *Emotions in Organizations*. 2nd Edition. London: Sage.

Flam, H. 1990a. Emotional 'Man', in 'Man' and the Problem of Collective Action. *International Sociology*, 5(1), 39-56.

_____. 1990b. Emotional 'Man': II. Corporate Actors as Emotion-Motivated Emotion Managers. *International Sociology*, 5(2), 225-34.

_____. 2002. Corporate emotions and emotions in corporations, in *Emotions and Sociology*, edited by J. Barbalet. Oxford: Blackwell Publishing, 90-113.

Fox, S. 1990. The Ethnography of Humour and the Problem of Social Reality. *Sociology*, 24(3), 431-46.

Francis, L. E. 1994. Laughter, the Best Meditation: Humor as Emotion Management in Interaction. *Symbolic Interaction*, 17(2), 147-63.

Freud, S. [1922] 1999. *Wit and its Relation to the Unconscious*. Florence, KY: Routledge. [지크문트 프로이트, 『농담과 무의식의 관계』, 임인주 옮김, 열린책들, 2004.]

Gerholm, L. and Gerholm, T. 1992. *Doktorshatten*. Stockholm: Carlssons Bökforlag.

Gibson, D. E. 1997. The Struggle for Reason: The Sociology of Emotions in Organizations. *Social Perspectives on Emotion*, Vol. 4, 211-56.

Giorgi, A., Fischer, C. T. and Murray, E. L. (eds) 1975. *Duquesne Studies in Phenomenological Psychology*, Vol. 1. Pittsburg: Duquesne University Press.

_____. 1992. Description versus Interpretation: Competing Alternative Strategies for Qualitative Research. *Journal of Phenomenological Psychology*, 23(2), 119-35.

Goffman, E. 1951. Symbols of Class Status. *British Journal of Sociology*, 2, 294-304.

_____. 1967. *Interaction Ritual*. London: Penguin Books. [어빙 고프먼, 『상호작용 의례』, 진수미 옮김, 아카넷, 2013.]

Gottschalk, L., Winget, C. N. and Gleser, G. 1969. *Manual for Using the Gottschalk-Gleser Content Analysis Scales*. Berkeley: University of California Press.

Gulbrandsen, J. M. 2000. *Research Quality and Organisational Factors: An Investigation of the Relationship*. Trondheim: Department of Industrial Economics and Technology Management, NTNU.

Haavind, H. 1998. Understanding women in the psychological mode: the challenge from the experiences of Nordic women, in *Is There a Nordic Feminism?*, edited by D. Von der Fehr, B. Rosenbeck and A. G. Jónasdottir. Berkeley: University of California Press, 243-72.

Hagstrom, W. O. 1972. Gift-Giving as an Organizing Principle in Science, in *Sociology of Science*, edited by B. Barnes. London: Penguin Books, 105-21.

Harré, R. 1986. *The Social Construction of Emotions*. Oxford: Basil Blackwell.

Hasse, C. 2003. Kropstegns betydning I uddannelseskulturer, in *Akademisk Tilblivelse*, edited by L. Højgard and D. M. Søndergaard. København: Akademisk Forlag, 159-89.

Hatch, M. J. and Ehrlich, S. B. 1993. Spontanous Humour as an Indicator of Paradox and Ambiguity in Organizations. *Organization Studies*, 14(4), 505-26.

Henningsen, I. land Højgård, L. 2002. The Leaking Pipeline. *Dansk Sociologi*, 13(2), 25-51.

Henriksson, M. et al. 2000. I vetenskapens namn: Et minnesarbete. *Kvinnovetenskaplig Tidskrift*, 1, 5-25.

Hochschild, A. R. 1983. *The Managed Heart*. Berkeley: University of California Press.

_____. 2003. *The Commercialization of Intimate Life*. London: University of California Press.

Holm, L. 2001. The social context of eating, in *Eating Patterns: A Day in the Lives of Nordic Peoples*, edited by U. Kjärnes. Report No. 7, SIFO, 159-99.

Jacobsen, B. 2001a. *Hvad er god forskning?* København: Hans Reitzels Forlag.

_____. Madsen, M. B. and Vincent, C. 2001b. *Danske Forskningsmiljøer. En undersøgelse af universitetsforsknin-gens aktuelle situation*. København: Hans Reitzels Forlag.

James, W. [1884] 1983. *Essays on Psychology*, edited by Frederick H. Burkhardt, Fredson Bowers and Ignas K. Skrupskelis. Cambridge, MA: Harvard University Press.

Jensen, H. N. 2000. *Working conditions and career ambitions and possibilities between Ph.D. students. Myths or realities about 'gendered' Ph.D. students*. Paper AARE Sydney Conference 4-7. December, The University of Sydney.

_____. 2003. Danske ph.d.-studerendes karrierespor — vejen ad hvilken, in *Akademisk Tilblivelse*, edited by L. Højgard and D. M. Søndergaard. København: Akademisk Forlag, 101-21.

Kemper, T. D. 1978a. *A Social Interactional Theory of Emotions*. New York: John Wiley.

_____. 1978b. Toward a Sociology of Emotions. *American Sociologist*, 13, 30-41.

_____. 1982. Social Constructionist and Positivist Approaches to the Sociology of Emotions. *American Journal of Sociology*, 87, 336-61.

_____. and Collins, R. 1990. Dimensions of Microinteraction. *American Journal of Sociology*, 96(1), 32-68.

_____. 2002. Predicting emotions in groups: Some lessons from September 11, in *Emotions and Sociology*, edited by J. Barbalet. Oxford: Blackwell Publishing.

Knorr, K. D., Mittermeir, R., Aichholzer, G. and Waller, G. 1979. Leadership and group performances: a positive relationship in academic units, in *Scientific Productivity*, edited by F. M. Andrews. Cambridge: Cambridge University Press, 95-120.

Knorr-Cetina, K. 1982. Scientific Communities or transepistemic arenas of research? *Social Studies of Science*, 12, 101-30.

_____. 1999. *Epistemic Cultures: How the Sciences make Knowledge*. Cambridge: Harvard University Press.

Koestler, A. 1964. *The Act of Creation*. London: Hutchinson.

Krejsler, J. 2007. Discursive strategies that individualize: CVs and appraisal interviews. *International Journal of Qualitative Studies in Education*, 20(4), 473-90.

_____. 2011. Moderniseringsmaskinen. Universitetsrefor-mer og nye spillerum for akademikeren, in *Motivation og mismod. Det nye arbejdslivs dilemmaer*, edited by K. M. Bovbjerg, Århus Universitetsforlag, 237-63.

Lewis, H. B. 1971. *Shame and Guilt in Neurosis*. New York: International University Press.

Lutz, C. A. 1988. *Unnatural Emotions*. Chicago: Chicago University Press.

Maanen, J. Van and Kunda, G. 1989. Real feelings: emotional expression and organizational culture, in *Research in Organizational Behaviour*, edited by B. M. Staw and L. Cummings. Greenwich, CT: JAI Press, 11, 43-103.

Martinson B. C., Anderson, M. A. and Vries, R. 2005. Scientists behaving badly. *Nature*, 435(9), 737-8.

Molin, M. and Asel, M. 1996. *Att leva eller forska eller att leva och forska. En undersökning av yngre doktoranders arbetssmiljö ved Umeå Universitet*. Rapport från universitetshälsan, Umeå.

Mulkay, M. 1988. *On Humour*. Oxford: Polity Press.

Nathanson, D. L. 1992. *Shame and Pride*. New York: W. W. Norton & Company.

Nowotny, H. and Taschwer, K. (eds) 1996. *The Sociology of the Sciences*. Cheltenham (UK) and Brookfield (US): Edward Elgar Publishing Company, Vols. I and II.

Nyend, F. and Wennes, G. 2005. *Kan organisationer fole?* Oslo: Cappelen Akademisk Forlag.

Pierce, J. L. 1995. *Gender Trials*. Berkeley: University of California Press.

Pizzini, F. 1991. Communication hierarchies in humour: gender differences in the obstetrical/gynaecological Setting. *Discourse & Society*. 2(4), 477-88.

Poder, P. 2004. *Feelings of Power and the Power of Feelings — Handling Emotion in Organisational Change*. Ph.d.-afhandling, København: Sociologisk Institut.

Radcliffe-Brown, A. R. 1952. *Structure and Function in Primitive Society*. New York: The Free Press.

Retzinger, S. M. 1991. *Violent Emotions*. London: Sage.

Rivera, J. de 1992. Emotional Climate: Social structure and emotional dynamics, in *International Review of Studies on Emotion*, New York: John Wiley & Sons, 197-218.

Scheff, T. J. 1990. *Microsociology*. Chicago, London: University of Chicago Press.

_____. 1994. *Bloody Revenge*. Oxford: Westview Press.

_____. 1995. Academic Gangs. *Crime, Law and Social Change*, 23, 157-62.

_____. 1997. *Emotions, the Social Bond, and Human Reality*. Cambridge: Cambridge University Press.

Schoug, F. 2002. Vetenskabssamhället som konkurrenssystem, *RIG Kulturhistorisk Tidskrift*, 2, 73-94.

_____. 2003. De effektiva lärjungarna: Politiska reformer och akademisk praktik, in *Den vildväxande högskolan*, edited by L. Kim and P. Mårtens. Stockholm: Nya Doxa, 205-37.

_____. 2004. *På trappans första steg*. Lund: Studenterlitteratur.

Shott, S. 1979. Emotion and Social Life: A Symbolic Interactionist Analysis. *American Journal of Sociology*, 84(6), 1317-34.

Simmel, G. [1908] 1970. *Kamp*. Uppsala: Argos.

_____. [1910] 1997. Sociology of the Meal, in *Simmel on Culture*, edited by D. Friesby and M. Featherstone. London: Sage, 130-5.

_____. [1917] 1950. Sociability, in *The Sociology of Georg Simmel*, edited by K. H. Volff. London: The Free Press of Glencoe, 40-57.

Singh, P. and Krishnaiah, V. S. R. 1989. Analysis of Work Climate Perceptions and Performance of Research and Developmental Units. *Scientomerics*, 17(3-4), 333-51.

Snow, C. P. 1959. *The Two Cultures and the Scientific Revolution*. Cambridge: Cambridge University Press.

Stoppard, J. M. and Gruchy, C. D. 1993. Gender, Context, and Expression of Positive Emotions. *Personality and Social Psychology Bulletin*, 19(2), 143-50.

Søndergaard, D. M. 1994. Køn som metaprincip. *Kvinder, Køn og Forskning*, 3(3), 40-63.

_____. 1996. *Tegnet på kroppen*. København: Museum Tusculanums Forlag.

Tagiuri, R. 1968. The Concept of Organizational Climate, in *Organizational Climate*, edited by R. Tagiuri and G. H. Litwin. Boston: Harvard University.

Thoits, P. A. 1990. Emotional Deviance: Research Agendas, in *Research Agendas in the Sociology of Emotions*, edited by T. Kemper. Albany: State University of New York Press, 180-203.

_____. 1996. Managing the emotions of others. *Symbolic Interaction*, 19(2), 85-109.

_____. 2004. Emotion Norms, Emotion Work and Social Order, in *Feelings and Emotions*, edited by A. S. R. Manstead, N. Frijda and A. Fischer. Cambridge: Cambridge University Press, 359-81.

Tomkins, S. S. 1962. *Affect/Imagery/Consciousness*, Vol. I. New York: Springer.

Toren, N. 2000. *Hurdles in the Halls of Science*. Lanham: Lexington Books.

Wagner, W. 1977. *Angst og bluff på universitetet*. København: Tiderne Skifter.

Waldron, V. R. 2000. Relational Experiences and Emotion at Work, in *Emotion in Organizations*, edited by S. Fineman. London: Sage, 64-82.

Wouters, C. 1992. On Status Competition and Emotional Management: the Study of Emotions as a New Field. *Theory, Culture and Society*, 9(1), 229-59.

Weber, M. [1930] 1995. *The Protestant Ethic and the Spirit of Capitalism*. London: Routledge. [막스 베버, 『프로테스탄트 윤리와 자본주의 정신』, 박문재 옮김, 현대지성, 2018.]

Williams, S. J. 1998. 'Capitalising' on emotions? Rethinking the Inequalities in Health Debate. *Sociology*, 23(1), 121-41.

Wright, S. 2009. What counts? The skewing effects of research assessment systems. *Nordic Studies in Education*, Special, 18-33.

Zijderveld, A. C. 1968. Jokes and their relation to social reality. *Social Research*, 35, 286-311.

:: 찾아보기